GÜTERSLOHER
VERLAGSHAUS

In Gedenken an Inge Langen,
die mir so viel Freiheit geschenkt hat.

Katharina Ohana

Gestatten: ICH

Die Entdeckung des Selbstbewusstseins

Gütersloher Verlagshaus

Bibliografische Information der Deutschen Nationalbibliothek

Die Deutsche Nationalbibliothek verzeichnet diese Publikation in der Deutschen Nationalbibliografie; detaillierte bibliografische Daten sind im Internet über https://portal.dnb.de abrufbar.

MIX
Papier aus verantwortungsvollen Quellen
FSC® C083411
FSC www.fsc.org

Verlagsgruppe Random House FSC® N001967
Das für dieses Buch verwendete FSC®-zertifizierte Papier *Munken Premium Cream* liefert Arctic Paper Munkedals AB, Schweden.

4. Auflage, 2015

Umschlagmotiv: © Fotolia, Thomas Perkins
Druck und Einband: CPI books GmbH, Leck
Printed in Germany
ISBN 978-3-579-06763-6

www.gtvh.de

Inhaltsverzeichnis

Prolog

»Die Hölle sind immer die anderen ...« – Liebe und Selbstwert: Eine Einführung

Die meisten Menschen zweifeln durchaus an der Vernunft der anderen, aber selten an ihrer eigenen. Mittlerweile hat die moderne Gehirnforschung immerhin zweifelsfrei bewiesen, wofür Sigmund Freud noch ausgelacht oder beschimpft wurde: Unsere Vernunft mischt sich in unsere Entscheidungen nur wenig ein. Der größte Teil unserer Handlungen wird von abgespeicherten Erfahrungsmustern und Gefühlen bestimmt, die uns in unserer Kindheit widerfahren sind. Besonders unsere Eltern beeinflussen mit ihrer Art von Liebe, ihrem Verhalten und ihrer Weltsicht für den Rest unseres Lebens unser Denken und Fühlen – und wir merken diese Fremdbestimmung nicht einmal. Unser Bewusstsein täuscht uns Freiheit und Selbstbestimmung vor, dabei strebt unser Unterbewusstsein immer nur nach Zuwendung und Bestätigung. Denn unsere Sehnsucht nach Liebe und Anerkennung ist die Grundlage unseres Menschseins.

Der Mensch ist ein soziales Wesen und die Liebe in all ihren Varianten ist die Anziehungskraft zwischen den Menschen. Sie ist der Kitt jeder Gemeinschaft und lehrt uns unseren Wert: Es ist uns so wichtig, was andere von uns denken, weil wir ihre Zuwendung und Anerkennung, ihre Liebe für unser Überleben brauchen.
Unser Selbstwertgefühl ist der Spiegel erfahrener Liebe und Zuwendung. Und es ist der Schlüssel zu unserer geistigen und körperlichen Gesundheit, unserem Glück. Wenn wir um unsere Stärken wissen, unseren Wert kennen, ist unser Selbstwertgefühl stabil und nicht so schnell angreifbar; denken wir aber, wir müssten »besser« sein, um geliebt zu werden, um ein anerkanntes Mitglied einer Gemeinschaft zu sein, haben wir ein schlechtes Selbstwertgefühl und empfinden uns als minderwer-

tig. Wir versuchen Dinge zu tun und zu besitzen, die als »gut« gelten und uns liebenswerter und wertvoller machen sollen. Wir versuchen angepasst zu sein oder reich zu werden, machen Überstunden oder gehen ins Fitnessstudio – und hoffen auf den Lohn der Anerkennung und Bewunderung. Oder wir versuchen es mit Tricks: Wir schreiben die Hausaufgaben ab, stellen falsche Fotos von uns in die Partnerbörsen des Internets und leihen uns einen Porsche.

Auch altruistisches Verhalten verschafft uns Bestätigung: Die Liebe, die wir geben, festigt unsere Position in der Gruppe und stärkt ihren Zusammenhalt. Wir unterdrücken unsere Bedürfnisse zugunsten anderer Gruppenmitglieder und erhoffen uns durch unsere Selbstbeherrschung den langfristig größeren Erfolg – für uns selbst. Dazu müssen wir lernen mit Frustrationen umzugehen. Und wenn wir häufig auf die Befriedigung unserer Bedürfnisse, auf Aufmerksamkeit und Zuwendung verzichten und trotzdem nicht beachtet werden, entsteht aus der Frustration Aggression. Diese Wut, als Negativ der Liebe, gefährdet aber unseren Erfolg in der Gemeinschaft: Wir sind auf die wütend, von denen wir Zuwendung erwarten und sie nicht bekommen. Unser Wertgefühl und unser Verhalten gestalten sich somit zwischen Bedürfnisbefriedigung und Bedürfnisunterdrückung, zwischen Selbstbehauptung und Empathie, der Sehnsucht nach Liebe und ihrer Macht über unser Glück.

Liebe ist kein zufälliger Überschuss der Evolution, sondern die Motivation hinter all unserem Handeln. Sie lässt uns im optimalen Fall das Leben als wertvoll erscheinen: Wirkliche, erfüllende gegenseitige Wertschätzung, als tiefes Gefühl der Anerkennung und der sozialen Verbundenheit gibt unserem Leben Sinn. Aber Liebe, als erfüllendes Miteinander, muss man geben und nehmen lernen.

Wir klammern uns an die romantische Idee, die Liebe wäre eine Himmelsmacht, die uns Menschen von unseren irdischen Erfahrungen entbindet. Jedoch werden wir, je tiefer und intensiver die Beziehung zu einem anderen Menschen ist, umso mehr von den Verhaltens- und Emotionsmustern aus unserer Kindheit ferngesteuert: In unseren Partnerschaften lieben wir den anderen immer mit unserer gelernten, unbewussten Bindungserfahrung.

Tief in unserem Inneren ist ein Teil von uns immer noch das Kind, das hofft, dass man seine Not erkennt, ihm zeigt, dass es wertvoll und wichtig ist. Wir erwarten als Erwachsene von unserem Partner, dass er uns bedingungslos liebt, egal, wie schwach wir sind, wie wir aussehen, was wir anstellen – so wie unsere Eltern es hätten tun müssen, als wir Kinder waren. Wir suchen im anderen unsere Eltern und bemühen uns auf die gleiche Art und Weise um seine Liebe, wie wir uns um die Liebe unserer Eltern bemüht haben. Leider bekommen wir daher (meist) auch nur die gleiche Art von Liebe.

Bei allen Menschen finden sich im Umgang mit dem Partner, Freunden oder Kollegen Reste dieser kindlichen unreifen Liebe und daraus hervorgehender alter Sehnsüchte. Diese Liebe sucht in den Augen der anderen immer die schmerzlich vermisste Wertschätzung: Der andere bestimmt mit seiner Zuwendung maßgeblich das eigene Selbstwertgefühl und Wohlbefinden – genauso wie es einstmals die Eltern taten.

Jede Beziehung zu einem Menschen mit infantilen Bestätigungs- und Liebesforderungen spiegelt aber auch die unreifen Anteile der eigenen Persönlichkeit. Die Liebesmuster der Partner passen zueinander wie Puzzleteile: Die emotionalen Muster ergänzen sich in ihrem Kampf um Anerkennung und Aufmerksamkeit. Zu einer unreifen Beziehung gehören immer zwei.

»Die Hölle, das sind die anderen«, schreibt Jean-Paul Sartre und man könnte hinzufügen ... weil sie uns unseren Wert nicht so bestätigen, unsere Bedürfnisse nicht so befriedigen, wie wir es uns wünschen. Jeder, der in seiner Kindheit nicht genug Wertschätzung und gesunde Liebe erfahren hat, dessen Leben ist bestimmt von der Suche danach. Sie wird zur Priorität, zur treibenden Kraft und sie behindert unsere Entfaltung: Ein schlechtes Selbstwertgefühl macht unfrei und unglücklich.

Unser Selbstwertgefühl ist ein Trick der Evolution, um unser Überleben zu sichern. Vor seinem Hintergrund versuchen wir, vom Anfang bis zum Ende unseres Lebens Gut und Schlecht zu unterscheiden, alles für unseren Vorteil zu bewerten und zu beeinflussen. Unsere Sehnsucht nach Anerkennung und Liebe treibt uns auch in die Unfreiheit vorgegebener Bilder, die wir glauben erfüllen zu müssen, um liebenswert zu sein. Sie hält uns in unserer westlichen Kultur in Äußerlichkeiten und schneller Käuflichkeit gefangen.

Als Kinder waren wir ohnmächtig der Zuwendung unserer Eltern ausgeliefert. Um der Ohnmacht zu entgehen versuchten wir Einfluss zu nehmen auf ihre Liebe, durch artiges Verhalten, durch Fleiß und tolle Leistungen. Werden wir älter, passen wir uns mit dieser Vorstellung nahtlos ein in die offizielle Werteordnung der Gesellschaft: Wir versuchen uns liebenswert zu machen nach den anerkannten Regeln für Erfolg und gutes Aussehen. Wir adaptieren die herrschenden Glücksversprechungen, fügen uns in Rollenmuster, von denen wir uns Sicherheit und Wertschätzung erhoffen. Wir orientieren uns an den Idealen unserer Gesellschaft, verinnerlichen sie und träumen von uns als anerkannte Mitglieder der Gemeinschaft. Oder wir rebellieren gegen ihre Werte und Gesetze, wenn wir nicht genug Aufmerksamkeit erhalten. Doch auch das vermeintliche Zerstören von Werten bestätigt diese letztlich in ihrer Wichtigkeit und zeigt die ursprüngliche Werteprägung des Revoluzzers. Und genauso wie in unserer Kindheit bekämpfen wir damit nicht das eigentliche Problem. Unser Selbstwertgefühl hinkt immer nur hinter der äußeren Anerkennung her. Wir beneiden schöne Menschen, weil wir glauben, sie bekämen im Übermaß das, was wir uns seit frühester Kindheit so sehnsüchtig wünschen: Liebe und Anerkennung, einfach so, ohne dafür etwas leisten zu müssen. Wir kämpfen gegen diese Sehnsüchte an, versuchen cool zu sein und unsere Gefühle zu beherrschen, wir versuchen, andere über ihre Sehnsüchte den unseren gefügig zu machen, weil wir Angst davor haben abhängig und hilflos zu werden – wie Kinder. Dabei können wir uns meist gar nicht richtig auf unsere Partner einlassen, selbst wenn sie wunderschön sind oder erfolgreich und man uns beneidet um ihren hohen »Marktwert«. Wir reden von Liebe und meinen oft genug nur unsere Sehnsüchte, fordern vom anderen Wiedergutmachung für nicht erhaltene Zuwendung, versuchen ihn mit unserem Erfolg oder gutem Aussehen dahingehend zu bestechen. Doch unsere Kindersehnsucht kann nicht mit fremder Anerkennung gestillt werden, denn sie besteht aus einem Mangel an tiefer Bindung und einem fehlenden stabilen Selbstwertgefühl.

Es gilt also die in unserer Kindheit gelernten Muster und Regeln zu durchschauen, die Wunden in unserem Wertgefühl zu erkennen, um die eigentlichen Ursachen für unsere Probleme zu verstehen – und den Grund für unsere falschen (materiellen und äußerlichen) Vorstellungen vom Glück und von der Liebe. Wenn wir Einblick nehmen in unsere Prägungen und Werte, in unser so selbstverständlich geglaubtes Richtig und Falsch, Gut und Schlecht, wenn wir bereit sind uns unsere Fremdbestimmung bewusst zu machen, umzuwerten und umzulernen, dann erfahren wir den Funken der Freiheit und der Selbstbestimmung, zu dem wir Menschen doch fähig sind.
Identität ist eine Aufgabe. Sie zeigt sich in allem, was wir glauben und tun.
Davon handelt dieses Buch.

»Dein Leben hängt davon ab, was Du aus dem machst, was aus Dir gemacht worden ist.«

(Jean-Paul Sartre)

Teil I

DIE GESCHICHTE UNSERES SELBSTWERTGEFÜHLS

Kapitel 1

Ist die Psyche logisch? – Norm und Neurose (Einige grundlegende Begriffe und ihre Bedeutung)

Sebastian (44) ist erfolgreicher Geschäftsführer eines Consulting Unternehmens. Seine Frau Sabine (37), eine attraktive ehemalige Marketingkauffrau, kümmert sich um die Organisation der Familie. Bei den regelmäßigen Abendessen mit Freunden und Kollegen wird ihre gute Küche und der gepflegte Garten der hübschen Villa genauso gelobt wie die drei adretten Kinder und die geschmackvolle Einrichtung.

Der Erfolg scheint Sebastian in die Wiege gelegt, denn schon sein Vater war im Vorstand einer großen Firma und für seine Mutter war die Ausbildung und Erziehung ihrer Kinder Lebenssinn. Gute Schulen und ein Studium an einer anerkannten ausländischen Universität gehörten genauso dazu wie die Förderung sportlicher Leistungen und perfekte gesellschaftliche Umgangsformen. Und Sebastian hat jetzt alles erreicht, was er und seine Eltern sich unter einem erfolgreichen, angemessenen Leben immer vorgestellt haben.

Doch seit einiger Zeit gehen ihm seltsame Gedanken durch den Kopf. Immer häufiger denkt er darüber nach, einfach zu verschwinden, irgendwohin zu fliegen, ohne Rückticket und ohne jemandem Bescheid zu sagen. Oder er wünscht sich in einer einfachen Hütte im Wald zu leben, ganz allein und ohne Telefon und E-Mails. Die vielen finanziellen Verpflichtungen (Kredit für das Haus, Leasingraten, Versicherungen, Schulgeld der Kinder) und seine lang erkämpfte Position in der Firma scheinen jede Möglichkeit für eine Veränderung auszuschließen. Manchmal sieht er sich in seiner Vorstellung mit seinem teuren Firmenwagen über die Kante eines Abhangs rasen oder ein Brückengeländer durchbrechen. Dann betet er schnell die Stationen seines Erfolges wie ein Mantra herunter, um sich zu beruhigen und sich wieder klarzumachen, dass sein Leben doch, an den wichtigen Kriterien gemessen, ganz wunderbar ist. Mittlerweile verbringt er jede freie Minute im Fitnessstudio oder auf dem Mountainbike, um nahe an der Erschöpfungsgrenze seinen Körper wieder zu spüren oder wenigstens dem beginnenden Verfall etwas entgegenzusetzen. Seine Sportsfreunde, alle verheiratet und ähnlich situiert wie Sebastian, haben sich ein Segelboot gemietet, um in Brasilien zwei Wochen eine »Männertour« zu machen und den Zwängen des Lebens zu entfliehen. Sie bedrängen Sebastian mitzufahren. In der Buchung enthalten sind ein paar Prostituierte, die zur Unterhaltung der Freunde die zwei Wochen mitsegeln werden. Man kann sie im Katalog des gut organisierten Reiseveranstalters im Internet vorab besichtigen und aussuchen. Doch auch wenn sich Sebastians Beziehung zu Sabine mittlerweile hauptsächlich auf die Organisation des Alltags beschränkt und ihm die Worte fehlen, um mit ihr über seine Gefühle zu sprechen, ist er (noch) nicht bereit seine Moral und seine Vorstellung von einem gelungenen Leben so einfach in Brasilien über die Bordwand eines Segelschiffes zu werfen. Doch die Unzufriedenheit und zunehmende Antriebslosigkeit lässt sich immer schlechter verbergen; die Kopfschmerzen und Schlafstörungen sind kaum mehr mit Tabletten zu unterdrücken.

Die *Psychologie* ist die einzige Wissenschaft, die »... im Ernst den subjektiven Bedingungen der objektiven Irrationalität nachforscht«, hat Adorno behauptet. Die Psychologie, halb Naturwissenschaft, halb Geisteswissenschaft, versucht die Bilder in unseren Köpfen in den chemischen Prozessen und elektrischen Abläufen unserer Hirne wiederzufinden. Sie möchte die Lücke schließen, zwischen dem Allgemeingültigen der Naturgesetze und unseren individuellen Erfahrungen.
Die Psychologie ist ein Erklärungssystem für unser Denken, Empfinden und Handeln. Es umfasst alle Menschen, denn die Grundlage der Psyche, das Streben nach Zuwendung und Anerkennung, ist bei jedem Menschen gleich – auch wenn die verschiedenen Kulturen Liebe und Erfolg verschieden definieren.
Jeder Psyche liegt der Wunsch nach Anerkennung in der eige-

nen Gruppe zugrunde. Dabei müssen unsere Bedürfnisse und Wünsche mit den herrschenden Regeln und Werten in Einklang gebracht werden. Die Strategien, die wir dabei einschlagen, um unsere Position gegenüber anderen Menschen in der Familie, Partnerschaft oder anderen Gemeinschaften zu verbessern, versucht die Psychologie so genau wie möglich zu erfassen und zu erforschen. Sie verhilft uns zu einem umfassenderen Verständnis von den eigentlichen Motiven hinter unseren Handlungen und Gedanken, die wir in ihrer Infantilität und Zwanghaftigkeit oft nicht sehen wollen. Denn unser Glaube an die Herrschaft unseres Verstandes und an die Willensfreiheit steht der psychologischen Wahrheit entgegen.

Das Gehirn ist ein formbares Organ und das menschliche Gehirn ist in seiner Formbarkeit einzigartig. Doch ist auch keine andere Spezies beim Erlernen überlebenswichtiger Dinge so sehr und so lange auf die Unterstützung und die Vorgaben der Elterngeneration angewiesen.

Alles, was wir erlernen, wird in unserem neuronalen Netz festgeschrieben, und je öfter wir eine ähnliche Situation erleben, desto nachhaltiger werden die dazugehörigen Gefühle als Wertungen verankert: Unsere Emotionen geben uns die Möglichkeit, alles in unserem Leben einzuschätzen, als schmerzhaft oder wohlig, rauschhaft oder demütigend, bestätigend oder angsterzeugend zu klassifizieren, damit wir uns orientieren können. Häufig wiederholte Emotionen bilden sich zu *Erfahrungsmustern* aus: Wir haben etwas gelernt. Unsere Umwelt, die Beziehung zu anderen Menschen, formt die unvernetzte Masse in unseren Köpfen erst zu einem funktionierenden Organ.

Durch das Verhalten unserer Familie, unserer ersten Gruppe, kann die Entwicklung unserer Psyche und unseres Selbstwertgefühls besser oder schlechter verlaufen. Es gibt keinen Grenzwert, ab dem jemand als unreif, als *neurotisch* gilt. Alle *neurotischen Verhaltensmuster*, jedes extreme Verhalten wie z. B. starke Eifersucht, schlimme Versagensangst, häufiger Zweifel am Lebenssinn findet jeder von uns, in einer schwächeren Aus-

prägung, auch in seinem eigenen Leben: Die Grenze zwischen gesunden und nicht gesunden, leidenden Menschen, zwischen normalem und neurotischem Verhalten ist fließend.
Die Psychologie möchte die Menschen nicht in gute und schlechte aufteilen. Es gibt für sie nur Menschen, die mehr oder weniger leiden, mehr oder weniger glücklich sind, mehr oder weniger in ihrer Persönlichkeit reifen konnten. Viele Menschen erschrecken vor den psychologischen Fachbegriffen, haben Angst in ihren Eigenarten und Verhaltensweisen als »gestört« gebrandmarkt zu werden. Die Reaktionen reichen deshalb von Spott bis Aggression: Wir fürchten uns davor, dass die Psychologen in unsere Köpfe schauen und unsere Schwächen finden, die Banalität unserer Sehnsüchte und unsere Hilflosigkeit. Das wäre ein (weiterer) Angriff auf unser Selbstwertgefühl.
Trotz der zahlreichen Anfeindungen hat die Psychologie längst Eingang gefunden in unser Alltagsdenken, von moderner Kindererziehung bis zur Mitarbeitermotivation in Firmen. Darüber hinaus hat sie mit ihren Erkenntnissen und Therapien schon zahlreichen Menschen helfen können. Sie ist eine emanzipatorische Wissenschaft, die unseren Selbsttäuschungen ständig auf der Spur ist. Sie kann Antworten geben, erklären, warum viele Menschen nicht glücklich sind, Ängste, Depressionen und Gewalt in unserer Kultur immer mehr zunehmen. Aber ihre Antworten sind oft unbequem.

Welches Verhalten bezeichnen die Psychologen nun aber als *gesund* – im Gegensatz zu *neurotischem Verhalten*? Woran orientieren sich Therapeuten, wenn sie den Menschen helfen wollen? »Gesund« ist in der Psychologie gleichzusetzen mit einer gereiften Persönlichkeit und einem Verhalten, das dem aufbrausenden, fordernden, hilflosen Verhalten von Kindern entwachsen ist. Gesundes, reifes, erwachsenes Handeln gründet auf *Eigenverantwortung* und auf dem tief greifenden Vertrauen in den eigenen Wert. Es ist selbstbestimmt und beruht auf der Fähigkeit, verschiedene Handlungsmöglichkeiten abzuwägen oder die verschiedenen Positionen in zwischenmenschlichen

Konflikten zu verstehen, im ehrlichen Bemühen die Sichtweise der Gegenpartei nachzuvollziehen. Gesunde Reife bedeutet gute, tiefe, dauerhafte Beziehungen führen zu können, ein liebevolles, aufmerksames, gleichberechtigtes Geben und Nehmen zwischen Partnern und Freunden, ohne Verlustängste und eingeschränkte Selbstentfaltung. Eine gesunde Beziehung findet zwischen Personen statt, die einander wahrnehmen und annehmen, wie sie sind, den anderen nicht verändern wollen, um ihn auf die eigenen Bedürfnisse auszurichten. Psychisch gesunde Menschen leben ohne das »innere Reißen«, das Gefühl, durch einen Misserfolg, eine Zurückweisung, einen Verlust existenziell bedroht zu sein; sie neigen nicht zu panischen Handlungen, verspüren keinen permanenten Druck, keine andauernde innere Nervosität oder permanente Angst. Gesunde Reife versucht nicht mit Konsum eine innere Leere zu füllen oder sich mit Suchtmitteln (Drogen, Arbeit, Sport etc.) zu betäuben. Eine gereifte Persönlichkeit vertraut darauf, mit allen Problemen zurechtzukommen, einen Weg zu finden, um alle Aufgaben, die das Leben stellt, anzunehmen und zu bewältigen. Reife Menschen können sich ihren Raum nehmen und ihn rechtzeitig und im richtigen Ton verteidigen. Es sind Menschen, die durch die Erfahrungen ihrer Kindheit oder auf ihrem späteren Lebensweg lernen konnten, wie man mit anderen Menschen und sich selbst so umgeht, dass man einen positiven, gegenseitig bestätigenden Austausch hat und sich zugleich selbst verwirklichen kann. Ein reifer Mensch ist sich immer seiner Eigenverantwortung für sein Leben und sein Glück bewusst und bereit für sich und in seinen Lebensgemeinschaften Verantwortung zu übernehmen. Das Gegenteil von gesunder Reife ist Abhängigkeit, Ruhelosigkeit, dauernde Angst, Schlafstörungen, innere Gelähmtheit, Unsicherheit, übermäßige Erwartungen, mangelhafte Kommunikation, übermäßiger Konsum, ständiges Herausstellen der eigenen Leistungen, mangelndes Einfühlungsvermögen, Geiz und Gier. Häufige unkontrollierte Wutausbrüche, besonders gegenüber Untergebenen oder Kindern, weisen ebenfalls eindeutig auf psychische Unreife hin. Unreifes Verhalten wird in der

Psychologie auch als *infantiles Verhalten* bezeichnet: Ein äußerlich erwachsener Mensch verhält sich wie ein Kind, fordert die schnelle Befriedigung all seiner Bedürfnisse, sucht ständig nach Anerkennung in seinem Umfeld und reagiert mit Trotz, Wut oder Angst, wenn ihm das verweigert wird. Auch übermäßige Angst vorm Alleinsein und die Sehnsucht nach jemandem, der alles für uns regelt, uns beschützt und immer für uns da ist, zeugen von dem *Kind in uns*, das noch nicht reif genug ist, sich selbst zu vertrauen und seinen eigenen Wert zu bestimmen, seine eigenen Ziele zu verfolgen. Unreife Menschen machen ihren Selbstwert vom Verhalten der anderen abhängig, kämpfen ständig um deren Anerkennung und Zuwendung. Wird ihnen die ersehnte Bestätigung dann einmal zuteil, kann das so gepushte Selbstwertgefühl wie in einem Rauschzustand in eine Art Größenwahn kippen, der sich über alle *Empathie* (Einfühlungsvermögen: Hineinversetzen in die Gefühle des anderen) und Rücksicht hinwegsetzt.

Jedes unreife, infantile Verhalten, auch wenn es nur noch in Resten in unserer Persönlichkeit vorhanden ist, geht auf unsere Kindheit zurück, in der uns nicht die Möglichkeit gegeben wurde, unsere direkten kindlichen Gefühle unter liebevoller Aufsicht und Zuwendung und durch klare Regeln reifen zu lassen. Besonders die Defizite in der *frühkindlichen Bindungserfahrung* bis zum dritten Lebensjahr wiegen hier sehr schwer: Unsere sich entwickelnde Psyche konnte sich nicht festigen, keine stabilen Strukturen ausbilden, ist verschreckt und einsam hängen geblieben an den kindlichen Bedürfnissen nach Liebe, Sicherheit und Anerkennung durch die Eltern. Dieses ängstliche, zurückgewiesene Kind in uns hofft ein Leben lang auf eine Wiedergutmachung aller schlechten Erfahrungen. Unser Leben, unsere Beziehungen, Ziele und Träume sind davon geprägt. Wie ein innerer Zwang bestimmt diese Sehnsucht unser Verhalten, unterdrückt unsere eigentlichen *Talente* und ihre Entfaltung. Das macht uns nicht wertloser – aber hilfloser und unglücklicher.

Wie weit die Erfahrungen unserer Vergangenheit unsere Entfaltung einschränken, ist meistens gar nicht so leicht zu erkennen. Manchmal kommen stabile, glückliche Menschen nur mit einer Sache in ihrem Leben nicht gut zurecht, die sie immer wieder daran hindert, alle ihre Möglichkeiten voll auszuschöpfen (z. B. Flugangst). Dagegen fällt in unserer Gesellschaft oft genug schwer neurotisches Verhalten gar nicht auf, da die herrschende Werteordnung so ausgerichtet ist, dass sich viele Neurosen in Form von *psychosozialen Arrangements* dort gut verstecken lassen: Wir bekommen Anerkennung für unseren Ehrgeiz und Arbeit bis zur Erschöpfung; Körperkult und Jugendwahn sind akzeptierte Lebensinhalte. Wir können es mit unserer Sehnsucht nach Bestätigung weit bringen – solange keine Erschöpfungszustände auftreten oder Krankheiten darauf hinweisen, dass vielleicht doch etwas nicht stimmt.

Prinzipiell gibt es bei der Klassifikation von psychischen Problemen eine Art Rangordnung nach dem Schweregrad der Störung: *Psychotiker – Neurotiker – Gesunde*, wobei die Übergänge, wie schon erwähnt, fließend sind und es auch einige Mischformen zwischen Neurose und Psychose gibt.
Menschen mit einem (zeitweise) sehr auffälligen Verhalten, verbunden mit einem eindeutigen Realitätsverlust in ihrer Weltwahrnehmung, bezeichnet man als *Psychotiker*. Ihre *Selbststruktur* hat große Mängel: Objektives Abwägen von Gefühlen und Gedanken ist nicht möglich, die Betroffenen haben keine funktionierende, einheitliche Persönlichkeit, manchmal gibt es »mehrere Personen« in ihnen, sie verhalten sich auffällig, hören und sehen Dinge, die sonst niemand wahrnimmt, haben für Zuhörer unschlüssige Gedankensprünge, Visionen ohne Punkt und Komma oder sie verlassen ganz die Realität und verbleiben in ihrer eigenen Vorstellungswelt *(Realitätsverlust)*. *Psychosen* zeigen sich in verschiedenen Ausformungen (*Schizophrenie, manische Depression, Multiple Persönlichkeit* etc.). Eine eindeutige Diagnose zu stellen, ist schwer, und auch innerhalb der Psychologie bzw. *Psychiatrie,* dem medizinischen Fachgebiet für Psychosen, wird viel darüber gestritten. Das liegt daran, dass es

zwar vergleichbare, sich wiederholende Symptome und Verhaltensmuster im Allgemeinen gibt, jeder Fall aber letztendlich ein anderes Spektrum aufweist, da das Schicksal jedes Menschen in Kombination mit seiner Veranlagung einzigartig ist.

Psychosen sind meist genetisch veranlagt, doch auch hier spielt der Einfluss des Umfeldes der Kindheit und des späteren Lebens eine große Rolle. Wie genau eine Psychose entsteht, ist bis heute nicht geklärt. In einigen Fällen nehmen sie völlig Besitz von der Persönlichkeit, manchmal treten sie auch in Schüben auf. Etwa ein Prozent aller Menschen – egal welcher Kultur – erleiden in ihrem Leben einen solchen *psychotischen Schub.* Danach besteht für den Rest des Lebens der Betroffenen die Gefahr, dass durch erhöhten emotionalen Stress immer wieder solche psychotischen Phasen ausgelöst werden können, auch wenn es bei ca. einem Drittel der Patienten bei nur einem Vorfall bleibt und sie als geheilt gelten.

Bei den Psychosen steht, wie bei allen psychischen Auffälligkeiten, auch das Selbstwertgefühl im Zentrum des Krankheitsbildes. So beziehen sich die Wahnvorstellungen der Schizophrenie fast immer auf höhergestellte Persönlichkeiten oder Instanzen (die Kranken fühlen sich als Werkzeuge Gottes oder des Teufels; der Papst oder ein Popstar wird sie heiraten etc.) oder sie hören Stimmen von mächtigen Fantasiefiguren. Multiple Persönlichkeiten spalten »das Böse« in einer eigenen Persönlichkeit ab, um ihre »guten« Teile quasi »rein« zu halten. Manische haben Größenwahnfantasien, die sie oft versuchen auszuleben; Depressive halten sich dagegen für völlig wertlos und wollen sich deshalb umbringen.

Psychotiker werden durchgängig oder in Intervallen in psychiatrischen Kliniken behandelt. Man kann sie mit Medikamenten *einstellen,* d.h. Ängste und Verhaltensauffälligkeiten abschwächen, teilweise sogar ganz zum Verschwinden bringen. Die Medikamente haben, auch wenn sie immer besser werden, starke Nebenwirkungen und beeinträchtigen andere Persönlichkeitsmerkmale und den gesamten Stoffwechsel der Patienten. Doch zwischen den psychotischen Schüben können die Betroffenen

zum Teil ein ganz normales Leben führen und auch über ihre Krankheit realistisch Auskunft geben.
Das, was wir umgangssprachlich als *Psychopathen* bezeichnen, sind psychisch schwer gestörte Menschen, die auf kriminelle Art und Weise Schuldgefühle und moralisches Bewusstsein vorspielen. Dabei haben sie kein Unrechtsbewusstsein und verspüren keine Angst, können sich nicht einfühlen, handeln mitleidlos und berechnend – und sind nicht lernfähig und somit auch nicht therapierbar.
Eine *Neurose* ist nicht genetisch veranlagt (auch wenn z. B. erhöhte Sensibilität und andere angeborene Charaktereigenschaften »förderlich« sind), sondern entsteht durch dauerhafte überfordernde Erfahrungen und starke emotionale Belastung in der Kindheit. Je früher diese heftigen Emotionen dem Kind widerfahren, umso schlechter können sie verarbeitet werden und umso stärker sind die psychischen Störungen, die sie verursachen.
In leichteren Fällen oder wenn das Kind schon etwas älter ist und die heftigen Emotionen besser verstehen und einordnen kann, kommt es »nur« zu einer *Symptomneurose,* d.h. es tritt eine Verhaltensauffälligkeit auf, die aber nicht die gesamte Persönlichkeit »verbiegt« (z. B. übermäßige Sparsamkeit, Eifersucht, Geltungsdrang, Helfertum etc.).
Traumatische frühkindliche Erfahrungen und massive Bindungsstörungen verursachen dagegen *Charakterneurosen* bzw. *neurotische Persönlichkeitsstörungen*: Die gesamte Persönlichkeit, das Selbstverständnis, Denken und Verhalten ist von *emotionalen Konflikten,* Angstabwehrversuchen oder unverarbeiteten Impulsen bestimmt.
Neurosen sind Reaktionen, die im Zusammenhang der kindlichen (besonders frühkindlichen) Lebenssituation einen Sinn ergeben: Neurosen sind ursprünglich nachvollziehbare »Problemlösungsversuche«. Doch leider widersprechen diese in der Psyche verfestigten Lösungsversuche den Anforderungen der erwachsenen sozialen Gemeinschaft. Daher haben Neurotiker im erwachsenen Alter am Arbeitsplatz, in Partnerschaften oder jeder anderen Gruppe anhaltende (innere und äußere) Kon-

flikte und einen erhöhten *Leidensdruck* (Getriebenheit, innere Unruhe, Verlustängste, mangelnde Lebensfreude und andere emotionale Krisen). Dieser Leidensdruck setzt große Energien frei, die die Betroffenen oft in ihre Karriere oder in Sportaktivitäten investieren, in der Hoffnung sich und ihr Leben dadurch zu verbessern.
Manchmal kombiniert die Psyche auch die verschiedenen Lösungsversuche, die ihr zur Stabilisierung des Selbstwertgefühls zur Verfügung stehen und es kommt abwechselnd oder kombiniert zu unreifen Verhaltensweisen, die eigentlich verschiedenen Neurosenformen zuzurechnen sind. So kann man leider auch auf dem Gebiet der mentalen Erkrankungen Läuse haben und Flöhe.

Da jeder Einzelne von uns in seinem Arbeitsalltag und in seinen Beziehungen mit Konflikten, Ängsten und Sehnsüchten kämpft, stellt sich die Frage, ob wir nicht alle neurotische Anteile haben. Es gibt wohl wirklich nur sehr wenige Menschen, die man als reife Persönlichkeiten bezeichnen kann. Die meisten Menschen befinden sich auf einem »Weg zur Reife«. Jeder von uns hat Verhaltensweisen, über die er selbst und andere sich ärgern. Jeder von uns braucht Anerkennung und Liebe und hat Angst, sie zu verlieren. Wir alle verfolgen, geprägt von den Erfahrungen unserer Kindheit, Strategien, um Bestätigung und Zuwendung zu erhalten. Deshalb muss man konsequenterweise davon ausgehen, dass alle Menschen mehr oder weniger neurotisch sind. Doch hört sich das härter an, als es gemeint ist.
Wir sind vom Beginn unseres Lebens mit Konflikten konfrontiert, unerfüllte Bedürfnisse, Verluste, Trennungen und Kränkungen, die wir zu meistern suchen, nur um dann in neuen Konflikten im optimalen Fall immer weiterzureifen; wir alle streben danach, immer mehr (innere) Ruhe und Sicherheit zu finden. Auch der Buddhismus und viele abendländische Philosophen stimmen dieser Auffassung vom »Reifeprozess des Menschen« zu. Nur: Einige von uns sind auf diesem Weg etwas konsequenter als andere.

Um sein Verhalten nachhaltig zu verändern, braucht es einen hohen Leidensdruck. Doch den gestehen wir uns oft erst ein, wenn wir völlig »am Ende« sind, wenn wir uns von der Welt und den anderen Menschen entfremdet fühlen, eine permanente Sinnlosigkeit spüren, lähmende Ängste haben, unsere Arbeit nicht mehr richtig machen können oder (wieder) eine wichtige Beziehung zerbricht. Auch wenn wir schon seit langer Zeit unglücklich sind und unser Leben irgendwie nicht funktioniert, halten wir noch krampfhaft an unseren gewohnten Denk- und Handlungsmustern fest: Wir suchen uns erst Hilfe, wenn der Leidensdruck unerträglich wird.
Nichts fürchten wir so sehr wie die Veränderung, denn immerhin haben wir mit unseren infantilen Denk- und Handlungsmustern bisher überlebt. Die Einsicht in die Infantilität unserer Wünsche und die Lieblosigkeit oder Schwäche unserer Eltern ist ungeheuer schmerzhaft. In der Psychologie nennt man die unbewusste Angst vor dieser Erkenntnis *Widerstand*: Selbst wenn unser ganzes Leben zusammenbricht, fällt es immer noch schwer uns einzugestehen, dass wir wirkliche Probleme haben, dass mit unserem Verhalten, unserer Weltsicht, unseren Werten etwas nicht stimmt. Denn die dadurch aufkommende Unsicherheit und die Selbstzweifel greifen das ohnehin angeschlagene Selbstwertgefühl noch mehr an – sei es auch noch so gut versteckt hinter lauter Erfolg. Doch leider verhindert die Angst vor dem Verlust der gewohnten Werte- und Denkmuster auch unsere Entwicklung und damit die nachhaltige Tilgung unseres Leids.

Wer wendet die Psychologie und ihre Therapieformen an?
Psychiater sind studierte Mediziner mit Facharztausbildung. Sie behandeln vor allem Psychotiker in Fachkliniken und verwenden bei der Behandlung auch Medikamente.
Psychologen haben nicht Medizin, sondern Psychologie studiert. Nach ihrem Studium lernen sie in einer Zusatzausbildung eine oder mehrere Therapieformen (*Psychoanalyse, tiefenpsychologische Gesprächstherapie, Verhaltenstherapie, Kunstthe-*

rapie, systemische Therapie, Gruppentherapie, Familientherapie etc.). Bei diesen Therapieformen kommt es vor allem auf den zwischenmenschlichen Kontakt zum Patienten an. Psychologen behandeln vorwiegend Neurotiker, unterstützen in Kliniken aber auch Psychiater bei der Behandlung von Psychotikern. Es gibt darüber hinaus *Therapeuten,* die weder Medizin noch Psychologie studiert haben. Auch sie haben in Seminaren Therapieformen erlernt, sind aber von den Krankenkassen nicht anerkannt, ihre Therapiestunden werden nicht erstattet.

Die *Psychoanalyse* ist innerhalb der Psychologie eine eigene umfassende Theorie über die Struktur und Entwicklung der menschlichen Psyche, Wünsche und Gefühle, Konflikte, Motivationen und Verhaltensweisen. Gleichzeitig ist sie eine Heilmethode, bei der man über Jahre hinweg mehrmals die Woche auf der berühmten Couch liegt und mit dem *Psychoanalytiker* redet. *Sigmund Freud,* der Erfinder dieser Theorie, nannte seine Behandlungsmethode deshalb auch »Redekur«. Sie wurde lange Zeit belächelt und von der Wissenschaft als unseriös abgetan. Die aktuelle Gehirnforschung hat jetzt aber die von der Psychoanalyse propagierte Dominanz unseres Unterbewusstseins und die Auswirkungen unserer Kindheitserfahrungen auf unser Denken, Handeln und Leben bestätigt. Doch zu erkennen, wie wenig wir »Herr im eigenen Haus« sind, bedeutet nach wie vor eine große Kränkung für das Selbstverständnis vieler Menschen – und die Chance, sich selbst nicht mehr zu ernst zu nehmen.

Freud ging noch davon aus, dass alle unsere psychischen Probleme durch Verbot und Unterdrückung sexueller Wünsche entstehen. Aber auch die Psychoanalyse hat sich weiterentwickelt und Hunderte neue Forschungsergebnisse und Therapieverläufe in ihre Theorie einbezogen. Freud war ein genialer, visionärer Forscher, dessen Ideen, Sprache und Heilungsmethode noch heute viel Bewunderung verdienen. Aber er war auch – wie wir alle – ein Kind seiner Zeit, in der Sexualität unterdrückt wurde und die Menschen schon das Wort ›Tischbein‹ als unanständig empfanden. Die Psychoanalyse hat mittlerweile ihren Schwerpunkt über den *sexuellen Trieb (Triebtheorie)* hinaus mit

Erkenntnissen zur Bindungsproblematik (*Objektbeziehungstheorie*) und zur Persönlichkeitsentwicklung (*Selbstpsychologie*) stark erweitert.

Es gibt neben der Psychoanalyse als Theorie und Therapie noch die *Verhaltenstherapie* als zweite große grundsätzliche theoretische und praktische Psychotherapierichtung. Sie hat ein eigenes, sehr wirkungsvolles Verfahren hervorgebracht. Früher wurde sie zum Antagonisten der Psychoanalyse stilisiert, was dazu führte, dass sich Psychoanalytiker und Verhaltenstherapeuten wegen Deutungshoheit, Wirksamkeit und Krankenkassengeldern wild bekämpften und beschimpften. Heute versuchen beide Therapieansätze zum Wohl des Patienten zusammenzuarbeiten und die beste Therapieform für jeden Einzelfall zu finden (denn auch Therapeuten können den Weg der Reife beschreiten).

Die Verhaltenstherapie beschäftigt sich, im Gegensatz zur Psychoanalyse, kaum mit der Vergangenheit des Patienten und ist sehr viel kürzer. Hier lernt der Patient nach einem vom Therapeuten erstellten Plan und einem damit verbundenen Belohnungssystem sehr pragmatisch sein Verhalten um und stabilisiert durch diese Eigenermächtigung sein Selbstwertgefühl. Dabei liegt der Schwerpunkt der Therapie weniger auf Vergangenheit und Ursprungsfamilie und mehr auf den aktuellen negativen emotionalen Verstrickungen in der Lebenswelt des Patienten. Neue, vergleichende Untersuchungen von Therapieverläufen haben jetzt ergeben, dass die Erkenntnis über die unbewussten Zusammenhänge bei der Heilung des Patienten in jeder Therapieform wenigstens anteilig notwendig sind: Was wir besser verstehen, können wir leichter ändern.

Die Anwendung von Verhaltenstherapie oder Psychoanalyse hängt immer vom Patienten, seinen Veranlagungen, Problemen und seinem Lebenslauf ab. Die Entstehungsgeschichte unserer individuellen Verhaltensmuster und falschen Prägungen erklärt die Ursache für unsere Probleme. Und die Anerkennung unserer schwierigen Situation in der Kindheit verschafft uns Mitgefühl und Geduld mit unserem *inneren Kind*, das wir liebevoll zum Wachsen und Reifen bringen können. Doch viele Patienten wollen sich nicht mit ihren Prägungen beschäftigen oder haben durch ihre sozialen Hintergründe oder ihre analytische Intelligenz keinen Zugang zu den Tiefen dieser Zusammenhänge. Sie wollen die Kontrolle über ihre Körperfunktionen und ihr Leben (wieder-)gewinnen, eine dauerhafte Abhängigkeit vom Therapeuten ist ihnen unwillkommen (manchmal sogar für den Heilungsprozess schädlich) oder sie sind nur an einer rascheren, pragmatischeren Lösung ihrer aktuellen Probleme interessiert. Und in vielen Fällen führt die Verhaltenstherapie über die in den Lebensalltag installierten Selbstbeherrschungs- und Selbstbestimmungsübungen zu einer genauso anhaltenden Stabilisierung des Patienten wie die Psychoanalyse.

Jedes Kind muss, auch im »Normalfall« einer guten Kindheit, Selbstbeherrschung lernen, um sich mit seinen Bedürfnissen in den sicheren Verband einer Gruppe zu integrieren. Die eigenen Wünsche werden dabei immer wieder unterdrückt (*verdrängt*) oder ersetzt (*verschoben, sublimiert*) – kurz *abgewehrt*, da das Umfeld sie nicht erlaubt oder nicht (immer, sofort) erfüllen kann. Wenn die liebevolle Betreuung und Bestätigung durch die Eltern überwiegt, können die normalen alltäglichen Konflikte, zwischen den eigenen Wünschen und der in der Gruppe notwendigen Selbstbeherrschung, gut verarbeitet werden. Die Psyche des Kindes ist nicht durch eine permanente Selbstkontrolle überfordert. Die Erfahrungen in der Familie sind die gesunde Grundlage für das spätere soziale Verhalten in jeder anderen Gemeinschaft.
Kinder von unreifen Eltern, von Neurotikern oder Psychotikern müssen sich dagegen in einem Übermaß kontrollieren lernen und permanent Enttäuschungen ertragen. Sie versuchen ihre eigenen Bedürfnisse und Gefühle zu unterdrücken, bemühen sich, die Wünsche der Eltern zu erfüllen, haben große Angst vor Zurückweisung oder rebellieren lautstark dagegen auf. Das hat auf Dauer schwerwiegende Folgen für das psychische Gleichgewicht dieser Kinder und für ihren Reifeprozess. Manche Kinder

entwickeln sogar *psychosomatische Krankheiten*, um so die Fürsorge der Eltern zu »erzwingen«.
Unser *Bewusstsein* bekommt von den Konfliktverarbeitungs- und Reifeprozessen nichts mit, denn es macht nur einen kleinen Teil unserer Psyche aus. Deshalb erscheint uns unsere Psyche auch oft so unheimlich, denn aus dem großen Bereich des *Unterbewusstseins* bzw. *Unbewussten* tauchen unerwartet Gefühle und Bilder auf (besonders in unseren nächtlichen *Träumen*), von denen wir nichts ahnen und die uns in ihrer Heftigkeit erschrecken. Die Psychoanalyse versucht die unbewussten Konflikte zwischen unseren Wünschen und den geltenden Regeln zu erkennen. Sie hat den *Kompromisshandlungen*, den *neurotischen bzw. unreifen Konfliktlösungen*, die wir Außenstehende als seltsame störende Verhaltensweisen wahrnehmen, Namen gegeben (*Zwangsneurose, Depression, Phobien, Hysterie* etc., siehe Kapitel 3). Sie versucht mit ihrer bilderreichen Sprache den Bildern in unseren Seelen immer weiter auf die Schliche zu kommen und darüber hinaus Platz zu lassen für weiterführende Interpretationen. Wer jemals eine tiefe Einsicht in den Zusammenhang seiner infantilen Sehnsüchte und Verhaltensweisen hatte, wer plötzlich verstanden hat, wie seine Vergangenheit auf seine Gegenwart, sein Selbstverständnis und Weltverständnis einwirkt, der weiß um die Erklärungskraft der seit über hundert Jahren verifizierten Theorie und Therapiemethode der Psychoanalyse.

Was ist das eigentlich, unser *Ich*? Mit den Begriffen »Ich« oder »Selbst« versuchen wir das zu fassen, was jeden Einzelnen von uns ausmacht: Das Gefühl, dass wir eine bestimmte Person sind, mit andauernden Charaktereigenschaften, einem Temperament, Talenten, einem bestimmten Können und Nichtkönnen, Intelligenz (Schnelligkeit und Effektivität bei der Verarbeitung von Informationen), Wissen und Kreativität, Verhalten, Gewohnheiten, bestimmten Wünschen und Problemen und einem Körper. Auch unsere Lebensgeschichte ist ein Teil unseres Ichs und macht als autobiografisches Gedächtnis unser Selbstempfinden als Kontinuum aus.

Unsere Persönlichkeit wird zu einem großen Teil von unserem angeborenen Temperament (zu 50 %) und unseren frühkindlichen Bindungserfahrungen (zu 30 %) bestimmt. Extrem negative Erlebnisse der Mutter vor und während der Geburt des Kindes haben ebenfalls einen erhöhten Einfluss auf seinen Charakter. Alle späteren Erfahrungen bestimmen unsere Persönlichkeit nicht mehr so gravierend, wobei man hier die Zeit der *Pubertät* oder *traumatische Erlebnisse* (Unfälle, plötzlicher Verlust von engen Beziehungspersonen, Kriegserfahrungen etc.) in ihrem Einfluss noch hervorheben muss.
Unser angeborenes Temperament und unsere Erfahrungen im Kleinkindalter stellen also zusammen die Grundmotive unserer Persönlichkeit und unseres Handelns. Sie bestimmen das, was uns Lust und Freude bereitet, aber auch das, was Furcht, Frust, Stress und Angst auslöst. Sie definieren alles, was wir als Belohnung empfinden und alles, was wir vermeiden wollen. Ein großer Teil unseres Selbst, unserer Identität ist demnach ein soziales Konstrukt.
Unsere Wünsche und Absichten entstehen in unserem unbewussten emotionalen Erfahrungsgedächtnis (*limbisches System*). Sie durchlaufen unser Bewusstsein mit seinen logischen Überlegungen, werden aber letztendlich wieder von der unterbewussten, emotionalen Bewertungsinstanz abgesegnet, bevor es dann zu einem Entschluss und einer Handlung kommt: Unser unbewusstes emotionales Erfahrungsgedächtnis setzt also den Schwerpunkt bei jeder unserer Entscheidungen. Es bewertet nach dem Prinzip der größtmöglichen Belohnung, dem nach bisheriger Erfahrung größtmöglichen Vorteil für unser (Über-) Leben vor dem Hintergrund unserer Gruppe und ihrer Werte.
Unsere Handlungen sind, aufgrund unserer unbewussten Entscheidungen, immer danach ausgerichtet, die bisherigen Erfahrungsmuster und unbewussten Abläufe zu bestätigen. Denn Veränderung, d.h. neue Handlungen, verursacht durch neue Erfahrungen mit starken Emotionen, kosten das Gehirn viel Energie und zwingen es zur aufwendigen Neuverknüpfung seines Neuronennetzes.

Unser Ich oder Selbst besteht demnach aus verschiedenen Bewusstseinszuständen. Neben den eben erwähnten unbewussten Entscheidungsprozessen gibt es noch *vorbewusste* Abläufe, z. B. bei Handlungen, die wir einmal mit voller Konzentration gelernt haben (Fahrradfahren, Stricken etc.), auf die wir uns, obwohl wir sie gerade ausführen, aber nicht mehr bewusst konzentrieren müssen. Darüber hinaus gibt es das »volle« Bewusstsein, der einzige Vorgang in unserem Hirn, den wir wirklich mitbekommen. Unser Bewusstsein durchläuft alles, was wir als wichtig und neu empfinden. Es ist ein begrenzter Vorgang und umfasst doch unsere ganze Ich-Wahrnehmung und Erlebniswelt.
Unser Charakter wird außerdem dadurch bestimmt, wie weit wir unseren Egoismus in Bezug auf unsere Stellung in der Gruppe selbst regulieren können *(Altruismus).* Hierzu ist unser erlerntes Einfühlungsvermögen (Empathiefähigkeit) grundlegend.

Unser Ich-Gefühl ist ein sehr aufwendiger Vorgang im Gehirn. Es verändert sich ständig, meist minimal und unbemerkt, durch ein erweitertes Erfahrungspotenzial und die dazugehörigen Emotionen. Von außen, d.h. von anderen aus gesehen, scheinen wir aber trotzdem jemand zu sein, der sich in den seltensten Fällen bemerkenswert ändert. Doch je weiter wir uns über unsere unbewussten Erfahrungsmuster bewusst werden, je »selbstbewusster« wir werden, umso mehr Einfluss verschaffen wir uns auf unsere Prägungen und erarbeiten uns die Möglichkeit für ein neues Selbstverständnis und neue Handlungsmöglichkeiten, die dann nach und nach in unser Unterbewusstsein integriert werden können. Dadurch rücken wir unser Selbst in den Fokus unserer bewussten Aufmerksamkeit, geben uns selbst einen größeren Wert.
Wenn wir versuchen uns(er) *Selbst* zu finden, sollten wir neben unseren Erfahrungsmustern auch unsere veranlagten (doch vielleicht nicht entwickelten) Talente erkennen lernen. Sie reichen von der künstlerischen Schaffenskraft bis zur inneren Uhr,

die uns durch die Aktivität bestimmter Gene zu Frühaufstehern oder Nachtaktiven werden lässt. Widerspricht unsere Veranlagung (unser »wahres« Selbst) unseren Erfahrungs- und Wertemustern, wurde ein künstlerisches Talent zum Beispiel von unserem Umfeld abgewertet oder sogar verboten, haben wir oft ein Selbstwert- und Selbstverwirklichungsproblem. In unserem Erfahrungszentrum waren zwei Emotionen gegenläufig: die Lust am künstlerischen Schaffen und die Angst vor Strafe. Dazu kommt das Gefühl nicht »richtig« zu sein und der Zwang, etwas unterdrücken zu müssen. Diese Konflikte bergen die Gefahr für neurotisches Verhalten.

Unser Selbst kann mehr oder weniger selbst-ständig sein. Unser Selbst ist unser Selbstbild, unser Selbstwertgefühl, unsere Selbstwahrnehmung und Selbstentfaltung. Je mehr wir die aus unseren alten *Erfahrungsmustern* übernommenen Werte hinterfragen und relativieren und unsere Talente zur Entfaltung bringen, umso mehr werden wir wir-selbst.

Kapitel 2

Wen liebe ich und wenn ja wie viele? – Liebe als Leidenschaft

Albert (43) wünscht sich nichts mehr als eine glückliche Familie mit zwei Kindern. Durch seine Managertätigkeit in der Medienbranche ist er auf vielen Events eingeladen und pflegt ein riesiges Netzwerk von Kontakten, wobei berufliche und freundschaftliche Bekanntschaften sich oft überschneiden. Er ist sehr hilfsbereit und seine charmante, redegewandte Art erleichtert ihm auch den Kontakt zu Frauen, die sich die meisten Männer nicht trauen anzusprechen. Viele beneiden ihn um sein Leben – und Albert genießt seine Errungenschaften und die Bewunderung.
Doch eigentlich sucht er »die Richtige«, die zukünftige »Mutter seiner Kinder« – und da hat er durch jahrelange Erfahrung und seinen großen Lebenstraum von einer perfekten Beziehung ganz genaue Vorstellungen. Meist erkennt er nach ein paar Tagen, dass die neue Dame an seiner Seite zwar seinen ästhetisch verwöhnten Augen genügt, aber viele andere Kriterien seiner Wunschliste nicht erfüllt und er beendet die Affäre. Immer seltener verliebt er sich richtig und wenn dies doch noch mal geschieht, stellt sich jedes Mal nach drei Monaten eine plötzliche Gefühlstaubheit ein, vor der er sich mittlerweile schon fürchtet: Die wunderschöne, intelligente, liebenswerte Frau, mit der er jede Minute seiner freien Zeit eng umschlungen verbracht hat, wandelt sich quasi über Nacht in ein Wesen voller Fehler und Unzulänglichkeiten. Plötzlich scheint sie ihm zu schweigsam, zu passiv oder zu unbeherrscht und überdreht lebhaft. Auch stört ihn dann, was er vorher durch seine umfangreichen Aktivitäten einforderte: Die Freundin hat sich völlig in seinen Lebenswandel, seinen Freundeskreis, seine Freizeitplanungen integriert und dafür fast jede Eigenständigkeit aufgegeben. Er findet auf einmal hundert Details, in denen sie seiner Vorstellung von der perfekten Partnerin nicht mehr entspricht und wundert sich, dass er das nicht schon

vorher wahrgenommen hat. Daraufhin zieht er sich emotional zurück, reduziert seine vormals überschwängliche, großzügige Zuwendung auf ein Minimum, verbringt enttäuscht (ja geradezu wütend) viel Zeit alleine, in einem Gefühl von Trotz und Ohnmacht. Durch seine plötzliche Kehrtwende handelt er sich Vorwürfe und andere »Zickereien« der Freundin ein, die seine neue Sichtweise nur noch zu bestätigen scheinen. Nach weiteren zwei Wochen wird die Beziehung dann beendet und alle Parteien sind tief enttäuscht. Albert stürzt sich wieder in seinen abwechslungsreichen Lebenswandel mit vielen Partys, Sporturlauben und Kurzreisen in die interessanten Lebenskulturmetropolen unserer Welt. Dabei hält er stets die Augen offen in der ewigen Hoffnung auf die Eine, die allen seinen Ansprüchen dauerhaft gerecht wird, bei der das Gefühl der Frischverliebtheit niemals nachlässt.

Doch zunehmend gerät er unter Druck: Er hat Angst, dass sein Lebenstraum von Kindern und einer glücklichen Familie scheitern könnte, dass er nie die perfekte Frau findet oder erst in einem Alter Vater wird, in dem andere schon mit Enkeln rechnen. Viele seiner Freunde haben bereits Kinder, die heranwachsen, zur Schule gehen und so bekommt er vor Augen geführt, dass ihm auch als Mann die Zeit davonrennen kann. Dazu muss er sich immer öfter flapsige Bemerkungen seines Freundeskreises über die Ernsthaftigkeit seines Wunsches anhören, die mittlerweile sogar in Anwesenheit seiner ewig neuen Freundinnen fallen.

Langsam wird Albert zugänglicher für Wege der Selbsterkenntnis, die er früher strikt als unseriöse »Weicheimethoden« ablehnte und die in seinen Augen höchstens für gescheiterte, erfolglose Existenzen infrage kamen. Durch eine Familienaufstellung sind ihm verschiedene Besonderheiten in seiner Familiengeschichte als solche klar geworden: Sein Vater zeigte kein großes Interesse für Albert und seine Schwester und nach seinem plötzlichen Tod stellte sich heraus, dass er jahrelang neben der Familie eine Geliebte hatte. Auch Alberts Mutter litt sehr unter der emotionalen und zeitlichen Abwesenheit des Vaters, war auf ihren Kummer fixiert, den sie vor den Kindern nicht verbergen konnte. Albert fühlte sich stark für ihr (Un-)Glück mitverantwortlich und ver-

suchte daher schon in jungen Jahren die Rolle des Beschützers für seine Mutter und seine Schwester zu übernehmen.
Nach dem Tod des Vaters begann die Mutter jedoch die desaströse Ehe, trotz der Seitensprünge und emotionalen Kälte, zu verklären. Sie dichtete die Beziehung zum Vater nach und nach zur großen Liebe um, die über alle Schwierigkeiten hinweg ihrem Leben seine eigentliche Bestimmung gegeben hätte und auch über den Tod hinaus das Maß aller Dinge bleibe. So predigt sie ihren Kindern die ewige, wahre Liebe als Lebenssinn, mystisch und übersinnlich, die alle Enttäuschungen überstrahlt.

Wir Menschen haben zwei große Bestrebungen: Wir wollen geliebt werden, ja geradezu verschmelzen mit unseren geliebten Menschen in der vollkommenen Sicherheit, dass sie uns niemals verlassen. Und gleichzeitig wollen wir unabhängige Individuen sein und das Ziel unserer Selbst-Entfaltung verfolgen. Dabei konkurrieren wir mit allen anderen um Anerkennung und einen guten Platz in der Gemeinschaft. Denn auch die anderen wollen ihre Bedürfnisse möglichst umfangreich von uns befriedigt bekommen.
Immer sind wir also gleichzeitig Individuum und Teil einer Gruppe. Für unser Überleben ist dieser Antagonismus notwendig: Der Zusammenhalt der Gruppe, genauso wie das Streben des Einzelnen gewährleisten den Erhalt des Lebens. Sowohl die Befriedigung unserer Bedürfnisse durch andere, ihre Zuwendung und Aufmerksamkeit, als auch das Gefühl etwas zu können, eigene Ideen zu verwirklichen, unabhängig und stark zu sein, befriedigt unser Selbstwertgefühl. Doch aus diesem Widerspruch von Anziehung und Konkurrenz, Sehnsucht und Abhängigkeit, Liebe und Frust, Nähe und Distanz entstehen alle unsere sozialen Konflikte in Partnerschaften, Familien oder Arbeitsgemeinschaften. Denn nur selten haben wir das richtige Gleichgewicht zwischen Narzissmus und Altruismus in unserer Kindheit gelernt. (Dabei meint *Narzissmus* in der Psychologie bzw. Psychoanalyse nicht Selbstsucht oder Eitelkeit, sondern Überlebenswille oder »Wille zum Selbst«.)

Da in jeder Gemeinschaft, jeder Beziehung der Konflikt zwischen den eigenen Sehnsüchten und denen des Gegenübers neu verhandelt wird, hat man auch in jeder Beziehung die Möglichkeit zu reifen. Doch besonders Liebesbeziehungen sind ein Katalysator bei der Persönlichkeitsentwicklung. Gleichzeitig behindert uns nichts so sehr wie eine destruktive Partnerschaft. Sicher ist: Wir suchen uns immer einen Partner auf dem gleichen Reifestand. Und: Beide Partner können sich nur zusammen entwickeln.

Am Anfang, im Bauch unserer Mutter, sind wir mit ihr verschmolzen, vollkommen versorgt und rundum abgesichert. Doch leider ist es notwendig, um unser Leben zu leben, diesen Idealzustand zu verlassen. Als Säuglinge müssen wir immerhin schon schreien, ein Bedürfnis anmelden, um aus dem anderen Körper unsere Nahrung zu erhalten. Der *infantile Narzissmus*, die ausschließliche Wahrnehmung der eigenen Bedürfnisse und ihre totale Befriedigung, erfährt eine erste Sozialisierung: Wir lernen, dass es da ein Gegenüber gibt, von dem wir abhängig sind, mit dem wir Kontakt aufnehmen müssen, damit es sich uns zuwendet. Es gibt also, nach der ersten Phase der totalen Verschmelzung und umfassenden Bedürfnisbefriedigung, plötzlich etwas wie ein »Ich-Selbst« und ein »Du«. Je mehr das Ich-Selbst heranwächst, etwas »Eigenes« wird, sich seinen »eigenen Raum« nimmt und verteidigt, laufen lernt, die Welt entdeckt und selbstständig wird, umso mehr trennt es sich von dem anderen, der Mutter, ab. Es braucht sie aber immer noch (lebensnotwendig) und behält deshalb zu ihr weiterhin eine sehr starke emotionale Bindung. So schleichen sich die Gegenpole von Verschmelzung und Unabhängigkeit, Bindung und Selbst-Ständigkeit in unser Leben. Die Art und Weise, wie diese Abtrennung von der Mutter, den Eltern verläuft – und es gibt unendlich viele kleine und große Konflikte in ihrem Verlauf –, bestimmt für den Rest unseres Lebens unseren Umgang mit Nähe und Eigenständigkeit und unser Wertgefühl.

Beate (37) hat sich auf nichts so sehr gefreut wie auf die Geburt ihres Sohnes Konstantin. Volle Windeln, Stillen und durchwachte Nächte machen ihr nichts aus, die Liebe zu ihrem Baby überstrahlt alle Mühen. Doch als Konstantin älter wird, zu laufen und sprechen beginnt, kommt Beate immer schlechter mit seinem lebhaften, eigenwilligen Charakter zurecht. Konstantins erstes Wort ist »nein«, und immer wenn sie ihn auf sein Töpfchen setzt, weil sie glaubt, dass er sein »Geschäft« erledigen muss, steht er auf und rennt weg. Beate fängt ihn ein, um ihn zurückzubringen und ein wilder Kampf mit Geschrei entbrennt – bis Konstantin vor lauter Aufregung sich selbst und seine Mutter einnässt. Nun fühlt sich Beate erst recht darin bestätigt, dass sie eindeutig besser über die Körperfunktionen ihres Sohnes Bescheid weiß als er.

Ein Kind braucht neben seinem entstehenden eigenen Willen und seiner Entdeckerlust das Gefühl der Akzeptanz und des »Zurückkommenkönnens«. Je früher hierbei angstintensive konfliktreiche Erfahrungen stattfinden, umso weniger kann die entstehende Angst oder Wut verarbeitet werden und umso größer sind die schädlichen Spuren, die sie in der Psyche hinterlässt.
Kinder können nicht weg, sie können ihre Eltern nicht verlassen, denn sie brauchen sie zum Überleben. Deshalb lieben Kinder ihre Eltern, egal, wie schlecht sich diese verhalten und egal, wie frustriert die Kinder trotz all ihrer Liebe dadurch sind. Wenn die Eltern die naturgegebene Abhängigkeit ihres Kindes missbrauchen, um ihr eigenes schwaches Selbstwertgefühl zu stärken, wird dem Kind eine kompensierende Rolle zugewiesen, es wird nicht als eigenwertiger Mensch wahrgenommen, der seinen Weg ins Leben finden soll. Wenn die Eltern an ihrem Kind Machtansprüche und Aggressionen ausleben oder ihm vermitteln, dass es ihnen etwas wegnimmt, ihr Leben unangenehm einschränkt, hinterlässt das viel Frust und gravierende Störungen im Selbstwertgefühl und in der Persönlichkeitsentwicklung. Das Gefühl »was ich fühle, was ich bin, ist nicht gut und darf nicht (so) sein« wird zur Grundlage der Selbstwahr-

nehmung und führt automatisch dazu, diesen »Mangel« auszugleichen.
Im Idealfall entwickeln wir unsere Selbst-Ständigkeit mit Urvertrauen und starten mit einer unterstützenden Liebe in die zu erobernde Welt. Unsere Gefühle müssen unseren Eltern eine liebevolle Beachtung wert sein, damit unser Selbst Realität werden kann: Die Reaktion der Eltern auf ihr Kind manifestiert sich in seinem Selbstbild. Verhalten sich Mutter und Vater nicht liebevoll, ohne »Glanz in den Augen« (wie der berühmte Psychoanalytiker Daniel Stern so treffend formuliert), uninteressiert, aggressiv, schuldzuweisend *oder* überängstlich und klammernd, kann das Kind kein gesundes Selbstbild entwickeln. Es entsteht Angst vor dem Verlust der Liebe und der schützenden Zuwendung oder Angst vor den Gefahren der Eigenständigkeit. Diese Angst erzeugt die Probleme in jeder weiteren Liebesbeziehung dieses beginnenden Lebens: Ein *unsicher gebundenes* Kind lernt nicht mit Unterstützung seiner Bezugspersonen seine Gefühle zu regulieren. Durch den ständigen Frust kommt es zu keiner gesunden *Frustrationstoleranz* und Enttäuschungen können schlecht verkraftet werden: Das Kind ist von den ständigen Gefühlskonflikten überfordert, sein kindlicher Narzissmus kann nicht zu einem gesunden sozialen Verhalten heranreifen. Es wird übermäßig aggressiv, egoman oder völlig eingeschüchtert. Kinder leiden nicht nur, wenn sie geschlagen und misshandelt werden. Viel häufiger findet eine subtile, leise, permanente Abwertung der eigenen Rechte statt.
Als Kinder versuchen wir unserer Ohnmacht zu entgehen und entwickeln Verhaltensweisen, von denen wir (in unserer Naivität) annehmen, sie hätten einen positiven Einfluss auf unser Ansehen in der Familie, auf die herrschenden Probleme und somit auf unser eigenes Wohl. Diese Verhaltensmuster nehmen wir später mit hinaus in die Welt. Es sind Strategien, die uns im Umfeld unserer Kindheit einen Vorteil gebracht haben, aber doch nur *unreife Lösungsversuche* waren, um mit den belastenden Ambivalenzen unserer Gefühle umzugehen.
Verläuft der Individuierungsprozess nicht wohlwollend, wird

Liebe und Bindung mit starken negativen Gefühlen abgemischt, fehlt uns später die Fähigkeit zwischen unseren Bindungsbedürfnissen und unserer Eigenständigkeit abzuwägen. Das hat schwerwiegende Folgen für unser Leben und alle unsere Beziehungen: Jeder, der uns zu nahekommt, bedroht unsere Autonomie und jeder der uns zurückweist, treibt uns in die Angst vor dem Verlust der lebensnotwendigen Liebe, die gleichzeitig wieder die Angst vor Abhängigkeit und mangelnder Eigenständigkeit birgt. Umgekehrt kann eine sichere, liebevolle Bindung an die Eltern selbst gegen ungünstige Erbanlagen Widerstandskraft verleihen. Und je mehr wir gesunde Sicherheit im Zusammenhang mit sich entwickelnder Selbstständigkeit erfahren, umso stärker ist das Gefühl der »Selbst-Richtigkeit«, das sich dadurch entwickelt.

Während des Prozesses der »Selbst-Werdung« und Abtrennung orientieren wir uns nicht nur an unseren Eltern: Wir *internalisieren* sie, nehmen sie als unsere Vorbilder in unser Selbstbild auf, zeichnen aus ihren Werten unser Selbstverständnis und unsere Weltsicht. So schaffen wir es, mit ihnen in uns, uns von ihnen nach und nach abzutrennen. Wir integrieren unsere Eltern in unsere werdende Persönlichkeit – und wundern uns dann später darüber, dass wir ihnen so ähnlich geworden sind.

In der Pubertät kommt ein neues, sexuelles Bedürfnis hinzu, das die Eltern nicht mehr befriedigen dürfen. Wir verlassen unsere erste Gruppe, die uns das Schicksal vorgesetzt hat und suchen uns neue, eigene Gruppen. Obwohl wir in der Pubertät gegen die geltenden Regeln und Werte aufbegehren, verliert unsere Prägung aber nicht ihre Macht. Auch wenn wir Teil neuer, familienfremder Gemeinschaften werden, uns an anderen Leitfiguren zu orientieren beginnen, sind die Werte und das Verhalten unserer Eltern fest in uns verankert und nur wenigen Menschen gelingt es, sich je im Leben wirklich davon zu lösen. Nie wieder sind wir emotional so offen und abhängig wie in unserer Kindheit, nie wieder lernen wir so schnell und so viel. Und nie wieder hat jemand so großen Einfluss auf uns wie unsere Eltern und ihre Regeln, ihre Liebe, ihr Richtig und Falsch. Selbst mit dem Gegenteil beziehen wir uns immer noch auf ihre Welt: Wir lehnen Dinge und Menschen ab, weil unsere Eltern sie mochten und umgekehrt.

Dialog zwischen Stephanie (34) und ihrer Tochter Nina (4):

NINA: Mama, wenn ich mal groß bin, heirate ich den Papa.
STEPHANIE: Aber Du weißt doch, dass ich mit dem Papa verheiratet bin, Mäuschen.
NINA: Und wenn Du stirbst? ... Aber ich will nicht, dass Du stirbst ... kann der Papa nicht zwei Frauen haben?
STEPHANIE: Nein, das geht nicht, mein Schatz.
(kurze Denkpause)
NINA: Dann will ich aber auch einen eigenen Mann wie Papa, wenn ich groß bin.
STEPHANIE: Den bekommst Du ganz bestimmt.
NINA: Und der soll dann auch so ein tolles Auto fahren ...

Freud legte mit seiner berühmten *oralen, analen und ödipalen Phase* den Grundstein für die Erkenntnis der verschiedenen Schwierigkeiten des Abtrennungs- und Selbstwerdungsprozesses – und für alle daraus hervorgehenden Störungen, die sich im Charakter des Erwachsenen später zeigen. Verhaltensweisen, die Freud als *Ödipuskomplex* (Verschmelzungssehnsucht mit der Mutter/dem Vater bei gleichzeitigen Konkurrenzgefühlen für das gleichgeschlechtliche Elternteil) oder *Kastrationsangst* (Angst vor der Bestrafung von Frust- und Hassgefühlen gegenüber den Eltern) bezeichnete, werden in der heutigen Psychologie nicht mehr nur als »Beischlafwunsch mit der Mutter/dem Vater« und »Penisverlustangst« verstanden, sondern vor allem als *Nähe/Distanzkonflikte.* Es sind Lernerfahrungen zwischen Bedürfnisbefriedigung und ihrem notwendigen Verzicht bei der Persönlichkeitsentwicklung.
Besonders unser Umgang mit Sex ist stark geprägt von unserer bisherigen Erfahrung mit der Liebe. »Abnormale« sexuelle Fixierungen (*Perversionen*) entstehen aus falscher, neurotischer

Zuwendung in der frühen Kindheit und sollen daher Nähe und gefühlsmäßige Verschmelzung mit einem Gegenüber vermeiden, um das labile Selbstwertgefühl nicht zu bedrohen. Gleichzeitig dienen viele sexuelle Handlungen und Fantasien mit ihren Rollenspielen von Unterlegenheit oder Dominanz als Spannungsabbau – *Sadomasochismus, Voyeurismus* und *Exhibitionismus* –, aber auch der Kauf von sexuellen Dienstleistungen sind Inszenierungen von Macht und Ohnmacht und ein Ventil für Aggressionen, die aus unreifer Liebe entstanden sind. Auch wenn man sehr häufig seine Partner wechselt oder sich im Übermaß einem *Fetisch* zuwendet (Autos, Schuhe etc.), vermeidet man damit immer die herausfordernde Nähe mit einer erwachsenen, gleichwertigen Person, die reife Auseinandersetzung mit Verlustängsten und Symbiosemomenten (»mein geliebtes Auto hat mich noch nie verletzt«, »meine wunderbaren Schuhe haben mich noch nie verlassen und mit ihnen fühle ich mich immer toll«). In unseren Liebeshandlungen spiegelt sich die Liebessituation unserer Kindheit wider und unsere alten Konflikte mit Abhängigkeit, Vertrauen, Ausgeliefertsein, Angst, Unterdrückung, Demütigung, Freiheitsstreben etc.
In schweren Fällen von Persönlichkeitsstörung, die sich auch in extremen sexuellen Handlungen zeigen, ist meist ein krankhaftes Verhältnis zur Mutter die Ursache. (Der Fall vom Kannibalen von Rotenburg ist hierfür ein sinnbildliches Beispiel: Verschmelzung mit einem anderen Menschen durch den gemeinsamen Verzehr seines Körpers. Diese Tat ist ein trauriges Sinnbild für den Antagonismus einer zerstörerischen bzw. selbst-zerstörerischen Sehnsucht nach Nähe.)

Die Entwicklung unserer Persönlichkeit und unseres Selbstwertgefühls und die Entwicklung unserer Liebesfähigkeit sind zwei Seiten derselben Medaille. Sie sind der Kern unseres Lebens, vielleicht sogar der Sinn unseres Lebens, denn sie machen das menschliche Leben aus. Die Reife unseres Selbstwertgefühls und die Reife unseres Vermögens, mit anderen gut auszukommen, zeigen die Reife unserer Persönlichkeit. Dabei ist die Lie-

besbeziehung die »Königsdisziplin« der Psyche. Unser Selbst wird durch unseren Liebespartner in vielfältiger Form bestätigt oder angegriffen; sein Verhalten uns gegenüber zeigt uns den Wert, den wir für ihn haben als Spiegel unserer ersten Liebe, der Liebe zu unseren Eltern: »On revient toujours à son premier amour« (Freud).
In diesem *Wiederholungszwang* liegt das große Geheimnis aller (gescheiterten) Liebesbeziehungen. Hier wirkt die ungeheure Macht der Sehnsucht nach *Wiedergutmachung*: Das in der Kindheit erlittene Liebesleid, mangelnde Anerkennung und das schwache, unreife Verhalten der Eltern soll uns von einer Person wiedergutgemacht werden, die genauso schwach, unaufmerksam, gescheitert, vereinnahmend ist wie unsere Eltern. Der andere soll sich (endlich) für uns ändern und sich verhalten wie ein reifer, starker Erwachsener, der immer schon ahnt, was unser inneres Kind gerade braucht!

In der anfänglichen Phase der Verliebtheit erhalten wir Bestätigung und Sicherheit im Übermaß und für kurze Zeit scheint das Leben so, »wie es sein sollte«: Unser (infantiler) Narzissmus erfährt endlich volle Befriedigung. Der andere bewundert uns, findet uns schön und scheint keine Fehler zu sehen. Wir sind das Wichtigste in seinem Leben, er konzentriert sich voll auf uns, genauso, wie eine gute Mutter, ein guter Vater sich ihrem Kind gegenüber verhalten. Wir fühlen uns wertvoll und werden schnell abhängig von dieser Bestätigung.
Wenn die erste Verliebtheit, dieses hormonelle »Dope«, für das Selbstwertgefühl nachlässt, landen wir wieder in den Konflikten unserer Kindheit. Wir verfallen in die gleichen alten Handlungsmuster, mit denen wir von jeher die Liebe und Anerkennung von unseren geliebten Bezugspersonen einfordern: Wir verwenden die gleichen (unbewussten) Strategien, mit denen wir auch schon versucht haben von unseren Eltern Liebe und Bestätigung zu bekommen und uns gleichzeitig vor ihren Schwächen zu schützen suchten. Wie »Gefühlsjunkies« quält uns die Sucht nach dem anfänglichen »High-Gefühl«, das wir

vom Partner nun sehnsüchtig weiter einfordern. Oder wir beenden die Beziehung, weil der nachlassende »Gefühlstripp« nicht mehr unseren Erwartungen entspricht, nicht mehr ausreicht unsere (infantile) Sehnsucht zu befriedigen. Es kann aber auch passieren, dass wir im Gegenteil glauben nicht zu genügen, auf Dauer nicht gut genug zu sein, und bevor das aufgedeckt wird und wir deshalb verlassen werden, lieber die Beziehung selbst abbrechen. Immer wieder tragen wir in unserem aktuellen Liebesleben unsere alten Konflikte um Sehnsucht und Ablehnung, Selbstfindung und Bedürfnisbefriedigung aus, ohne uns bewusst an sie zu erinnern.

Unsere Schwierigkeiten mit den konträren Gefühlen von Nähe und Eigenständigkeit zeigen sich in den Kleinigkeiten des Alltags zu zweit. Nach jeder Verschmelzung im Liebesakt, nach jeder zusammen verbrachten schönen Zeit muss man – schon um auf Dauer nicht zu verhungern – wieder ein Stück alleine zurechtkommen, es aushalten den anderen zu vermissen, ihn nicht jederzeit sehen zu können. Dieser ständige Wechsel von Geborgenheit und Eigenständigkeit überfordert ein schwaches Selbst und ruft verdrängte, unangenehme Gefühle auf. Jede Trennung vom Partner (auch wenn er nur morgens zur Arbeit geht, sich mal alleine mit Freunden trifft etc.) bringt Ängste herauf wie bei alleingelassenen Kindern, die um ihr Leben fürchten. Ein Blick des eigenen Ehemannes auf eine andere Frau erinnert an den untreuen Vater, rührt an der schmerzhaften Erfahrung des kleinen Mädchens dem geliebten Vater nicht genug wert gewesen zu sein, um bei der Familie zu bleiben. Jede Kritik lässt die panische Angst des kleinen Jungen aufsteigen, wieder nicht gut genug zu sein für die Ansprüche der Eltern, die in ihm ein »Herzeigekind« haben wollten, das ihr Wertgefühl heben, ihre unerreichten Lebensträume wettmachen oder eine stolze Familientradition fortsetzen sollte.

In einer Liebesbeziehung hoffen beide Parteien auf eine Befriedigung ihrer infantilen Bedürfnisse, auf eine Wiedergutmachung von Kränkungen, mangelnder Zuwendung und Wertschätzung der eigenen Person. Wir fordern *eifersüchtig* die ständige totale

Verschmelzung, das ständige Zusammensein mit dem Partner. Oder wir versuchen dem (alten) Schmerz zu entgehen und vermeiden (innerlich oder äußerlich) die Nähe zu anderen Menschen: Es fällt uns entweder schwer, uns auf jemanden wirklich einzulassen – denn unsere Sehnsucht könnte uns ja verschlingen, die Abhängigkeit jede Eigenständigkeit unmöglich machen –, oder wir ertragen es nicht, vom anderen getrennt zu sein, weil wir ohne Liebe glauben, nicht (über-)leben zu können.
Manchmal wechselt unser Gefühl zwischen der Angst vor Nähe und der Angst vor Verlust in derselben Beziehung; manchmal lieben wir in der einen Beziehung zu viel und in der anderen zu wenig. Der Grund für beides ist immer das gleiche Problem: Wir haben Angst uns abhängig zu machen und wollen gleichzeitig unsere Sehnsucht erfüllt bekommen. Wir wollen den anderen von uns abhängig wissen, da unser Selbstwertgefühl, unser narzisstisches Gleichgewicht (*narzisstische Homöostase*) von der Zuwendung der anderen abhängt. Und diese Ängste vor Autonomie- und/oder Liebesverlust sind *immer* in unserer Kindheit entstanden, in der wir nicht unseren Anlagen gemäß wir selbst werden konnten, weil unsere Eltern diesen Prozess nicht aufmerksam begleiteten, Probleme hatten, die uns bedrohten (Eheprobleme, Krankheiten, Jobprobleme etc.), uns einbanden in ihr Statusdenken und ihre Unfreiheit. Unser »wahres« Selbst und unser Selbstwertgefühl konnten sich nicht stabilisieren, denn unser Umfeld erkannte und akzeptierte nicht unser Wesen, unsere Talente, unterstützte und bestätigte nicht liebevoll unsere individuelle Entwicklung.
Menschen, die jenseits der Frischverliebtheit (also jenseits der ersten drei Monate) Probleme mit Nähe haben, leben durch ihre schlechte Erfahrung mit der Nähe in ihrer Kindheit in einer unbewussten Widersprüchlichkeit: Ihre ungeheure Sehnsucht steht einer lähmenden Angst gegenüber. Die Zurückweisung des Partners ist somit nichts anderes als die Furcht vor der Wiederholung der eigenen Zurückweisung, dem Verlassen- und Gedemütigtwerden oder aber die Angst vor den verschlingenden, einnehmenden, übermäßigen Forderungen des anderen,

die jede Eigenständigkeit und individuelle Andersartigkeit unmöglich machen.
Näheangsthasen verharren in schmachtender Fernanbetung unerreichbarer Traumfiguren oder haben zur Kompensation all ihrer Enttäuschungen und Kränkungen oft übermenschliche *Vollkommenheitsvorstellungen* von ihrem Idealpartner. Gleichzeitig sollen diese Perfektionsansprüche ein Schutz sein vor Fehlern und Schwächen. Letztlich sind sie aber nur ein Schutz vor zu viel Bindung und Abhängigkeit, denn auf Dauer kann keine Realität an dieses Vollkommenheitsideal heranreichen. Nur der Rausch der Frischverliebtheit mit seiner übermäßigen (hormonbedingten) Idealisierung erfüllt für kurze Zeit diesen Anspruch an die Liebe und kann die verdrängten Enttäuschungen und Kränkungen aus der Kindheit für den Moment ausgleichen. Bricht die Realität nach und nach in die Verblendung ein, folgt der Rückzug: Selbst am schönsten Model, dem vollendeten Gentleman, der seinen Partner mit Liebe überschüttet, findet der Nähemeider über kurz oder lang ein Makel – und sei er auch noch so lächerlich (»So schön kannst Du gar nicht sein, wie in meinen Träumereien«, weissagte schon Kurt Tucholsky). Solche Menschen benutzen jeden Fehler als einen Vorwand, um sich nicht auf den anderen einzulassen. Oft haben sie nur kurze Liebesbeziehungen und oberflächliche Freundschaften, in schweren Fällen nicht einmal mehr das. Sie stecken fest zwischen ihren unbewussten Ansprüchen an Wiedergutmachung einerseits und ihrer Angst vor Enttäuschung und Demütigung andererseits. Doch ohne den Austausch von tiefen Gefühlen bleibt das Leben unbefriedigend, wird immer leerer und tauber, weil es nur darauf ausgerichtet ist (alte) Schmerzen zu vermeiden.
Wer dagegen »zu viel« liebt, für Nähe jede Eigenständigkeit aufgibt, idealisiert den Partner und leugnet vor sich selbst und anderen dessen Fehler. Der andere soll stark sein, damit man durch ihn stabilisiert wird und sich über die Zuwendung eines so »tollen« Menschen endlich wertvoll fühlen kann. Menschen, die zu viel lieben, kennen ihre Grenzen nicht und nehmen in

ihrer Abhängigkeit viele Demütigungen hin. Sie können sich selbst nicht wertschätzen, verlangen aber vom anderen, dass er ihnen diese Wertschätzung entgegenbringt. Irgendwann sind sie dann völlig frustriert, geben den Frauen im Allgemeinen die Schuld oder behaupten, Männer wären alle sexbesessene, selbstsüchtige Betrüger.
Oft tragen Menschen mit unglücklichen Kindheitserfahrungen ihren Kampf um Anerkennung auch am Arbeitsplatz aus. Die Beziehungen zum Chef und den Kollegen gereichen für die Aufarbeitung der eigenen Kindheitskonflikte. Sie weisen den anderen die Rolle ihres »Wertgebers« zu, strengen sich an oder simulieren den vielbeschäftigten Entscheidungsträger, in der Hoffnung auf Bestätigung und Lob – und sind dann tief verletzt, wenn der Chef ihre Qualitäten nicht erkennt, die Mitarbeiter die unerfüllten Anerkennungswünsche nicht befriedigen.

Robert (55) liebt seine Frau Marion (45). Sie ist eine gute Partnerin und eine wunderbare Mutter. Sie sind seit neun Jahren zusammen und im Chaos des Alltags versucht Marion immer ihr Bestes zu geben. Doch seine Fantasien, Ängste und Sehnsüchte kann Robert nicht mit ihr teilen, denn er glaubt sonst ihren Respekt zu verlieren.
Vor einem halben Jahr hat Robert auf einer Messe eine Affäre mit seiner Kollegin Sandra (27) begonnen. Bei Sandra fühlt er sich wieder jung und gleichzeitig überlegen. Er kann ihr bei ihrer Karriere helfen und wird dafür von ihr bewundert und sie konfrontiert ihn nicht mit seinen Fehlern und Schwächen. Trotz des schlechten Gewissens gegenüber seiner Frau Marion sind die Geschäftsreisen und heimlichen Treffen mit Sandra wie ein Lebenselixier.
Doch in letzter Zeit zieht sich Sandra immer weiter zurück. Robert hat ihr nachspioniert und festgestellt, dass es noch einen anderen, jüngeren Mann in ihrem Leben gibt. Er, der Betrüger, fühlt sich nun selbst betrogen; das wunderbare Gleichgewicht von Sicherheit und Abenteuer in Roberts Leben scheint in Gefahr. Sein Selbstbild als potenter Geliebter gerät ins Wanken und

droht gleichzeitig das Bild vom Familienvater und Ehemann, auf das er sich nun unfreiwillig reduziert sieht, mit in einen Abgrund zu reißen.

Unsere Probleme mit dem Konflikt zwischen Nähe und Selbstverwirklichung zeigen sich in ganz alltäglichen »Hintertürchen«, die wir alle sehr gut kennen. Sie dienen dazu, sich der Liebe eines einzelnen Menschen nicht zu sehr auszuliefern und sich gleichzeitig aller weiteren Möglichkeiten zu vergewissern. Wir versuchen unser Selbstwertgefühl, unsere Liebenswürdigkeit über die Anerkennung anderer zu bestätigen, wollen wissen, wie gut wir bei anderen ankommen, wie hoch unser »Marktwert« (noch) ist. Dabei bleiben wir aber mit unserem Gefühl für uns selbst immer abhängig von der Reaktion der anderen und ähneln damit wiederum Kindern, die sich auf dem Spielplatz andauernd nach den Eltern umdrehen, um in ihrem Blick das eigene Dasein, die eigene Wichtigkeit bestätigt zu finden.
Die berühmtesten Sätze zur Rechtfertigung einer Affäre lauten: »Meine Frau versteht mich nicht«, »mein Mann kümmert sich nicht um mich«. Sie versuchen den Betrug an der Liebe damit zu begründen, dass wir nicht genug Liebe bekommen. Wir wünschen uns jemanden, der immer für uns da ist – auch wenn wir in der Welt draußen erotische Abenteuer erleben, uns unserer sexuellen Attraktivität versichern. Denn die Sicherheit einer festen Beziehung *und* die Bestätigung durch aufregende Affären wären optimal für unser Selbstwertgefühl und würden unsere Verlust- und Bindungsängste gleichzeitig zum Schweigen bringen. Wir versuchen mit zwei Partnern (oder mehr) uns vor der Angst zu schützen, irgendwann völlig alleine dazustehen. Unser Selbstbild gefällt sich zwischen zerwühlten Bettlaken in verbotenen Hotelzimmern. Gleichzeitig kommt mit keinem der Partner zu viel Nähe auf, wir sind niemandem ausgeliefert. Deshalb wollen wir uns nicht zwischen zwei Optionen entscheiden, denn mit nur einem Menschen uns gegenüber sind wir schnell wieder mit eigenen Ängsten und Fehlern konfrontiert und mit der Mühe, eine echte Partnerschaft durch unser Engagement

lebendig zu halten. Manchmal können wir sogar durch unsere Absicherung mit einem zweiten Partner plötzlich spielend leicht Grenzen setzen, dem alten Partner sagen, was uns schon immer an ihm gestört hat. Wir schleudern ihm unsere Wut entgegen über sein Unvermögen, uns glücklich zu machen – denn gegen die Angst haben wir ja noch jemanden in petto.
Leider betreten wir durch unsere Hintertürchen immer nur Fluchtwege aus der mühsamen Arbeit an uns selbst und versuchen unser Selbstwertgefühl durch Bestätigung von außen zu stabilisieren, für den Moment hochzujubeln. Doch die gewonnene Sicherheit ist kurzweilig und vorgegaukelt. Wie abhängig wir bei all der Trickserei von der Anerkennung der anderen bleiben, wie stark unser Selbstwertgefühl von ihrer Zuwendung bestimmt wird, zeigt sich, wenn sich die Betrogenen untereinander verständigen und gemeinsam zurücktreten. Der Betrüger gerät dann oft in Panik und sein Selbstwertrausch verglimmt zu einem Häufchen Elend. In diesem Moment kommt das eigentliche Gefühl hinter dem Betrug hervor: Existenzielle Angst, wie bei einem Kind, das im Kaufhaus zwischen all den Verlockungen verloren gegangen ist.

Marianne (38) ist Rechtsanwältin und ihr größter Wunsch ist ein Ehemann, der sie auf Händen trägt und verwöhnt. Sie hat sich ihr Studiengeld ab und zu als Mannequin mit ein paar Modeljobs aufgebessert, ist stolz auf ihr gutes Aussehen und betreibt viel Aufwand, um es zu erhalten.
Sie besucht mit ihren Freundinnen gerne die beliebten Szenecafés und Bars ihrer Stadt, um unter den zahlreichen Bewunderern ihren Traummann auszuspähen. Oft bemerkt sie am Anfang einer Bekanntschaft den Machismus und andere Schattenseiten im Charakter des Interessenten und macht sich darüber lustig. Doch wenn so ein anscheinend potenter Bewerber sich anhaltend um sie bemüht, mit teuren Essenseinladungen, Blumen und romantischen Unternehmungen aufwartet, verliert Marianne ihren kritischen Blick – und verliebt sich wider besseres Wissen. Nach wenigen Tagen dreht sich dann der Wind: Der neue Liebhaber

wird nachlässig, meldet sich nur noch unregelmäßig. Marianne leidet und überwacht ihr Telefon, bespricht jedes Wort der an ihn gesendeten SMS und E-Mails mit ihren zunehmend genervten Freundinnen – bis sie schließlich meist selbst dem Elend schweren Herzens und völlig frustriert ein Ende bereitet.

Dagegen scheint Marianne die netten Männer regelrecht zu verscheuchen. Versuchen ihre Freundinnen sie zu verkuppeln, findet sie die Interessenten meist zu spießig und nicht ihren Erwartungen gemäß. Oder die vorgesehenen Herren schrecken zurück und behaupten, dass Marianne bei aller Attraktivität schnell den Eindruck von einem »Fass ohne Boden« hinterlässt. Und wirklich: Kommt es doch einmal zu einer längeren Beziehung, überfrachtet Marianne den Partner schnell mit ihren Ansprüchen. Auch wenn sie sich selbst sehr bemüht, stundenlang aufwendige Menus kocht oder Kurzreisen in Luxushotels organisiert, steht hinter all ihren Aktivitäten immer ihre große Sehnsucht nach totaler Verschmelzung und Versorgung. Am liebsten möchte sie sofort mit ihrem neuen Schatz zusammenziehen, hängt in der Öffentlichkeit sprichwörtlich an seinem Hals und jedes Problem von der nicht funktionierenden Waschmaschine bis zum ungerahmten Bild wird in seinen Zuständigkeitsbereich verlagert. Sie versteht nicht, warum der Mann, anfangs noch leidlich bemüht, sich dann immer weiter zurückzieht. Mittlerweile glaubt Marianne, dass Männer flächendeckend Egoisten sind und unreife Drückeberger.

Wer oft von seinem Partner betrogen, verlassen oder zurückgewiesen wurde, muss sich ebenfalls fragen, welchen Chimären aus seiner Kindheit er noch anhängt. Es nützt wenig, dem anderen Näheprobleme und Schwächen vorzuwerfen, die er auf Abwegen zu kitten versucht. Jeder, der häufig emotional zurückgestoßen wird, hat ein großes Problem mit seinem Wertgefühl, sonst würde er sich nicht diesen ewigen Demütigungen aussetzen. Auch er/sie erwartet Bestätigung von außen, erwartet von einem männlichen oder weiblichen Casanova, dass dieser sich doch endlich nur zu ihm bekennt, erhofft sich von einem emo-

tional instabilen unzuverlässigen Menschen, er möge sich mit seiner ganzen Liebe für ewig nur ihm zuwenden. Menschen, die in Liebesbeziehungen stets zu kurz kommen, drängen auf Wiedergutmachung und Wertschätzung, gerade bei solchen Menschen, die nicht bereit sind sich wirklich emotional einzulassen, die sich ganz offensichtlich entziehen und nicht reif genug sind für dauerhafte, stabile Gefühle. Es gibt Menschen, die sich immer wieder verheiratete Liebespartner suchen, sich in verhängnisvolle Affären begeben und dann erwarten, dass der andere die vorhandene Ehe beendet und sich am Ende für sie, die Affäre, entscheidet. Obwohl sie selbst den Ehebruch herbeiführen, fühlen sie sich betrogen, zurückgesetzt und vernachlässigt. Auch andauernde Distanzbeziehungen schützen vor zu viel Nähe und geben eine durch die äußeren Umstände bedingte Rechtfertigung sich immer wieder zurückzuziehen. Konflikte können wegen der kurzen Zeit zu zweit erst gar nicht aufkommen oder werden verschwiegen, denn bald hat man ohnehin wieder seine Ruhe. Und die immer wiederkehrende Vorfreude sorgt für Spannung und Frische.
Wir wollen begehrt sein und den anderen von uns abhängig wissen, um das für unsere Bedürfnisse auszunutzen und um uns (endlich) sicher zu fühlen. Doch solange wir die Heilung unseres Selbstwertgefühls vom anderen erwarten, die ersehnte Vollkommenheit in seine Hände legen, solange wir selbst keine wirkliche Nähe mit all ihren Kompromissen und Ängsten und Auseinandersetzungen ertragen, bleiben wir von unserer Vergangenheit fremdbestimmt, sind unfrei und nicht fähig zu gesunder reifer Liebe. Wir teilen unsere neurotischen Muster mit anderen, aber heilen können wir unser krankes Selbstwertgefühl damit nicht.

Christoph (45) und Gudrun (42) führen eine seltsame Beziehung: In der gesamten Zeit der sieben Jahre ihrer Verbindung finden in fast regelmäßigen Abständen schwere Streitigkeiten zwischen ihnen statt. Teller werden an die Wand geworfen und manchmal sogar Mobiliar zertrümmert. Einmal hat Gudrun sogar Chris-

tophs Auto in der geschlossenen Garage so lange gegen Wand und Tor gefahren, bis es zum Totalschaden gekommen war. Oft verlässt einer der beiden laut schreiend die Wohnung des anderen im Ansinnen nie wieder dorthin zurückzukehren. Wohnungsschlüssel und ehemalige Geschenke werden zusammen mit theatralischen Briefen voller wüsten Beschimpfungen zurückgeschickt.
Trotzdem steht nach einigen Tagen einer der beiden wieder vor der Tür des anderen, meist mit dem Vorwand noch irgendetwas holen oder klären zu wollen. Aus diesem »letzten« Gespräch entspinnt sich dann immer ein Neuanfang. Eine liebestolle, leidenschaftliche Zeit folgt, bis es durch das ein oder andere Reizthema wieder zum eskalierenden Streit kommt.

So manch einer, der sein Nähebedürfnis endlich in einem wunderschönen, friedlichen Urlaub zu zweit erfüllt bekam, hat sich, durch einen plötzlichen Streit aus heiterem Himmel, alleine auf dem Rückweg vom Flughafen im Taxi wiedergefunden. Denn ein weiteres gängiges Phänomen bei Menschen, deren Selbstbild und Selbstwertgefühl nicht gesund heranreifen konnte, die Probleme mit Distanz und Nähe haben, ist der plötzliche Impuls, einen Streit anzufangen, wenn Harmonie und Einklang »zu groß« werden. Wird die Sehnsucht nach Verschmelzung endlich erfüllt, kommen plötzlich Wut und Abwehr auf, denn die kindliche Erfahrung mit der Liebe war eine negative.
Häufig weiß der Harmoniezerstörer selbst gar nicht, wie ihm geschieht, fühlt sich wie ferngesteuert von dem Zwang den anderen mitten in der trauten Zweisamkeit von sich zu stoßen. »Ich schlage Dich, weil ich dich liebe«, sagte Mehmet Korkmaz zu seiner Frau Ayline, die er am 21.11.2007 mit sechsundzwanzig Messerstichen zu töten versuchte. So seltsam das klingt: Diese Aussage stimmt. Sie zeigt, wie verstrickt Wut und Liebe miteinander sind durch die Erfahrungen der Kindheit und wie widersprüchlich Liebe sein kann.
Waren die Zustände zu Hause mit viel Frust aufgeladen, der verdrängt wurde, verdrängt werden musste, um den Schutz der

Familie nicht zu verlieren, wird durch das Defizit an gesunder Liebe und positiver Zuwendung, wie schon erwähnt, die Sehnsucht danach übermäßig. Und neben der Angst vor Nähe bleiben die Gefühle von Frust und Wut mit dieser Sehnsucht verbunden: Wenn sich endlich der große Wunsch nach Harmonie und intensiver Liebe erfüllt, kommen die Hassgefühle zusammen mit der Angst hoch. Das gekränkte Kind in uns wird durch die Zuwendung des anderen dazu verführt den verdrängten, aufgestauten Frust, die erfahrenen *narzisstischen Kränkungen* dem heimzuzahlen, der uns (endlich) liebt – und prüft gleichzeitig damit, ob diese Liebe der infantilen Wut wohl standhält. Zieht der andere sich dann irgendwann zurück, ist die ursprüngliche Erfahrung mit der Liebe wieder hergestellt und der Trotzkopf rennt dem einstmaligen Verehrer nunmehr selbst hinterher, denn die Sehnsucht nach alles verzeihender Liebe wurde durch die anfängliche Wertschätzung geweckt.
Prinzipiell gilt: Es gibt keinen Hass, wo vorher nicht mal Liebe war. Der Hass ist immer nur das Negativ der Liebe und hat die selbe Stärke als zwischenmenschliche Beziehungskraft. Wie die Helden griechischer Tragödien stecken wir in einer Zwickmühle fest. Unser Unterbewusstsein, unser unterbewusstes emotionales Gedächtnis als Schutzmechanismus vor negativen Erfahrungen, erkennt in jeder Liebe die Gefahr des in der Kindheit erlebten Schmerzes und hofft doch gleichzeitig immer auf ihre Erfüllung. Daher zerstören wir immer wieder die Nähe, nach der wir uns eigentlich so sehnen, werfen unserem Partner unsere aufgestaute, verdrängte Wut an den Kopf (manchmal sogar in Form von Gegenständen) und erwarten eigentlich von ihm, dass er diese Wut erträgt und uns liebt und alles wiedergutmacht.
Die Verschmelzung von Liebe mit Wut und Angst in unserer emotionalen Codierung ist also die Antwort auf die so oft gestellte Frage, warum wir Menschen, die gut zu uns sind, schlecht behandeln und Menschen, die uns zurückweisen, hinterherrennen. Wir buhlen um die Gunst von Liebhabern und Chefs, die uns eindeutig mit ihrem Verhalten zeigen, wie gering sie uns schätzen und lassen unsere Wut in Form von Verachtung an

Mitarbeitern und Verehrern aus, die um unsere Gunst werben. Dieses nach außen hin so unlogische Verhalten erklärt sich, wie jedes scheinbar unsinnige Verhalten von uns Menschen, aus der emotionalen Logik unserer Psyche und ihrer Prägungen. Unser Unterbewusstsein erkennt oft schon auf den ersten Blick das entsprechende Verhaltensmuster und Wertedenken unserer Eltern in einem Menschen, den wir gerade erst kennen lernen. Sofort blüht die Hoffnung auf, von diesem Menschen, der unserer ersten Liebe so ähnlich ist, die ersehnte Wiedergutmachung an Wertschätzung und Zuwendung zu bekommen. Unser Bewusstsein merkt davon nichts, doch unsere Sehnsucht hat längst die Regie übernommen. Unsere Erfahrungsmuster sind kompatibel mit den Verhaltensweisen des anderen – und wir halten das dann für Liebe.

Dummerweise macht unser Unterbewusstsein seine Arbeit der Wiedererkennung sehr gut und die so erkannten Menschen verhalten sich deshalb wirklich wie unsere Eltern. Das Resultat: Unsere infantilen Defizite werden wieder nur bestätigt und nicht gestillt.

Je größer unsere Sehnsucht ist, je neurotischer unsere Liebesmuster sind, umso wahrscheinlicher ist hier die Wiederholung unserer negativen Erfahrungen. Daher sind Kinder von Alkoholikern so oft selbst mit Alkoholikern verheiratet und Mädchen, die von ihren Eltern verprügelt wurden, werden auch von ihren Männern geschlagen. Genauso gerät eine Frau an einen Mann, der sie aus seinem Leben ausschließt, nur seine eigenen Interessen im Kopf hat, nachdem sich auch schon ihre Eltern wenig für sie interessierten. Und ein Mann verliebt sich in eine Frau, die ständig an ihm herumnörgelt, wenn er schon seinem Vater, seiner Mutter nie etwas recht machen konnte.

Gewohnte Erfahrungsmuster zu verlassen, gefährdet unsere bisherige Überlebensstrategie, von der wir fest glauben, sie sei universal und einzigartig richtig. Die Kindheitskonflikte bergen viel Schmerz und so halten wir lieber am aktuellen Leid fest, als ins Ungewisse zu gehen und die alten Wunden zu reinigen. Wir ziehen uns mit fadenscheinigen Erklärungen in die gewohnte

Einsamkeit zurück, unter den Schutzmantel der Vollkommenheit einer Liebe, die nur in unserer Sehnsucht möglich ist.

Viktoria stammt aus einem sehr wohlhabenden Elternhaus. Nach dem Abschluss ihres Studiums der Kunstgeschichte heiratet sie Johann, den attraktiven und Erfolg versessenen Sohn von Freunden ihrer Eltern. Während Johann Karriere in einem großen deutschen Autokonzern macht, bekommt Viktoria zwei Kinder und erfüllt sich damit ihren großen Lebenstraum. Nachdem nun auch das jüngste Kind ins Gymnasium geht, das schöne Haus fertig gebaut und eingerichtet ist, beginnt ihr der Lebensinhalt etwas abhandenzukommen. Yoga und Tennis bieten da auch keinen wirklichen Ersatz. Immer wieder bedrängt sie Johann mehr mit ihr zu unternehmen, doch der ist durch seinen Beruf sehr stark eingespannt und versucht ihr klarzumachen, dass ihr hoher Lebensstandard und die Zukunft der Familie von seiner Arbeit abhängt. Trotzdem fühlt sich Viktoria vernachlässigt.
Auf einer Charityveranstaltung trifft sie ihren ehemaligen Kommilitonen Casper wieder, der sie während des Studiums lange umworben hat. Sie beginnt mit ihm eine Affäre, die aber nach kurzer Zeit entdeckt wird. Johann versucht ihr zu verzeihen, doch Viktoria trifft sich nach einiger Zeit erneut heimlich mit Casper, da ihr das Leben ohne ihn leer und langweilig erscheint. Als die Affäre erneut auffliegt, lässt Johann sich scheiden.
Vor Gericht streitet Viktoria erbittert um jeden möglichen Cent, den sie von Johann bekommen könnte. Sie sieht sich im Recht dazu, denn schließlich hat sie die Liaison mit Casper nur begonnen, weil Johann sie ja vernachlässigt hat und immer nur seine Arbeit im Kopf hatte. Johann sieht das natürlich ganz anders: Er hat so viel geschuftet und Karriere gemacht, um seiner Familie Status und Wohlstand zu sichern und Viktoria hat das alles selbstverständlich genossen. (Die Affäre mit Casper hat Viktoria übrigens nach kurzer Zeit endgültig beendet, denn im Licht der Ausschließlichkeit konnte er in ihren Augen nicht bestehen.)

Viele Beziehungen stumpfen im Laufe der Jahre ab, weil auch hier unsere Erwartungen an die Liebe denen von Kindern gleichkommen: Einfach so, ohne eigenes Zutun, ohne Leistung wollen wir immer weiter geliebt werden. Wir werfen dem Partner vor, dass er sich nicht mehr genug engagiert, wir meckern an ihm herum, verletzen ihn mit sarkastischen Bemerkungen, weil er nicht dem romantischen Held, der fürsorglichen Prinzessin gleicht, den/die wir in unserem ungereiften kindlichen Narzissmus meinen verdient zu haben. Wir glauben der andere sei nicht (mehr) der oder die »Richtige« als Ausgleich für den Frust der Vergangenheit, den wir gleichzeitig an ihm auslassen. Manchmal passt ein Paar wirklich nicht mehr zusammen, wenn sich einer in der Beziehung nicht weiterentwickelt und einseitig in seinen infantilen Forderungen stecken bleibt, wohingegen der andere sich aus alten Mustern befreit. Doch häufig genug haben sich beide nicht dem eigentlichen Grund ihrer Sehnsüchte gestellt und trennen sich, weil sie ihre Ansprüche vom anderen nicht befriedigt bekommen. Sie begreifen nicht, dass die Erfüllung ihrer Kindersehnsüchte niemals mehr möglich ist. Bei jeder Trennung sollte man sich daher fragen, ob die eigenen Forderungen an den anderen wirklich gerechtfertigt sind. Es ist uns häufig nicht klar, dass wir mit unserem Verhalten den Partner regelrecht in die Rolle unserer Eltern drängen. Wir klagen ihn an und klammern uns gleichzeitig an ihn, immer in der Hoffnung, dass er bei uns bleibt, Verständnis hat, egal, was wir machen, so wie gute Eltern ihren Kindern immer wieder alles verzeihen müssen, ihr Wohlergehen fördern und sie in den Mittelpunkt ihres Lebens stellen. Oder wir ziehen uns schweigsam zurück, da der andere sich nicht die Mühe macht mit der »Gefühlswünschelrute« unsere enttäuschten Sehnsüchte aufzuspüren.

Manche Arrangements zur Wiedergutmachung infantiler Bedürfnisse und zur Kompensation des angeschlagenen Selbstwertgefühls können sogar über längere Zeit halten. Die neurotischen Muster beider Partner ergänzen sich. Oft tritt einer der beiden als der dominantere, rationalere auf, der die Be-

ziehung führt und der andere verhält sich hilflos wie ein Kind, um das man sich kümmern muss. Doch im Grunde verfolgen beide Partner nur ihre Liebesmuster: Der dominante Part erhält als Bestätigung das Gefühl, gebraucht zu werden und erfährt durch seine scheinbare Überlegenheit Sicherheit. Das Gegenüber fühlt sich beschützt und versorgt und steckt dafür nach außen hin auch Erniedrigungen ein. Durch dieses »Nothilfeprogramm« kommt es aber auf beiden Seiten zu erheblichen Einschränkungen der freien Entfaltung. Es handelt sich um eine vorgetäuschte Sicherheit, die sehr anfällig ist für Störungen. Verlässt einer der beiden Partner seine Rolle, wird krank, arbeitslos, begibt sich in Therapie oder kommt ein Kind hinzu, das das diffizile neurotische Gleichgewicht von Geben und Nehmen verschiebt, treten plötzlich große Konflikte auf, die die Beziehung gefährden.
Bei einer Trennung von unserem Liebespartner werden unsere verdrängten Kindersehnsüchte und Kinderängste oft überdeutlich sichtbar: Wir glauben, ohne den anderen nicht leben zu können, wir sind wütend darüber, dass er uns im Stich lässt. Unser Selbstwertgefühl ist stark angegriffen, wir fühlen uns hilflos und orientierungslos. Gleichzeitig wünschen wir dem Partner böse Dinge und glauben, dass er nie wieder jemanden findet, der ihn so liebt, wie wir das getan haben.

Je häufiger unsere Erwartungen scheitern, umso größer wird unsere Sehnsucht nach der »perfekten Liebe«, denn diese Liebe soll dann nicht mehr nur ein Ausgleich für unsere Kindheit sein, sondern auch noch für alle nachfolgenden Enttäuschungen. Wir schmücken unser Ideal einer Liebesbeziehung immer weiter aus, geben ihm durch die Versprechungen der Werbung, die Bilder der Medien eine fesselnde Strahlkraft. Je mehr dieses Ideal die Defizite in unserem Leben wiedergutmachen soll, umso mehr Macht hat es über uns. Je mehr wir von der perfekten Liebe träumen, umso mehr liefern wir uns ihren offiziellen, äußerlichen, irrealistischen Maßstäben aus und entfernen uns immer weiter von dem, was wir eigentlich suchen. Wir selbst versuchen etwas zu sein und zu besitzen, was uns für diese perfekte Liebe wertvoll machen soll und ziehen damit doch nur Menschen an, die genau mit diesen Äußerlichkeiten ihr eigenes Manko beheben wollen. Dabei wünschen sich beide Seiten nichts sehnlicher, als (endlich) um ihrer selbst willen geliebt zu werden. Doch dieses Selbst ist beiderseits so unterentwickelt und unfähig zu echter Nähe und gesunden Gefühlen, dass es sich ja gerade über die Äußerlichkeiten wertvoll zu machen sucht. Die Idee von der perfekte Liebe beschwört daher einen Teufelskreis, denn sie steht immer nur im Dienste des eigenen Narzissmus, der Hebung des eigenen Selbstwertgefühls, der Befriedigung der eigenen Bedürfnisse. Das Gegenüber ist nur eine (austauschbare) Funktion in diesem falschen Spiel um Wiedergutmachung – und davon wird das Selbst nicht satt.

Um Liebe und Wut nebeneinander für die gleiche Person zu ertragen, sowohl Vor- als auch Nachteile bewusst und objektiv wahrzunehmen, braucht es eine reife Psyche. Auch unsere eigenen Stärken und Schwächen objektiv zu erfassen, erfordert ein komplexes, reifes Verständnis von uns und der Welt. Wir wünschen uns aber immer einfache Eindeutigkeit, weil uns das die Orientierung erleichtert: Entweder gut oder schlecht, entweder Freund oder Feind. Daher sind wir auch so verführbar für schlichte Antworten und klare Vor- und Feindbilder. Die Intoleranz für die Unzulänglichkeiten anderer und der Zwang zur eigenen Perfektion machen uns das Leben schwer, solange das eigene Selbstbild von den unbewussten, unerkannten Erfahrungen und Prägungen der Kindheit bestimmt wird. So hoffen wir immer weiter, unser Glück würde durch unsere Vollkommenheit erreicht oder durch die unseres erträumten Partners. Es ist so mühsam, an sich und seinen Seelenschmerzen zu arbeiten, sich den Ängsten und Sehnsüchten hinter der glänzend auftrainierten Fassade zu stellen – und so einfach sich wieder zu verlieben und zu hoffen, jetzt wird alles gut. Wenn man scheitert, dann war es eben nicht der/die Richtige! Vielleicht sind wir aber selbst es, die noch nicht richtig sind, noch nicht gesund und

reif und stark genug, um mit einer erwachsenen Liebe glücklich zu werden. Durch Trennung und Scheidung können wir jedenfalls den Problemen und unserer eigenen Verantwortung nicht entfliehen, denn in der nächsten Partnerschaft werden wir mit Sicherheit wieder an die gleichen Grenzen stoßen. Der andere ist immer nur der Spiegel, der uns unsere eigene Reife zeigt.
Leiden wir an der Liebe, gibt es nur einen einzigen Ausweg: Wir müssen aus unseren alten (Liebes-)Mustern aussteigen. Wenn wir die Verantwortung für unsere infantilen Sehnsüchte selbst übernehmen, reifer werden, verliebt sich unser Unterbewusstsein automatisch in das Muster eines anderen, der auch reifer ist, von uns umgekehrt auch keine Wiedergutmachung für sein mangelndes Wertgefühl mehr erwartet. Wer vom anderen die eigenen Fehler verziehen bekommen möchte und nicht am Perfektionsmaß der Werbung gemessen werden will, sollte dem anderen seine Fehler verzeihen und ihn nicht neben die Plakatwände der Nobeleinkaufsmeilen stellen.
Die Vorstellung, ein Mensch könnte plötzlich in unser Leben treten und alles würde dadurch in Ordnung kommen, er/sie würde uns alle Anerkennung und Liebe geben, deren Defizite sich im Laufe unseres Lebens aufgestaut haben, hält uns weiter in den alten Mustern unserer Kindheit fest, die von Ohnmacht und (subtilen) Grausamkeiten geprägt wurden. Wir glauben immer noch an Prinzen und Prinzessinnen und daran, dass der andere verantwortlich sei für unser Glück. Das stimmt sogar! Nur, »der andere«, das waren unsere Eltern. Sie waren verantwortlich für das Glück unserer Kindertage. Aber jetzt sind wir erwachsen. Doch leider zeigen gerade unsere Liebesbeziehungen oft unsere Unreife und den Versuch, wie Kinder über andere unser eigenes Wertgefühl zu stabilisieren.

Kapitel 3

Die Sucht der Sehnsucht – oder die Macht unserer Verhaltensmuster

Amelie (7) hat keinen Hunger. Wie immer steht der Teller vor ihr und sie stochert lustlos mit der Gabel in den Nudeln herum. Ihre Mutter Eva (36) verliert langsam die Geduld. Sie hat einen harten Arbeitstag hinter sich und ist gleich noch verabredet. Bevor der Babysitter kommt, muss Amelie gegessen haben, und mit geputzten Zähnen im Bett liegen. Eva beginnt zu drohen, dass die Gutenachtgeschichte ausfällt, wenn Amelie sich jetzt nicht beeilt. Was hat das Kind nur immer …?! Eva versucht ihrer Tochter eine schöne Kindheit zu ermöglichen, reißt sich ein Bein aus, damit es Amelie an nichts fehlt, damit sie Reit- und Geigenstunden nehmen kann und rechtzeitig zum Ballettunterricht kommt. Doch die Kleine kann sich nicht mal aufraffen, die Gabel in den Mund zu stecken.

Immer stellt sich das Kind quer, wenn Eva etwas Wichtiges vorhat, sich mal für ein paar Stunden amüsieren will. Während Eva beginnt nebenher die Küche aufzuräumen, erklärt sie ihrer Tochter, was sie selbst heute wieder alles bewältigen musste, und dass ihr deshalb jetzt wirklich die Geduld fehle sich weiter dieses »Herumgestocher« mit anzuschauen. Amelie lässt die Schimpfereien stoisch über sich ergehen. Schließlich seufzt sie tief und fragt treuherzig: »Mama, fütterst Du mich?« Aus Eva platzt es heraus: »Und wer füttert mich?«

Kinder sind wahrhaftig. Wir empfinden sie in ihren Handlungen, in ihren Wünschen, besonders wenn sie klein sind, als »unverstellt« und »echt«. Wir beneiden Kinder, weil sie (noch) einen so direkten Zugang zu ihren Wünschen haben und weil sie (noch) das Recht haben, dass man sie ihnen erfüllt. Wir erziehen Kinder, weil in einer Gemeinschaft nicht jeder jeden Wunsch erfüllt bekommen kann.

Die meisten Sehnsüchte von Erwachsenen sind letztendlich immer noch infantil, nur »unverstellt« sind sie nicht mehr. Wir glauben, weil wir erwachsen sind, hätten wir die Wünsche und Bedürfnisse unserer frühen Tage abgelegt, wie Konfirmationsanzüge, die auf alten Fotos immer so unheimlich lustig aussehen. Doch sie beherrschen unsere Persönlichkeit, unsere Ziele und Handlungen.

Wenn wir Kinder beobachten, wenn wir uns selbst in diese längst vergangene Zeit zurückversetzen, spüren wir (wieder) die Hilflosigkeit und die grundlegende Einfachheit unserer Vorstellung vom vollkommenen Glück: Mama und Papa sollen für uns da sein, sollen sich nicht streiten, sollen uns loben und lieben. Wie enttäuscht waren wir, wenn wir in der schutzlosen Offenheit unserer Liebe von ihnen zurückgewiesen wurden, sie keine Zeit hatten, sie mit uns schimpften, über unsere Ängste lachten, uns ignorierten oder sogar die Familie verließen. Wir zitterten vor ihrer Zurückweisung und versuchten alles, um ihr zu entgehen: Niemand ist emotional so leicht zu erpressen wie Kinder. Das fängt bei kleinen Dingen an (»Die Mama hat Dich nicht mehr lieb, wenn du dein Zimmer nicht aufräumst!«) und hört bei schlimmem Missbrauch auf (»Wenn Du jemandem erzählst, dass der Papa nachts zu Dir ins Bett kommt, stecken wir Dich ins Heim!«). Die bedingungslose Liebe und Ohnmacht von Kindern kann Eltern dazu verführen, von ihnen zu erwarten, was sie selbst nicht bekamen. Dabei wird den Kindern nun ihrerseits das Recht auf bedingungslose Liebe vorenthalten, die sie dann wiederum ein Leben lang versuchen sich zurückzuerkämpfen – oft von den eigenen Kindern. So schleicht die latente Sehnsucht nach entbehrtem Glück von Generation zu Generation. Jeden Tag unseres Lebens tragen wir die Gefühlschablone unserer Kinderzeit wie eine Brille, durch die wir die Welt und uns selbst sehen und bewerten. Wir gehen unbewusst und selbstverständlich davon aus, dass unsere Wahrnehmung die einzig mögliche und richtige ist, weil wir mit diesem Filter das Wichtige vom Unwichtigen, das Wertvolle vom Falschen zu unterscheiden versuchen.

Jennifer (17) und ihre Schwester Natascha (16) könnten nicht unterschiedlicher sein. Während Jennifer viel Sport macht und fleißig für die Schule lernt, versucht Natascha jeder Arbeit und Anstrengung aus dem Weg zu gehen und so viel wie möglich Partys zu feiern. Ständig gibt es Streit zwischen den beiden und ihrer Mutter Gerlinde (41). Während sich Natascha heimlich am Portemonnaie und am Kleiderschrank der Mutter und Schwester bedient, versucht Jennifer die nervenschwache Mutter mit guten Schulnoten und Hilfe im Haushalt zu beruhigen.

Gerlinde hat Angst, dass Natascha ihr Leben nicht in den Griff bekommt, denn im Moment hat sie außer Jungs und »Abhängen« nichts anderes im Kopf. Natascha scheint auf die ständigen Drohungen überhaupt nicht zu reagieren und manchmal hat Gerlinde auch nicht mehr die Kraft sie zurechtzuweisen. Dabei weiß die Mutter, dass ihre jüngere Tochter ihr sehr ähnlich ist. Auch sie selbst hat in ihrer Jugend ständig über die Stränge geschlagen, die Schule abgebrochen und keine Ausbildung zu Ende gebracht. Erst nachdem sie heiratete und die Mädchen geboren waren, wurde ihr Leben ruhiger. Oft vermisst sie aber die aufregenden Tage ihrer Vergangenheit und wünscht sich noch mal so jung zu sein, wie ihre Töchter es jetzt sind. Dann würde sie alles anders machen, sich auch einen anderen Ehemann suchen, der ihr mehr hilft im Streit mit den Töchtern, der weniger spießig ist und ihr mehr bieten kann. Vielleicht wird ja wenigstens ihre fleißige Tochter Jennifer ihre Träume verwirklichen. Manchmal wird Gerlinde richtig depressiv, wenn sie über ihr Leben nachdenkt. Dann legt sie sich ins Bett und ist für niemanden mehr zu sprechen. Das ist die einzige Zeit, in der einmal zwischen den Töchtern und der Mutter nicht gestritten wird.

Nataschas neueste Idee ist es Model zu werden. Nach jedem Streit schlägt sie mit voller Wucht hinter sich die Tür zu ihrem Zimmer zu, dreht die Musik laut auf und übt für den Catwalk, indem sie auf Highheels durch den Raum schreitet. Manchmal wundert sie sich selbst, warum sie ständig so viel Mist baut. Wie von einem inneren Zwang gesteuert, scheint sie den Ärger anzuziehen. Aber was soll´s: Eines Tages wird sie ein berühmtes Model sein und

einen Bankdirektor heiraten und alle Probleme sind dann gelöst. Schon jetzt sind ohnehin alle Jungs in sie verliebt und wollen mit ihr knutschen.
Jennifer dagegen verzieht sich nach jedem Streit in ihr Zimmer zu ihren Büchern. Sie lernt viel, damit die Mutter nicht mehr so verzweifelt ist und in der Hoffnung auf eine bessere Zukunft, jenseits dieses Irrenhauses. Irgendwann wird sie dann gut genug sein, um in einem perfekten Leben glücklich zu werden.

Prinzipiell sind Aggressionen konstruktiv für unser Überleben, denn sie helfen uns bei der Durchsetzung unserer Bedürfnisse. Sind die Ursachen für Frust und Aggressionen aber die Personen, von denen wir existenziell abhängig sind, dürfen wir sie mit dieser Wut nicht konfrontieren, denn dann würden wir sie damit »zerstören« oder sie würden uns verstoßen. Doch wohin mit den negativen Gefühlen, die ständig den gesamten Gefühlshaushalt überschwemmen?
Unsere Psyche hat zwei Reaktionsmöglichkeiten, um mit einer frustrierenden, ohnmächtigen Situation umzugehen:

1. Da Kinder besonders abhängig sind, wenden sie ihre Aggressionen oft gegen sich selbst: Sie glauben schuld zu sein an den schlechten Verhältnissen in der Familie und versuchen »besser« zu werden, damit die Familiensituation besser und sie selbst mehr geliebt werden. Sie versuchen sogar mit ihrem Verhalten, ihren Leistungen die Eltern »zu retten«, damit diese endlich stark werden und ihnen mehr Liebe und Hilfe schenken können. Dafür muss das Kind seine eigenen Wünsche aber noch weiter zurückstecken und die dadurch entstehende Frustration und Wut wendet es wiederum gegen sich selbst: *Autoaggression* ist ein Teufelskreis und führt zu Selbstzweifeln. Das Kind sucht den Fehler immer bei sich, damit es die geliebten Eltern nicht abwerten muss und ihre bedrohliche Schwäche und die eigene Ohnmacht »vertuschen« kann; der schützende Familienverband wird auf diese Weise nicht infrage gestellt, das Überleben bleibt gesichert. Häufig

werden diese Selbstzweifel und Schuldgefühle von den Eltern unbewusst noch bestätigt. Es gibt nun für alle Beteiligten eine einfache Antwort auf alles, was schiefläuft, es gibt eine eindeutige Ursache für das verpasste Glück: das Kind!
Wird ein Kind mit autoaggressivem Verhaltensmuster erwachsen, steht dieser Mensch oft unter dem Druck sein Leben zu perfektionieren, einen noch besseren Job zu machen, attraktiver zu sein (besser trainiert, besser gekleidet, besser verdienend, jünger aussehend etc.), um erfüllende Anerkennung und Liebe zu finden. Autoaggressive Menschen orientieren sich stark an den Idealbildern der Gesellschaft, sortieren die Welt in »oben« und »unten« und träumen von »Vollkommenheit«, dem »perfekten Leben«, wo alles endlich gut ist. Doch dieses diffuse Ziel, nachdem ihr ganzes Leben ausgerichtet ist, versinkt immer wieder im Nebel der Unerreichbarkeit, je näher sie sich ihm glauben.

2. Die Psyche eines Kindes mit einem problematischen Umfeld kann aber auch das eigene Selbstwertgefühl künstlich erhöhen: Das Kind reagiert mit »Größenwahn« (*narzisstische Selbstüberhöhung)*, um sich vor mangelnder Bestätigung zu schützen. Dahinter steht weniger die existenzielle Angst aus der Familie ausgeschlossen zu werden (die zu autoaggressivem Verhalten führt), als vielmehr eine große Kränkung, die das Kind durch Desinteresse oder liebloses Verhalten der Eltern erfährt.
Größenfantasien sind zwar bei allen Kindern zeitweise normal, doch wenn die Eltern ihrem Kind nicht zeigen, dass es gut und richtig ist, sie keine Aufmerksamkeit für seine Bedürfnisse haben, baut es seine Größenfantasien zu einem stützenden »Schein-Selbstbild« aus: Das Kind hält sich für das Größte und Wichtigste auf der Welt, da es dieses für seine Entwicklung so notwendige Gefühl der Bestätigung von seinen Eltern nicht (genug) vermittelt bekommt.

Auch hier kommt durch das Fehlverhalten der Eltern Wut auf, die das Kind aber diesmal nicht gegen sich selbst wendet, sondern nach außen trägt, an seinem Umfeld auslässt. Es fordert durch renitentes Verhalten die Aufmerksamkeit der anderen, macht sich »wichtig«, wird zum Klassenclown, zum Schläger und fordert die Stärke der Eltern und Lehrer »heraus«. Jede Form von Bühne und Publikum oder aber auch die Angst der anderen soll die geforderte Wertschätzung ersetzen. Es beginnt zu lügen, zu schlagen, erfindet Geschichten, in denen es besser dasteht, als es ist. Es möchte anerkannt werden, aber ohne etwas dafür leisten zu müssen. Im Grunde genommen fordert es sein Recht auf bedingungslose Liebe ein, die jedem Kind zusteht.

Doch ein aufgeblasenes Wertgefühl ist nur ein »Scheinwertgefühl« und letztlich versucht das Kind und später auch der Erwachsene immer wieder diese übersteigerten Vorstellungen mit Realität, mit wirklicher positiver Bestätigung von außen zu untermauern. Häufig träumen diese Menschen von großen Karrieren, doch meist »spielen sie sich selbst« nur in Rollen, die Erfolg und Überlegenheit suggerieren sollen. Oft wählen sie Berufe, in denen sie wirklich auf der Bühne stehen und/oder von denen sie den Eindruck haben mit wenig Aufwand viel Aufmerksamkeit und Bestätigung zu erlangen (unter Schauspielern bezeichnet man sie auch als »Rampensau«). Sie drängen alle zur Seite, setzen sich über Gesetze hinweg, die in ihren Augen nur für andere gelten. Sie ertragen keinerlei Kritik, selbst wenn dafür das eigene, unreife Verhalten ganz offensichtlich Anlass gegeben hat. Jede Zurückweisung schlägt in die Kerben alter Kränkungen, lädt sich mit verdrängten Emotionen bis zur Unerträglichkeit auf. Auch wenn das eigene Scheitern nicht mehr geleugnet werden kann, sind immer *nur* die anderen daran schuld.

Bekommen Menschen, die sich selbst überhöhen, wirklich einmal Bestätigung, wirken sie wie aufgeputscht und verhalten sich, als wären sie von nun an »für immer die Größten«. Die gelegentlichen theatralischen Vorwürfe gegen die Welt, die das eigene Genie nicht genügend zu würdigen weiß, sind dann wie weggewischt: Neue Luftschlösser werden gebaut und verkauft. Die Verhaltensstrategie des Größenwahns ist auch bei Kindern zu beobachten, die keine Grenzen gesetzt bekommen, für die keine klaren Regeln erkennbar sind, denen alles erlaubt wird. Ihr kindlicher Narzissmus, ihre Forderung nach der sofortigen Befriedigung all ihrer Bedürfnisse erfährt keine überlebensnotwendige Regulierung, die Psyche und die Persönlichkeit können sich nicht entwickeln, weil keine wegweisende Orientierung für ein Leben in der Gemeinschaft erfahrbar wird. Eine gute, orientierungsgebende Erziehung ist daher eine Form von Wertschätzung und Liebe, denn die Eltern müssen sich dafür mit dem Willen und den Wünschen des Kindes auseinandersetzen und sie sozialisieren für ein glückliches Leben in einer Gemeinschaft. Das erfordert Zeit, Klarheit und Stärke. Viele Eltern können das nicht leisten, sind überfordert oder überhöhen und zweckentfremden ihr Kind zum sinngebenden Element ihres eigenen Daseins. Doch jeder Mensch braucht Grenzen und Regeln, um in einem sozialen Gefüge zu leben und Liebe und Anerkennung zu bekommen. Deshalb suchen Kinder nach Grenzen, denn das bedeutet Wertschätzung und Zugehörigkeit zu einer schützenden Gemeinschaft. Mangelnde Grenzsetzung in der Erziehung ist eine Form der Vernachlässigung, denn sie macht Orientierung und Stabilität unmöglich.

Die beiden grundsätzlichen psychischen Strategien (1. autoaggressiv / 2. selbsterhöhend) zeigen sich in jeweils typischen Verhaltensmustern: den schon erwähnten verschiedenen Neurosen. Es sind Reaktionen unserer Psyche auf Situationen, in denen wir unseren Wert oder sogar unsere Existenz bedroht fühlen. Sie sind der manifestierte (ehemals kindliche) Versuch mit den eigenen Emotionen zurechtzukommen in einem chronischen Kampf um Liebe und Aufmerksamkeit – doch leider nur eine unreife Lösung im Konflikt zwischen Sehnsucht und Angst. Sie stammen aus einer Zeit, in der wir eine offene, faire Auseinandersetzung um Ansprüche und Gefühle noch nicht leisten konnten.

Die neurotischen Verhaltensweisen, die auf Aufmerksamkeit und Anerkennung ausgerichtet sind, empfinden wir beim Erwachsenen als unangenehm und die Psychologie erkennt sie als neurotische Konfliktlösung oder Kompromisshandlung – kurz, ein verfestigtes infantiles Verhalten, das dem eigenen Lebensglück, reifen Beziehungen und einer erfüllenden Tätigkeit nicht zuträglich ist. Die Probleme, die erwachsene Menschen miteinander in Beziehungen und am Arbeitsplatz haben, unterscheiden sich deshalb auch kaum von denen in einem Kindergarten.

Fünfzehn Jahre sind vergangen. Jennifer (32) und Natascha (31) sind jetzt erwachsene Frauen, aber ihre Träume haben sich nicht so erfüllt, wie sie sich das als Teenager vorgestellt hatten. Jennifer hat zwar Medizin studiert, ist Kinderärztin geworden und arbeitet in einer Klinik, doch leidet sie unter Asthma, hat viele Allergien und Schlafstörungen. Oft übernimmt sie Dienstzeiten, vor denen sich die anderen Kollegen drücken. Doch egal, wie sehr sie sich auch anstrengt, es scheint niemand so richtig zu bemerken, geschweige denn zu schätzen.
Auch in der Liebe will es nicht so richtig klappen. Sie hat sich zwar schon in mehreren längeren Beziehungen sehr darum bemüht den Erwartungen der Partner zu entsprechen, doch obwohl sie am Anfang häufig mit Verlustängsten zu kämpfen hat, lässt dann nach einiger Zeit bei ihr selbst die Liebe nach. Plötzlich fällt das Idealbild des anderen zusammen und sie will nur noch weg. Eine befreundete Kollegin warnt sie vor einem Burnout und empfiehlt ihr sich mal mit einem Therapeuten zu unterhalten. Jennifer denkt ernsthaft darüber nach, denn sie ist mit ihrer Kraft am Ende und ihr Lebensplan scheint nicht aufzugehen, egal, wie sehr sie sich auch anstrengt.
Natascha hat, wie ihre Mutter Gelinde, die Schule abgebrochen und arbeitet, nach verschiedenen Kurzzeitjobs, nun als Maklerin. Aus der Fotomodellkarriere ist nichts geworden, was aber, ihrer Meinung nach, an den falschen Schönheitsvorstellungen der Werbebranche liegt. (Lange Zeit hat sie mit täglichem Erbrechen versucht den Schlankheitsvorstellungen der Modemagazine

zu entsprechen.) Gerade ist sie dabei, schon zum dritten Mal das Maklerbüro zu wechseln, da sie wieder nicht mit ihrem Chef zurechtkommt. Er ist ihrer Meinung nach unfähig und neidisch auf sie und kritisiert sie deshalb ständig zu Unrecht. Anfangs klappt es immer sehr gut und mit ihrem Charme schafft es Natascha erste gute Geschäfte abzuschließen. Doch dann lässt ihr Fleiß nach und ihre bereits gewonnenen Lorbeeren, auf denen sie es sich bequem macht, verblassen schnell und sobald sie jemand für ihr Verhalten kritisiert, rastet sie regelrecht aus. Sie hofft jedes Mal, dass beim nächsten Arbeitgeber alles besser werden wird.
Natascha hatte noch nie eine Liebesbeziehung, die länger als drei Wochen dauerte. Sie glaubt, dass ihr die Männer alle nicht gewachsen sind und nicht wissen, wie man sich benimmt. Auch wenn sie sich anfangs um ihre Aufmerksamkeit bemühen, entpuppen sie sich schnell als unzuverlässige Geizhälse, die nur auf ihren eigenen Vorteil bedacht sind.
Ihre Schwester Jennifer hat ihr von ihren Plänen erzählt eine Therapie anzufangen. Das lehnt Natascha für sich völlig ab. So einen Psycho-Klempner hat sie nicht nötig und eines Tages wird sie das mit ihrem Erfolg auch beweisen.

Menschen, die den Konflikten in ihrer Kindheit mit autoaggressiven Verhaltensstrategien begegnen, sind später leichter zu »heilen«. Sie sind zugänglicher für Hilfe, da sie ja immer davon ausgehen unzulänglich zu sein. Wenn sie erkennen, unter welchen Verhältnissen sie in der Kindheit zu leiden hatten, können die Selbstzweifel nach und nach aufgegeben und das autoaggressive Verhalten verändert werden. Ein Therapeut kann das angeschlagene Selbstwertgefühl heben und ihnen klarmachen, wie viel sie in ihrem Leben (aus dem Zwang zum »Bessersein«) schon geleistet haben.
Dagegen glauben Menschen mit einem Größenwahn aus der Psychodynamik ihrer Störung heraus, dass sie keine Hilfe benötigen. Kurze Zusammenbrüche und Momente der Verzweiflung werden schnell wieder vergessen, mit der kleinsten neuen Bestätigung vom Tisch gewischt. Auch wenn diese Menschen

ab und an Hilfe annehmen, ist es sehr schwer ihr aufgeblasenes Selbstbild ganz zu *dekonstruieren,* um an die eigentliche Ursache des Übels, die Gefühle von tiefer Kränkung, Trauer und Vernachlässigung in der Kindheit heranzukommen. Erst wenn die Kluft zwischen dem übersteigerten Selbstbild und der Realität zu groß wird, fällt das ganze stützende System aus verqueren Vorstellungen und Lügen zusammen und es kommt zu einer gefährlichen *Selbstkrise.* Die Instabilität der Psyche ist dann sehr hoch. Doch erst jetzt besteht eine wirkliche Chance auf Heilung.

Jenseits von Autoaggression und Selbstüberhöhung als infantiler Konfliktlösung, die uns aus unserem alltäglichen Umfeld mehr oder weniger bekannt sind, lassen sich auch in psychotischen Krankheitsbildern autoaggressive und größenwahnsinnige Elemente finden:

Markus (25) scheint über Nacht völlig gewandelt. Eine plötzliche Unruhe hat ihn überfallen, doch sie fühlt sich für ihn höchst angenehm an. Er hat das Gefühl, heute wird er die Welt retten oder mit einer entscheidenden Idee die Menschheit ein großes Stück voranbringen. Dann greift er zu einem seiner Philosophiebücher von Hegel und aus jeder Zeile springt ihm die Weltformel entgegen.
Markus weiß, dass er jetzt schnell seine Medikamente nehmen muss, denn wenn er sich weiter den wunderbaren Gefühlen der Manie hingibt, wird der folgende Absturz in die Depression umso schlimmer. Dann wird er wieder tagelang wie gelähmt im Bett liegen, unfähig sich zu waschen oder zu essen und die schwarze Wolke in seinem Kopf wird unablässig ihr Gift ausregnen. Doch es fällt ihm unendlich schwer auf den gerade stattfindenden Euphorie-Tripp zu verzichten, nur um hinterher nicht mit der Marter totaler Finsternis zu bezahlen.

Manisch-Depressive schwanken ständig zwischen den autoaggressiven und größenwahnsinnigen Verhaltensweisen hin und her. Bei dieser schweren psychischen Krankheit werden die grundsätzlichen Reaktionsweisen der Psyche gut sichtbar: Selbstüberhöhung und Selbsterniedrigung wechseln sich ab, nach einer Zeit voller überdrehter Aktivität und Ideen folgt der Absturz in eine Lähmung voller Selbstzweifel. Deshalb wird manische Depression auch als *bipolare Störung* bezeichnet. Die Betroffenen können jedoch mit therapeutischer Hilfe zu einer selbstreflektierenden Krankheitseinsicht gelangen und sich selbstständig in Behandlung begeben, sobald sie das Aufkommen eines neuen Krankheitsschubes spüren.

Susi (44) hat ihren Mann Karl (45) verlassen und lebt jetzt mit ihrem neuen Freund Urs (50) zusammen, der sich lange um die sehr attraktive Frau bemüht hat. Susi schien unglücklich verheiratet und hat Urs immer wieder erzählt, dass Karl sie betrüge, sie nicht ernst nehme und ständig versuche sie runterzumachen. Susis Tochter Franziska (14) will jedoch nach der Trennung der Eltern bei ihrem Vater Karl bleiben, da sie sich mit der launischen, schwierigen Mutter schon als Kind nicht gut verstand. Die Leute in der Kleinstadt tuscheln und machen sich Gedanken, warum Susi Mann und Kind verlassen hat, um mit einem anderen zusammenzuleben, der auch noch sehr viel wohlhabender ist als der Vater ihrer Tochter. Viele bemitleiden Karl und bewundern, wie tapfer er den Schicksalsschlag erträgt. Doch gerade das kann Susi kaum ertragen. Sie ist das Opfer – das muss sie unbedingt allen Leuten klarmachen. Da Karl immer zu seiner schwierigen Frau gestanden hat und sich für Susis Geschichten vom untreuen Ehemann keine Beweise finden lassen, beginnt sie jedem, der es hören will (oder auch nicht), zu erzählen, dass ihr Mann Karl sie sogar geschlagen hätte. Er hätte es auch mit Lügen geschafft ihr die Tochter völlig zu entfremden. Immer weiter verstrickt sie sich in die Geschichten ihrer Horrorehe und schmückt sie in schillernden Farben aus. Stets ist sie die Schuldlose, das Opfer, das vom Mann misshandelt, jetzt auch noch die Tochter verloren hat.

Nach ein paar Jahren möchte Franziska heiraten und bringt es

nicht übers Herz ihre Mutter nicht zur Hochzeit einzuladen, obwohl sie sich immer noch nicht besonders gut mit ihr versteht. Susi besteht darauf ihren Freund Urs mitzubringen, doch das möchte Franziska auf keinen Fall, denn schließlich wird ja auch Karl als Brautvater anwesend sein und der möchte den ehemaligen Konkurrenten aus verständlichen Gründen nicht treffen. Doch Susi ist nicht einsichtig. Zu groß ist ihre Angst auf der Hochzeit ihrer Tochter völlig alleine erneut am Pranger zu stehen, zumal sie mitbekommen hat, dass Franziska nicht besonders gut von ihr redet und stets den Vater in Schutz nimmt. Zehn Tage vor der Hochzeit kommt es zu einem schlimmen Streit zwischen Mutter und Tochter, woraufhin Franziska ihre Mutter auslädt. Sie will ihre Hochzeit ohne sie feiern, weil die es nicht mal schafft an einem solchen Tag ihre eigenen Ansprüche und Probleme zurückzustecken.
Susi, die überall schon von der bevorstehenden Feier erzählt und allen Bekannten von dem attraktiven Schwiegersohn, seiner guten Position und dem eigenen hervorragenden Verhältnis zu dem Hochzeitspaar vorgeschwärmt hat, fühlt sich bis auf die Knochen blamiert. Als die Leute sie später fragen, wie es auf der Hochzeit war, behauptet sie, dass sie nicht hingegangen sei, da sie ihre Tochter dabei erwischt hätte, wie sie versucht habe Urs zu bestehlen. Bei jeder Erwähnung wird diese Geschichte detailreicher ausgeschmückt und Susi setzt sich wiederum als verzweifeltes Opfer und schuldlose Mutter eines durch den Vater verdorbenen Kindes in Szene – bis sie die Geschichte irgendwann selbst zu glauben scheint.

Auch *Borderliner* haben sowohl autoaggressive als auch größenwahnsinnige Elemente in ihrem Krankheitsbild. Das ganze Denken, Fühlen und Leben eines Borderliners ist von der permanenten Sorge erfüllt, wie er auf andere wirkt, da er selbst kein konstantes Selbstbild von sich hat: Sein Selbstverständnis und Selbstwertgefühl drohen ständig auseinanderzubrechen. Er strebt zwanghaft nach dem Gefühl »gut« zu sein oder das schuldlose Opfer der Schlechtigkeit anderer. Anderen Men-

schen werden die eigenen schlechten Verhaltensweisen, Empfindungen wie Wut, Neid, Eifersucht etc. zugeschoben, wobei diese Projektionen ständig den Adressaten wechseln: Wer heute schlecht ist, kann morgen gut sein, weil er plötzlich dem Borderliner eine positive Bestätigung gibt und umgekehrt, denn die Borderlinerwelt unterliegt einer extremen Schwarz-Weiß-Bewertung. Ein Borderliner hat in seiner Entwicklung nicht gelernt, die guten und fehlerhaften Seiten bei sich und anderen zusammen zu ertragen. Auch sein eigenes Selbstverständnis droht permanent auseinanderzubrechen zwischen diesen beiden Polen. Er steht unter dem großen Druck, bedingt durch panische Angst in seiner frühen Kindheit, gut sein »zu müssen«, um zu überleben. Gleichzeitig hat er ständige starke Gefühlsimpulse, die er durch seine mangelnde Selbststruktur kaum kontrollieren kann: Borderliner sexualisieren daher viele Situationen oder haben plötzliche Wutausbrüche.
All das kostet viel Anstrengung und lässt die Betroffenen immer wieder in depressive Tiefs fallen, verbunden mit den Gefühlen von Hilflosigkeit und Aggression. Sie verletzen sich dann oft selbst, ritzen sich die Haut auf, um »Druck abzulassen« und sich selbst noch zu spüren. Häufig entwickeln sie aber auch psychosomatische Krankheiten, um sich über Ärzte und Behandlungen einen Zugang zu sich und ihrem Körper zu verschaffen. Diese Krankheit ist schwer heilbar, da die selbstreflektierende psychische Instanz, die regulierend auf die eigenen Emotionen einwirken kann, zu schwach ausgebildet wurde. Borderline ist eine weitverbreitete Krankheit, deren Besonderheiten oft nur der Familie und den nahestehendsten Personen auffallen, denn erwachsene Borderliner haben bei ihren Inszenierungen und Intrigen eine Perfektion entwickelt, die ihren permanenten psychischen »Überlebenskampf« gut verbirgt.

Die moderne Gehirnforschung, genauso wie die Psychoanalyse lassen uns erkennen, dass nur ein ganz kleiner Teil unserer Schaltzentrale im Kopf bewusste Gedanken liefert und wir zum größten Teil unserem genetischen Sozialprogramm und unseren unterbewussten emotionalen Mustern folgen. Wir müssen hinter die Kulissen schauen, uns auf die »Metaebene der psychoanalytischen Wahrheit« begeben, auf die Ebene der Emotionen und ihrer Verarbeitung im Gehirn, auf die Ebene der geheimen Ängste, der ungeschriebenen Verbote und der uns umgebenden Werte in der Familie und Gesellschaft, um zu verstehen, warum Menschen handeln, wie sie handeln. Wir müssen wirklich verstehen wollen und nicht nur nach einfachen Antworten suchen.

Kapitel 3.1
Autoaggression

Karin (33) ist eine erfolgreiche Sportjournalistin. Sie hat sich in ihrem Berufsfeld gegen viele Mitbewerber durchsetzen müssen, zumal Frauen im Sportjournalismus es nicht leicht haben. Jede Kritik nimmt sie sich zu Herzen und versucht sofort ihre Fehler zu beheben. Obwohl sie mittlerweile viel Anerkennung für ihre Arbeit bekommt, hat sie immer das Gefühl, sie kann noch sehr viel lernen. Seit einiger Zeit darf Karin sogar eine eigene Sendung moderieren, was sie mit viel Charme und Überzeugung gerne tut. Dafür hat sie einige Kurse belegt, um neben ihrem Fachwissen mit einer guten Aussprache und einer natürlichen Gestik und Mimik zu glänzen.
Karins beste Freundin Saskia (39) hätte auch gerne so einen abwechslungsreichen, gut bezahlten Job, der ihr so viel Ansehen einbringt. Saskia selbst ist sehr unglücklich mit ihrer Arbeit in der Verwaltung eines großen technischen Unternehmens. Doch ihr fehlen die eigenen Ideen und auch oft die Antriebskraft, um etwas zu ändern.
Karin merkt häufig, wie gerne Saskia an ihrer Stelle wäre. Manchmal wird sie im Beisein von Saskia auf der Straße erkannt und erhält viel Lob von ihren Zuschauern. Dann spürt sie, wie ihre Freundin neben ihr mit einer Mischung aus Neid und Enttäuschung reagiert. Karin bekommt ein schlechtes Gewissen und kann ihren Erfolg nicht genießen. Sofort versucht sie mit all ihren

Kontakten und ihrem Einfallsreichtum zu helfen. Zum Geburtstag hat sie Saskia einen Moderationskurs geschenkt, damit diese sich auch mal vor der Kamera ausprobieren kann. Doch leider war sie nicht besonders talentiert.
Früher hat Saskia gerne fotografiert und so entwickelt Karin nun einen neuen Plan für sie, indem sie ihr helfen möchte sich als Set-Fotografin für große Sportevents zu etablieren. Doch Saskia wäre lieber vor der Kamera, wie Karin, weil sie sich davon mehr Anerkennung verspricht. Die Fotografenkarriere erscheint ihr zweitklassig und so glaubt sie weiterhin daran, dass Karin ihr nur die richtigen Kontakte machen müsste, damit sie ebenfalls eine erfolgreiche Moderatorin werden kann. Karin traut sich nicht, Saskia die Wahrheit zu sagen über ihr mangelndes Talent und ihr fortgeschrittenes Alter, das einen Start in eine solche Karriere völlig unmöglich macht. Zu sehr hält Saskia an ihren utopischen Träumen fest und ist nicht bereit ihre Fähigkeiten realistisch einzuschätzen oder nach Alternativen Ausschau zu halten. An der Wahrheit droht nun die Freundschaft zu zerbrechen.

Wenn man als Kind mit der autoaggressiven Verhaltensstrategie versucht hat, einen positiven Einfluss auf sein Umfeld und das eigene Leben zu nehmen, hat man auch als Erwachsener noch das Gefühl, dass man selbst, so wie man ist oder die Welt, so wie sie ist, nicht richtig ist, nicht ausreicht für das eigene Glück. Man versucht, sich selbst und die anderen Menschen zu verbessern in dem Glauben, erst glücklich zu werden, wenn alles »vollkommen« ist – und damit die Sehnsucht nach der verpassten Geborgenheit der Kindheit getilgt wird. Das hört sich übertrieben an oder banal, doch die Hoffnung auf das vollkommene Glück treibt die meisten von uns durch ihr Leben.
Unsere Psyche hat verschiedene Reaktionsmöglichkeiten, um mit Frust und Wut umzugehen, die aus den Beziehungen zu geliebten Menschen entstehen und diese gleichzeitig bedrohen:

Schuldgefühle wehren verbotene Gefühle ab, um den sozialen Zusammenhalt nicht zu gefährden. Schuldgefühle sind Autoaggressionen: Sie bilden sich durch die Wut, die wir empfinden, wenn z. B. unsere Mutter arbeiten muss, krank ist, schwach ist, nicht für uns da ist. Oder wir fühlen uns schuldig, weil wir z. B. in den Augen unseres Vaters nicht intelligent oder sportlich genug sind, kein (richtiger) Junge sind und seinen Vorstellungen nicht entsprechen. Aber eigentlich sind wir frustriert, weil unsere Eltern unsere Bedürfnisse zu wenig berücksichtigen, uns zu wenig Halt geben oder nur an Leistung Interesse haben. Doch diese Wut gefährdet unseren Platz in der Familie. Deshalb wenden wir sie gegen uns selbst, fühlen uns schuldig für unsere (angeblichen) Fehler, schämen uns für unser Versagen: besser schuldig, als verstoßen.

Schuld- und Schamgefühle sind die Hauptmotivation für altruistisches Verhalten. Auch wenn wir glauben, die Motive hinter unseren guten Taten seien uneigennützig, ist jede unserer Handlungen unbewusst von dem Streben nach Stabilisierung und Bestätigung unseres Selbstwertgefühls in der Gemeinschaft bestimmt. Da aber in unserer Kultur immer noch die christliche Wertvorstellung vom selbstaufopfernden Heiligen herrscht, fühlen wir uns besser, wenn wir glauben, wir handeln selbstlos – doch das ist niemals der Fall. Denn um zu handeln müssen wir ja da sein, unser »Selbst« muss existieren, in einer Gruppe seinen Platz einnehmen, sich behaupten in der Welt. Es hat Bedürfnisse, es will Anerkennung, denn es will überleben. Also können wir nie selbstlos handeln. So gerne wir auch so gut sein wollen: Wir belügen uns. Und genau an dieser Stelle greift das Prinzip des Selbstwertgefühls, das uns gut und richtig und selbstlos helfen sehen möchte, weil das als etwas »Gutes« gilt. Wir wollen mit Selbstlosigkeit unser Selbstwertgefühl heben, Anerkennung bekommen und eine Belohnung: Die Erfüllung unserer Sehnsüchte im Diesseits oder Jenseits, die Liebe der Menschen, die wir lieben oder die Liebe einer höheren Instanz, von der wir gerne geliebt werden wollen, weil wir glauben, dass uns dann Aufwertung zuteilwird.

Schuldgefühle finden wir auch hinter einer weiteren, typischen autoaggressiven Verhaltensform: dem *Helfersyndrom*. Helfer versuchen, andere Menschen »zu retten«, sie versuchen, die Welt endlich zu einem Ort zu machen, wo Glücklichsein möglich wird. Dahinter steht die Hoffnung, dass die »Geretteten« einem die Mühe danken, verlässlich werden und stark, um dann die geschenkte Zuwendung zurückzugeben. Helfer stabilisieren ihr Selbstwertgefühl, indem sie sich hilfsbedürftigen Wesen aller Art zuwenden, denen sie sich (unbewusst) überlegen fühlen. Sie versuchen ihr Dasein am (vermeintlich) richtigen Ziel auszurichten (im Gegensatz zu den egoistischen, unreflektierten anderen Menschen).

Helfer haben meist schon als Kinder versucht, einem oder beiden Elternteilen beizustehen. Damit waren sie überfordert. Sie haben versucht eine nervenschwache, depressive Mutter zu beruhigen und ihre Enttäuschungen über das Leben wiedergutzumachen; sie haben fest daran geglaubt, dass ein Vater sich vom Versager oder Egomanen doch noch zum Helden ihrer Kindheit entwickelt; sie haben gehofft, dem Familiencodex einer (protestantischen) Leistungselite gerecht zu werden, um Beachtung zu finden.

Auch später übernehmen sich Helfer oft in ihrer Gewohnheit allen und jedem beizustehen und gelangen über kurz oder lang zu dem frustrierenden Gefühl, gegen Windmühlen zu kämpfen. Sie sind enttäuscht, geradezu gekränkt, dass ihre Hilfe nicht angenommen wird, nicht genutzt wird für ein besseres Leben. Dann ziehen sie weiter zum nächsten Projekt, zum nächsten Menschen, den sie retten können. So bleibt das Glas für sie immer halb leer und die Welt ein nicht wirklich lebenswerter, liebenswerter Ort.

Helfer vernachlässigen manchmal die Fürsorge ihrer eigenen Kinder, weil die Welt mit ihren Problemen wichtiger scheint. Doch oft zeigt sich das Helfersyndrom auch in einer Überprotektion: An den Kindern soll der eigene Mangel im Übermaß wiedergutgemacht werden. Jeder Gedanke dreht sich um ihr »Wohl« und dieses Wohl bewerten die Eltern durch ihre eigene

Sehnsucht nach einem vollkommenen Leben. Es gibt Mütter, die während der Schwangerschaft nur Mozart hören, Eltern, die ihren Kindern Englischkurse im Kindergartenalter buchen, Diäten verordnen, das Kind muss Pilates machen und Skifahren lernen oder an Wettbewerben aller Art teilnehmen. Diese Übereltern versuchen in ihren Kindern ihre eigenen Vorstellungen vom perfekten Leben umzusetzen. Doch was ist ein »perfektes« Leben (sofern es sich nicht um wirklichen materiellen Mangel handelt) und warum sollen die Kinder diese Perfektionsvorstellung der Eltern erfüllen?

Kinder haben Angst, die Erwartungen der Eltern zu enttäuschen und ihre Liebe zu verlieren. Deshalb rebellieren sie meist nicht gegen dieses »Programm für das perfekte Leben«. Sie spüren, wie enttäuscht die Eltern wären, wenn sie deren Erwartungen nicht erfüllten. Ihre ganze Weltsicht, ihr Verständnis von Gut und Schlecht wird aber durch die Ansprüche und Werteordnung der Eltern geprägt. Gerade weil Eltern das Wohl ihrer Kinder durch ihre eigene Prägung bewerten, sehen sie es oft nicht objektiv. Auch wenn sie sich in den Möglichkeiten und der Jugend dieser Kinder wiederfinden möchten, hat jedes Kind ein Recht auf ein eigenes Leben mit eigenen Vorstellungen vom Glück, die es ohne übermäßige Maßregelungen entwickeln sollte.

Helfen oder seine Kinder protegieren ist natürlich prinzipiell eine wertvolle menschliche Eigenschaft, die positive Seite des sozialen Kitts und niemand kann (wie schon erwähnt) genau bestimmen, wo das »normale« Verhalten aufhört und ein übertriebenes, neurotisches beginnt. Aber auch ein reifes, gesundes, helfendes Verhalten basiert auf der Unterdrückung eigener Bedürfnisse. Es dient dazu, das Selbstwertgefühl des Helfers zu stärken, sein Selbstbild als gute Mutter, guter Vater zu bestätigen, Schuldgefühlen entgegenzuwirken und bedient die Hoffnung auf Erfüllung eigener Sehnsüchte. Es dient auch dazu, sich vor den eigenen Problemen zu drücken, denn die Probleme der anderen sind von außen gesehen immer einfacher zu lösen als die eigenen. Fällt es uns schwer diese eigennützige Seite unseres altruistischen Verhaltens zu akzeptieren, ist das ein Zeichen dafür, dass unser Selbstwert mit dem unbedingten »Gutsein« etwas kompensieren muss.

Brigitte (51) ist stellvertretende Abteilungsleiterin und wartet schon seit langer Zeit auf ihre Beförderung. Doch ihr Chef scheint ihre Bemühungen nicht wahrzunehmen. Ein ums andere Mal werden Kollegen bevorzugt, die es verstehen, sich und ihre Leistungen besser ins Rampenlicht zu rücken. Obwohl Brigitte ihre Untergebenen fördert und ein offenes Ohr für alle ihre Probleme hat, versucht der ein oder andere sich immer wieder hinter ihrem Rücken auf ihre Kosten zu profilieren.
Mit ihrem Gehalt bessert Brigitte die magere Rente ihrer Mutter auf, die das aber als selbstverständlich ansieht. Oft beklagt sich die alte Frau sogar darüber, dass Brigitte sich nicht noch mehr um sie kümmert und immer nur an die Arbeit denkt. Dabei hat Brigitte kaum mehr ein Privatleben, auch für eine Beziehung fehlt ihr die Zeit.
Egal, wie sehr sie sich anstrengt, scheint sich das Glück immer weiter von ihr zu entfernen. Sie sieht keinen Ausweg und langsam geht ihr die Hoffnung verloren, dass sich je etwas ändern wird. In letzter Zeit ist sie dauernd niedergeschlagen, manchmal starrt sie im Büro einfach nur noch aus dem Fenster, hinter dem sich ein unendlicher Tunnel aus Grau dahinzieht.

Sind wir auf Dauer enttäuscht von der Zuwendung anderer, die uns trotz unserer Leistungen und Hilfsbereitschaft nicht entgegengebracht wird, die trotz unserer täglichen Selbstüberwindung einen Job zu machen (den wir oft nicht mal mögen), zu kochen, zu putzen, die Kinder zu versorgen, ausbleibt, wächst die Enttäuschung über unser Leben, das niemals so funktioniert, wie wir es erhoffen. Die Energie lässt nach, wir legen uns ins Bett und wollen nicht mehr. Wir fühlen uns gekränkt vom Leben, das nicht so ist, wie es sein sollte.
Die Autoaggression zeigt in der neurotischen *Depression* ihr eigentliches Gesicht: Der Depressive hält sich für wertlos, zer-

stört mit seiner Wut über seine verzweifelte Lage sich selbst. Diese Frustration geht mit einer tiefen *Trauer* einher, über die Sinnlosigkeit des Lebens und die eigene Wertlosigkeit. (Dabei ist die neurotische Depression von der Enttäuschung und übermäßigen Anstrengung auf der Suche nach einem vorenthaltenen Glück geprägt, wohingegen die psychotische eine eindeutige genetische Disposition hat und auf einen angeborenen Mangel an Glückshormonen zurückzuführen ist.)
Durch überhöhte Leistungsansprüche kommt es zwangsläufig zu dem ständigen Gefühl »nicht gut genug« zu sein. Gerade Menschen, die sich viel Mühe geben, mit Ehrgeiz versuchen, die erhofften Ziele zu erreichen, wollen es lange nicht wahrhaben, dass sie depressiv sind. Depressionen sind etwas, das so weit weg scheint von Willenskraft, Aktivität und Erfolg. Doch sie sind nur die Kehrseite des gleichen Problems: Die Sehnsucht nach ausreichender, kompensierender Anerkennung, Liebe und Glück – und die Enttäuschung und Wut über das ewige Scheitern an den eigenen Ansprüchen. Depressive üben ständig Verzicht, damit sich etwas verbessert und sind dann tief enttäuscht, dass dies nicht genügend registriert wird, nicht alles gut wird, alle glücklich werden – und auch sie dann endlich genug bekommen könnten. Oft sind es Menschen, die von sich behaupten, sie selbst bräuchten nichts und die dann doch tief in ihrem Inneren verzagen, wenn man sie nicht berücksichtigt. Diese verletzten Gefühle finden manchmal auch in einer Anklage über die zunehmende Rücksichtslosigkeit der gesamten Menschheit ihren Ausdruck.
Die negative Lebenseinstellung spiegelt die fatale Situation einer dauerhaften Überforderung: Depressive haben von klein auf das Gefühl, wenn sie nicht zuverlässig Leistung erbringen (im Haushalt, in der Schule etc.), würden ihre Eltern, die Familie zerbrechen, Vater und Mutter würden sie verlassen oder sterben, sie selbst würde verstoßen, weil sie es nicht geschafft haben diese, ihre Welt zu retten. Wenn ein Elternteil sogar wirklich gestorben ist oder das Kind verlassen wurde – und etwas Schlimmeres kann einem Kind nicht passieren –, glauben

sie schuld daran zu sein und es wiedergutmachen zu müssen: Denn die Psyche kann Ohnmacht noch schlechter ertragen als Schuld. Sie hoffen darauf, dass Vater oder Mutter zurückkommen oder sie nicht auch noch vom anderen Elternteil oder anderen Menschen verlassen werden.
Die existenzbedrohenden Ängste setzen sich als Stresssituation, als permanenter Druck, sich mit Leistung Liebe zu erkämpfen, als Weltsicht und Selbstwahrnehmung ein Leben lang fort. Irgendwann wird der Frust, entstanden durch die ewige Bedürfnisunterdrückung, zu stark und der eigene Wert, der Sinn des eigenen Lebens wird völlig infrage gestellt: Warum soll ich weiterleben, wenn nichts, was ich tue, mir die vermisste Liebe und Anerkennung bringt, wenn ich so unfähig bin das Leben zu meistern?
Wenn wir nicht mehr funktionieren, fallen wir aus der offiziellen Werteordnung unserer Gesellschaft heraus: Wir erfüllen nicht mehr die Forderungen, von denen wir annehmen, sie wären maßgeblich für unseren Wert, unsere Lebensrechtfertigung, unser Glück. Trotzdem sind wir dann meist überrascht, dass die Welt nicht augenblicklich zusammen mit uns abstürzt. (*Burnout* ist nur der aktuelle Modebegriff, der der Depression den Anstrich von »Leistungselite« geben soll, um damit das Eingeständnis der totalen Hilflosigkeit und den vermeintlichen Status von »Irre« oder »Verrückt« zu verbergen.)
Auch die Trauer nach dem Tod eines geliebten Menschen kann in einer Depression münden, denn hier geht ebenfalls ungerechtfertigt Lebensglück verloren. Der Hinterbliebene wendet seine Wut über das Alleingelassenwerden gegen sich selbst, da das Schicksal, das meist die Schuld an dem Unglück trägt, nicht zur Verantwortung gezogen werden kann. Erst wenn der Hinterbliebene sich eingesteht auch auf den geliebten Verstorbenen wütend zu sein, ihm das durch seinen Tod verursachte Leid vorzuwerfen, kann die Depression überwunden werden.

Martin (39) ist ein erfolgreicher Architekt und bekannt für seine hervorragenden, akribisch ausgetüftelten Lösungen bei technisch

schwierigen Problemen. Auch privat hat er es gerne ordentlich: Er liebt es seine Socken und Unterhosen nach Farben sortiert in eigens dafür vorgesehenen Schubladen aufzubewahren. Seine Anzüge und Hemden sind aufs Genaueste nach Farbabstufungen in Schränken mit Innenleuchten aufgehängt.
Immer wieder bekommt er mit seinen Freundinnen Ärger, weil sie nicht die Dinge an die dafür vorgesehenen Plätze legen. Seine Partnerinnen werfen ihm vor, dass ihm die Ordnung wichtiger ist als die Beziehung, die dann auch meist an seiner Zwanghaftigkeit scheitert. Er kann den Frauen nicht begreiflich machen, dass Unordnung jede Konzentration auf andere Dinge stört und er dadurch Angst bekommt, die Übersicht zu verlieren. Auch die genaue Befolgung seines Trainings- und Ernährungsplanes dient ja letztlich nur dazu Muskelaufbau, Pulsfrequenz und Kalorienzufuhr am Optimum seiner Körperfitness auszurichten. Aus ähnlichen Gründen fährt Martin seinen stets frisch gewaschenen Porsche so, dass er nie mehr als 8,2 Liter auf 100 km/h braucht.

Zwänge entstehen ursprünglich ebenfalls aus Schuldgefühlen und sind autoaggressive, neurotische Konfliktlösungen. Jemand, der eine *Zwangsneurose* entwickelt, versucht »schlechte«, verbotene Bedürfnisse, aber auch ein unsicheres Selbstgefühl mit bestimmten Handlungen unter Kontrolle zu bekommen. Dabei ist die eigentliche Dynamik hinter dem zwanghaften Handeln die Angst vor den Folgen der eigenen, unbewussten Wünsche (»das, was ich will, ist schlecht, ich bin schlecht, ich werde verstoßen«). Das Prinzip des Zwangs ist die Wiedergutmachung, indem durch Wiederholung von Handlungen eine Art Abbitte für das heraufdämmernde verbotene Gefühl geleistet, dem bedrohten Selbst eine Struktur gegeben wird. Die Lebenssituation eines zwanghaften Menschen war in seiner Kindheit meist von strengen Regeln oder großen Einschränkungen begleitet (z. B. durch strikte religiöse Gesetze, ein krankes Familienmitglied, auf das immer Rücksicht genommen werden musste, ein psychisch instabiles oder übermäßig leistungsorientiertes Elternteil). Auch »gluckenhaftes« Verhalten, der Versuch der Eltern, die zunehmende Selbstständigkeit des Kindes zu unterdrücken oder eine übermäßige körperliche Nähe, die unbewusste sexuelle Inzestwünsche auslöst, kann zu *Zwangshandlungen* führen: Die dauernde Behinderung der Selbstentfaltung frustriert und löst Wut aus, die sich durch die Angst vor Strafe und dem Verlust der Liebe in Schuldgefühle wandelt und mit den Zwangshandlungen unterdrückt werden.

Menschen mit Zwängen möchten in ihrem Leben, in ihrer Wohnung, an ihrem Arbeitsplatz, auf ihrem Konto, in ihren Beziehungen »die Kontrolle« nicht verlieren. Sie versuchen alles »richtig« zu machen, obwohl unterbewusst andere, oft gegenteilige, uneingestandene, »schlechte« Bedürfnisse lauern. Sie versuchen sich zu perfektionieren, um einer perfekten, berechenbaren, vollkommenen Liebe würdig zu werden, die sie vor den eigenen und fremden schlechten Gefühlen schützt. Sie putzen viel, um mit Sauberkeit den inneren Impuls abzuwehren, doch mal die »Sau rauszulassen«. Sie waschen sich ständig die Hände, als könnten sie damit ihre »Schuld« abwaschen. Sie haben Angst vor Bakterien, denn sie könnten sich mit etwas »Schlechtem« infizieren. Zwangsstörungen zeigen sich auch in der Angst vor Einbrechern, dem Eindringen von »etwas Bösem« und der Betroffene weiß dann nicht mehr, ob er die Haustür, die Autotür abgeschlossen hat und muss es immer mehrmals überprüfen. Zwangsneurotiker haben Angst Bügeleisen oder Herdplatten anzulassen, denn ein (inneres) Feuer könnte ausbrechen. Manchmal haben sie sogar Angst auf die Ritzen zwischen den Bodenplatten des Bürgersteiges zu treten, denn das wäre »falsch« und etwas »Schlimmes« würde passieren. Menschen mit Zwängen haben Angst, wenn sie nicht alles selbst erledigen, ist es nicht richtig gemacht, etwas könnte sich ihrer Aufmerksamkeit entziehen, sie unvorbereitet überraschen und überfordern. Sie versuchen »Richtig« und »Falsch« für sich selbst in symbolischen, strengen Regeln zu fassen, um sich daran zu orientieren, zu kontrollieren und nicht von plötzlich aufkommenden Gefühlen weggerissen, in ihrer Identität bedroht zu werden. Ihre eigentlichen Wünsche sind ihnen nicht

bewusst, weil schon der Impuls von der Zwangshandlung abgefangen und »unschädlich« gemacht wird. Doch die »Rituale« schränken Freiheit und Leben sehr ein.
Ist ein Mensch besonders penibel im Umgang mit bestimmten Dingen, kann dieser Perfektionismus auch durch eine besondere Verwahrlosung auf einem anderen Gebiet »ausgeglichen« werden. Der Zwang zur Genauigkeit einerseits stellt dann durch den völligen Kontrollverlust auf der anderen Seite eine Art psychisches Gleichgewicht her: Der Druck, der durch die wahnhafte Perfektion entsteht, findet sein Ventil in einer infantilen Sorglosigkeit und völligen Abgabe von Verantwortung – und umgekehrt. (Annie Leibovitz ist hierfür ein trauriges Beispiel. Die weltberühmte Fotografin, die für die Detailversessenheit ihrer Fotos berühmt ist und 100 000 Euro für jedes Porträtshooting bekommt, musste ihr gesamtes Lebenswerk verpfänden, da sie durch ihren wahllosen Umgang mit Geld 24 Millionen Euro Schulden angehäuft hatte.)
In schlimmen Fällen kann aus der Angst vor den verbotenen Bedürfnissen sogar ein *Verfolgungswahn* entstehen: Der Betroffene glaubt, eine externe Instanz würde ihn überwachen und richten. Hier findet ein Realitätsverlust statt, denn die Wirklichkeit wird nicht nur durch den eigenen emotionalen Konflikt »verbogen«, sondern etwas wird hinzugefügt, was überhaupt nicht existiert. Der Verfolgungswahn ist somit eine Potenzierung, eine Steigerung des Gefühls »etwas falsch zu machen« und macht deutlich, dass der Grund für unsere Ängste oft nur unserem Denken und Fühlen entspringt.
Zwanghaftes Verhalten kann sich aber auch gegen andere wenden: Partner werden überwacht, die eigenen Kinder oder Mitarbeiter permanent kontrolliert. Dahinter steht die Erfahrung von der Unzuverlässlichkeit der Welt, die an jeder Ecke mit schlimmen Enttäuschungen und Zurückweisungen überrascht und mit der Überwachung kontrollierbar gemacht werden soll, um das eigene Selbst nicht zu gefährden.

Iris (24) ist Eventmanagerin. Die Veranstaltungen sind oft der pure Stress: lange Arbeitstage mit hoher Konzentration und Nächte mit wenig Schlaf. Jeder kleinste Fehler wird vom Kunden an Iris´ Chef weitergegeben und scheint am Ende alle Glanzleistungen ihrer Organisation zu überschatten.
Nach den Veranstaltungen bleibt meist viel vom Buffet übrig und Iris lässt sich immer eine große Portion vom Cateringservice einpacken. Wenn sie dann endlich nach Hause oder ins Hotelzimmer kommt, schaltet sie den Fernseher ein, setzt sich davor und versucht so viel wie möglich von den erbeuteten Resten in sich hineinzustopfen. Danach fühlt sie sich erst mal noch schlechter als vorher und hat Angst nicht mehr in ihre schicken Businesskostüme zu passen. Deshalb hängt sie sich über die Kloschüssel und erbricht sich so lange, bis ihr nur noch die Magensäure in der Speiseröhre brennt. Nach einer heißen Dusche ist dann alles wieder gut.
Am nächsten Morgen stellt sie sich auf ihre mobile Reisewaage und wenn die roten Digitalzahlen das richtige Ergebnis anzeigen, scheint der Tag wenigstens einen guten Anfang zu nehmen.

Jutta (16) geht in eine Mädchenschule. In ihrer Klasse ist sie eher eine Außenseiterin, die oft übersehen wird. Von ihrer Mutter wird sie liebevoll gehänselt wegen ihres Babyspecks, obwohl ihre Mutter selbst etliche Diäten hinter sich hat und sehr unter den Folgen des Älterwerdens leidet. Auch den anderen Mädchen in der Schule scheinen die modischen Hüfthosen besser zu passen als Jutta. In den Pausen wird viel über die neue Modelfernsehshow geredet und wer das beliebteste Mädchen ist. Zu Hause steht Jutta dann vor dem Spiegel und drückt das verhasste Fett am Bauch zu einer Wulst zusammen, die sie gerne abschneiden würde.
Eines Abends sagt Jutta ihrer Mutter, dass sie keinen Hunger hat und geht ohne etwas zu essen ins Bett. Die ganze Nacht knurrt ihr der Magen. Als sie sich am nächsten Morgen auf die Waage stellt, hat sie zum ersten Mal seit langer Zeit ein Triumphgefühl: Sie hat fast ein Kilo Gewicht verloren! Und das Beste daran: Sie

kann sich dieses gute Gefühl nun jeder Zeit wieder holen – sie muss einfach nur nichts essen, dann bleibt die Waage ihr bester Freund.
Nach fünf Wochen bemerken einige Mitschülerinnen, dass Juttas Figur immer schlanker wird. Endlich bekommt sie etwas Anerkennung, die Ohnmacht scheint besiegt. Jutta kann nicht mehr davon lassen.
Nach einem halben Jahr beginnt ihre Mutter sich zu schämen, weil sie von der Klassenlehrerin nach dem Elternabend auf Juttas mittlerweile dürren Körper angesprochen wird. Die Mutter wird mit ihrer Tochter zum Schularzt bestellt. Plötzlich scheinen sich alle um Jutta Sorgen zu machen. Jeder Bissen wird nun eine Bedrohung, als würden ihr neues Selbst und all die Aufmerksamkeit ohne das Hungergefühl sofort wieder verschwinden.

Auch *Essstörungen* basieren auf einem negativen Selbstbild, das sich in einer unrealistischen, neurotischen Körperwahrnehmung zeigt. Die Autoaggression wird hier äußerlich sichtbar, da sie den Körper beschädigt und sogar zum Tode führen kann. Verleugnete, verdrängte Wut und schwache Orientierungsvorbilder verhindern eine reife Selbstentwicklung; Harmoniezwang und Perfektionsansprüche in der Familie haben eine unbewusste hohe Spannung aufgebaut. Deshalb erbrechen Bulimiker und Magersüchtige, verweigern das Essen und jeder, der sich schon mal absichtlich übergeben wollte oder brennenden Hunger spürte, weiß, wie unangenehm das ist. Doch der körperliche Schmerz ist im Falle einer Essstörung gewollt, er führt zur Erleichterung und wird so zur Sucht; die Aggression gegen die Lebensumstände in der Familie oder am Arbeitsplatz findet einen »Ausweg«; gegen den eigenen Körper gewendete Wut verschafft der inneren Spannung ein Ventil. Jeder nicht gegessene Bissen, jede erbrochene Speise hebt so kurzfristig als Selbst-Bezwingung, Selbst-Kontrolle das Selbstwertgefühl, verschafft der unsicheren Identität einen Rahmen. Und die Familie, die in ihr herrschenden unterdrückten Konflikte werden nicht offen angeklagt: Es wird kein emotionaler Erdrutsch ausgelöst.

Auch andere körperliche Selbstschädigungen, die von extremem Sport bis zum Einritzen der Haut mit Rasierklingen reichen, verweisen auf eine ähnliche Art des psychischen Spannungsabbaus wie die Essstörungen. Menschen, die sich selbst verletzen, ihrem Körper Schaden zufügen, spüren sich oft nicht oder haben kein sicheres, positives Gefühl für sich und ihren Körper – nur das Adrenalin, der Schmerz, verschafft ihnen noch einen Berührungspunkt. Die unverarbeiteten Konflikte, Ängste und Frustrationen sind so heftig, haben/hatten so wenig Möglichkeit Beachtung zu finden, dass sie zu einer Taubheit gegenüber sich selbst, dem eigenen Körper führen; durch den konkreten realistischen Schmerz wird für den Moment das unsichere Selbst stabilisiert.

Es gibt Leute, die haben permanent Unfälle, kommen ständig zu spät zu wichtigen Terminen oder werden im entscheidenden Moment krank. Auch hier findet eine Selbstschädigung statt: Menschen, die sich selbst im Weg stehen, haben Angst vor der Eigenverantwortung und den Ansprüchen, die der Erfolg mit sich bringt. Sie bremsen sich selbst, um nicht mit Wünschen in Konflikt zu kommen, die den eigenen Sehnsüchten entsprechen, aber dem Selbstbild, entstanden aus einer abwertenden Meinung der Eltern oder dem Wertebild der Familie, zuwiderlaufen. (»Wir waren schon immer Arbeiter und das hat gereicht. Wieso musst Du etwas Besseres werden?!«; »Du warst doch schon immer so ein Tollpatsch, dem man helfen musste. Wie willst Du da diesen Job schaffen?«) Sie können nicht erfolgreich sein, denn das würde die Eltern Lüge strafen, der emotionalen Kodierung und den Werten der Familie widersprechen und ungeheure emotionale Konflikte heraufbeschwören. (»Ich darf mich nicht über meine Eltern stellen, sonst wird ihr Leben minderwertig oder ich werde ausgeschlossen. Wenn ich mich weiterentwickle, wird mir ein ehrlicher Kontakt zu ihnen immer schwerer fallen. Und selbst wenn sie tot sind, werte ich ihr Dasein durch meinen Erfolg ab, denn auch sie hätten es ja besser machen können, wenn ich Tollpatsch das kann.«)

»Erfolgsstolperer« wollen darüber hinaus keine erwachsene Eigenverantwortung für sich übernehmen, denn das würde auch ihre unreifen Hoffnungen und Versorgungsansprüche neutralisieren. Alle Sehnsuchtsfantasien vom ranghöheren, perfekten, doch unerreichbaren Leben würden mit Realität beschmutzt und die Orientierung wäre dahin (wen die Götter strafen wollen, dessen Gebete erhören sie). So bleibt das Leben an den ewigen Träumen von großen Erfolgen hängen, die der infantilen Sehnsucht nach dem Paradies immer gerechter sein werden als jede Wirklichkeit.

Als Ariane zwei Jahre alt war, haben sich ihre Eltern nach langem heftigen Streit getrennt. Ihren Vater hat sie danach nie wieder gesehen. Ihre Mutter gab das Kind zu den Großeltern, da sie selbst mit ihrem Leben kaum klarkam. Oft hat sie angekündigte Besuche kurzfristig abgesagt und Ariane wurde ihre ganze Kindheit von dem Albtraum heimgesucht, dass die Mutter eines Tages gar nicht mehr käme.
Heute studiert Ariane mit großer Begeisterung Germanistik, doch seitdem sie in einer Prüfung vor lauter Aufregung durchgefallen ist, traut sie sich immer seltener in die Vorlesungen. Zuerst konnte sie nicht mehr den Aufzug des Unigebäudes betreten, da sie das Gefühl hatte, sie würde von den Wänden der Kabine zerquetscht. Bis sie oben angekommen war, stand ihr der kalte Angstschweiß auf der Stirn und sie zitterte am ganzen Körper. Deshalb ist sie dann immer zu Fuß in den siebten Stock gelaufen. Doch jetzt bekam sie plötzlich Angst zwischen den vielen anderen fremden Studenten im Vorlesungssaal zu sitzen. Sie hat sich daher immer in der letzten Reihe versteckt, wo sie neben der Tür dem bedrohlichen Raum schnell entkommen konnte, wenn die Panik wieder in ihr aufstieg.
Mittlerweile kann sie nicht mal mehr auf die Straße gehen, da sie das Gefühl hat, ihr würden die Häuser auf den Kopf fallen. Eine Freundin geht für sie einkaufen und erledigt auch alle anderen Besorgungen. Ariane leidet sehr darunter, ihr Studium nicht fortsetzen zu können, doch die Macht der Angst ist größer als alles andere in ihrem Leben.

Alle schlechten Kindheitserfahrungen gehen mit *Ängsten* einher. Dabei wiegt die Angst vor dem Verlust der geliebten Eltern besonders schwer. Wir sind als Kinder existenziell abhängig, dem guten Willen der Erwachsenen ausgeliefert und oft wird darauf wenig Rücksicht genommen. Wir können Situationen und Drohungen nicht richtig einschätzen, haben unserer Umwelt wenig entgegenzusetzen und unsere Psyche ist noch zu unreif, um diese Ängste zu verarbeiten. Deshalb verdrängt sie sie, lässt sie verschwinden in unserem Unterbewusstsein und dort bleiben sie »frisch« und in ihrer Stärke unverändert, denn das Unterbewusstsein kennt keine Zeit.

Durch eine erneute Angstsituation können diese alten, schlimmen Gefühle dann wieder in unserem Erwachsenenleben auftauchen, um ihre Verarbeitung einzufordern, die in unseren Kindertagen nicht geleistet wurde. Sind diese Ängste besonders stark und werden nach wie vor nicht bewusst verarbeitet, entwickelt sich eine *Phobie*: Wir bekommen vor etwas Bestimmtem Angst, damit die diffuse, innere Angst kanalisiert und kontrollierbar wird z. B. Tiere (Spinnenphobie, Schlangenphobie), enge Räume (Klaustrophobie), hohe Plätze (Höhenangst), einen Auftritt vor vielen Leuten (Lampenfieber), Angst vor einer Katastrophe, Armut etc. Das, wovor man Angst hat, ist ein Symbol für den Ursprung der Angst: Spinnen sind Tiere, die ihre Opfer überraschend anspringen, einwickeln, aussaugen; in engen Räumen hat man nicht viel Platz für sich, wenig Luft zum Atmen, kann nicht fliehen; wenn man vor anderen reden soll, spürt man den erhöhten Leistungsdruck und die Angst vor der Offensichtlichkeit des eigenen Versagens.

Manchmal kann aber auch ein *traumatisches Erlebnis* im Erwachsenenalter eine Phobie auslösen, ohne dass dahinter schlimme Erfahrungen der Kindheit stehen: Jemand, der fast einmal ertrunken ist, fürchtet sich vor Wasser und die Überlebenden des elften September konnten oft keine Hochhäuser mehr betreten *(Posttraumatische Belastungsstörung).*

Das heftige Gefühl der Angst, »abgespeichert« unter dem Symbol, von dem die drohende Gefahr einst ausging, ist eigentlich ein sinnvoller Schutzmechanismus unserer Psyche: Wir reagieren automatisch und mit hoher Motivation, wenn sich die Gefahr wieder anbahnt. Doch wird eine solche Kodierung in unserer modernen Gesellschaft immer öfter zum einschränkenden Hindernis. Durch die Auflösung der sozialen Bindungen haben wir ein vermindertes Gefühl von Sicherheit: Ohne den selbstverständlichen Schutz der Gruppe vermehren sich diffuse Ängste. Immer häufiger werden sogar die nächsten Bezugspersonen, neurotische Ehepartner und konkurrierende Kollegen, zur erhöhten Belastung, weil von ihnen ständige emotionale »Stromschläge« ausgehen.

Sind die Ängste sehr stark, finden sie sogar einen messbaren körperlichen Ausdruck: Herzrasen, Schwindelgefühle, Schweißausbrüche, Schlafstörungen. Auf Dauer werden dadurch Kreislauf und Organe beschädigt. Aber meist nehmen wir unsere Ängste erst ernst, stellen uns der Peinlichkeit dieser »Schwäche«, wenn der Körper uns den Dienst verweigert.

Unsere Welt ist komplex, doch wir selbst sind letztendlich recht banal: Wir sind als Kinder abhängig von der psychischen und charakterlichen Reife unserer Eltern. Wir lernen als Kinder aus unseren Erfahrungen mit unseren Eltern, was Richtig und Falsch, Gut und Schlecht, lebens- und verachtenswert ist. Und wir versuchen uns selbst auf die Seite von »Gut« zu stellen, um in unserer Gruppe Ansehen und Berechtigung zu finden, einen Vorteil für unser (Über-)Leben daraus zu gewinnen.

Unser Verständnis von »Gut« wird uns von der Werteordnung unserer Familie und der Gesellschaft, in der unsere Familie lebt, diktiert. Manchmal besteht dieses »Gut« aus Leistung und Durchsetzungsvermögen, manchmal aus Bescheidenheit und Harmoniezwang, je nachdem, welche Werte unser erstes Umfeld, unsere Eltern, uns bewusst oder unbewusst vermittelt haben. Werte und Weltsicht der Eltern, ihr Umgang mit dem Kind werden ein Teil seiner Persönlichkeit – doch stehen sie oft genug auch der Entfaltung seiner Anlagen entgegen.

Das geschädigte Selbstwertgefühl eines Autoaggressiven ist

durch das Verhalten der Eltern zu labil, um sich den frustrierenden, einschränkenden Werten dieses Umfeldes zu widersetzen. Es traut sich keinen Befreiungskampf zu führen gegen die, von deren Anerkennung und Liebe es abhängt – mag diese Liebe auch noch so vergiftet sein. Mit Symptomen wie Zwängen, Phobien oder Essstörungen fängt der Leidende die Pfeile ab, die das Unterbewusstsein nicht mehr halten kann.

Kapitel 3.2
Selbstüberhöhung

Marvin (14) geht seit zwei Monaten nicht mehr zur Schule. Seine Mutter ist an seine Lügen gewöhnt und scheint machtlos gegen Marvins Aufsässigkeit. Fragt man ihn nach seinen Zukunftsplänen, bekommt man zu hören, dass er Fernsehmoderator oder Rennfahrer werden möchte und viel Geld damit verdienen wird.

Hans-Peter (27) ist Teilhaber eines New Economie Unternehmens. Wir schreiben das Jahr 2001, die Aktienkurse sind gerade auf dem Höchststand. Hans-Peter führt seine neue Freundin in das beste Restaurant der Stadt aus. Leider hat er nicht reserviert und wird vom Concierge gebeten etwas zu warten. Hans-Peter geht ohne weiteres Zögern auf einen Tisch am Fenster zu, an dem gerade ein anderes Pärchen dabei ist seine Bestellung aufzugeben. Er legt einen 1000 DM Schein auf den Tisch und verlangt von den beiden, dass sie ihm den Tisch dafür überlassen.

Joseph (60), Vorstand einer großen deutschen Bank, erzählt im öffentlich-rechtlichen Fernsehen stolz, dass die Bundeskanzlerin zu seinem Geburtstag für ihn ein Fest ausgerichtet hat, zu dem er einladen durfte, wen er wollte.

Wird das Wertgefühl eines Kindes häufig gekränkt oder fehlen klare soziale Regeln, kann das (neben den autoaggressiven) auch zu selbstüberhöhenden Verhaltensweisen führen. Demütigungen, Ignoranz und andere Schwächen der Eltern werden dabei mit einer Art Gegenreaktion kompensiert: Das Kind stilisiert sich selbst zum Helden, zur Person im Mittelpunkt der Aufmerksamkeit. Es stellt seine Leistungen besonders heraus, erfindet Geschichten, von denen es annimmt, dass sie bei anderen Bewunderung hervorrufen. Auch mit lautem, penetrantem Verhalten kann ein Kind auf den Mangel an gesunder Liebe hinweisen, denn negative Aufmerksamkeit ist immer noch besser als gar keine.

Wird ein Kind dagegen zu sehr verwöhnt, darf es alles und spürt seine Macht über seine erwachsenen Bezugspersonen, fordert es mit seiner »Terror-Show« Grenzen ein: Es sucht die Stärke der orientierungsgebenden Erwachsenen. Denn ohne Regeln kann der psychische Reifungsprozess nicht stattfinden, der kindliche Narzissmus nicht überwunden und kein sicherer Platz in der Gruppe gefunden werden. Deshalb tut man seinem Sohn oder seiner Enkeltochter keinen Gefallen, wenn man ihn/sie im Glauben lässt, er/sie sei der Nabel der Welt. Spätestens in der Pubertät landet der kleine »Macho-Prinz«, die süße »Ich-will-aber-Prinzessin« auf dem harten Boden der sozialen Realität, auf dem sie dann schnell mit ihrem unrealistischen Selbstbild ins Abseits geraten.

Selbstüberhöhung ist der mühsame, immer wieder scheiternde Versuch, das Manko an wirklicher, tief gehender Wertschätzung auszugleichen. Das erfordert eine große Fantasieleistung, denn das gesamte Umfeld muss permanent umgedeutet werden: Misserfolge werden ausgeblendet, jede kleinste Bestätigung zum großen Erfolg überzeichnet. Eine gute Note in einem einfachen Test wird als Beweis für die eigene überragende Intelligenz stilisiert, der streifende Blick eines anderen zeigt das große Interesse an der eigenen Person und das Lob eines Vorgesetzten wird als direkter Link auf den Chefsessel erkannt. Dabei nimmt die Diskrepanz zwischen dieser Fantasiewelt und der Realität ständig bedrohlich zu, denn von den meisten Grö-

ßenwahnsinnigen werden die eigenen hochfahrenden Ziele und Erfolge nicht erreicht.
Während Autoaggressive selbst ihre größten Kritiker sind, vertragen Menschen, die sich in ihrer Selbstwahrnehmung überhöhen, überhaupt keine Kritik. Sie reagieren sehr empfindlich auf jede Form der Zurechtweisung, da genau an diesem Punkt die Kluft zwischen ihrem Idealbild und der verleugneten Wirklichkeit deutlich wird. Das Selbstwertgefühl der Größenwahnsinnigen steht somit auf wackligen Füßen: Jede Niederlage kratzt an der Fassade, jede Ablehnung wird zum schmerzlichen Verweis auf die Demütigungen und Zurückweisungen der Vergangenheit. Die unterdrückten Emotionen der Kindheit, die tief sitzende Angst vor der eigenen Wertlosigkeit schlummert als tickende Bombe im Unterbewusstsein: Das ganze Verhalten der Größenwahnsinnigen, ihr Streben und Denken ist ein Bollwerk gegen Selbstzweifel. Deshalb fallen ihre Reaktionen auf Kritik auch so heftig aus, reichen von blanker Wut bis zum Zerstörungswunsch des Kritikers.
Die zunehmende Diskrepanz zwischen dem Fantasiebild und der widerstrebenden Realität kann in schlimmen Fällen sogar dazu führen die engste Bezugsgruppe auszulöschen: Ehepartner und Kinder werden umgebracht, bevor sie sich der eigenen Macht entziehen und eine bevorstehende Totalentwertung heraufdämmert (meist sind hier Männer die Täter und in der Regel geht dem Amoklauf ein Jobverlust oder eine andere schlimme Kränkung direkt voraus, die das Fass zum Überlaufen bringt); Mitschüler werden niedergemetzelt, um sich mit der Gewalt über Leben und Tod den ersehnten Respekt, die gewünschte Wichtigkeit und die Eigenermächtigung durch Rache zu verschaffen.
Auch großer Ruhm und eine exklusive Stellung in der Gesellschaft schaffen es nur zeitweise, die Minderwertigkeitsgefühle zu kompensieren und führen letztlich in eine Sackgasse. Der tief sitzende Glaube von Popstars und Machteliten, die Regeln des sozialen Miteinanders und der menschlichen Natur würden nur für die anderen gelten, wird früher oder später von der

Wahrheit eingeholt: Kein Mensch kann der Banalität und Endlichkeit unseres Daseins und seiner Gesetze entkommen. Auch Drogen und Machdemonstrationen beschleunigen hier nur die Zwangsläufigkeit, die sie eigentlich leugnen sollen.
Jede soziale Gemeinschaft (Familie, Firma, Nation etc.) wird stark belastet, wenn ein Mensch mit ausgeprägtem neurotischen Selbstüberhöhungsmuster in der Gruppe eine führende Position einnimmt: Die Gemeinschaft wird den Überlegenheitsvisionen des Chefs unterstellt, andere Menschen sind keine Mitmenschen mehr, sondern nur noch Mittel zum Zweck, um ein übertriebenes Selbstbild zu inszenieren. Jede Kritik am Größenwahnsinnigen wird durch dessen Machtposition niedergebügelt; je höher er steigt, umso mehr Möglichkeiten hat er, alle Zweifel niederzuschlagen. Die Wahrheit wird zusammen mit den Kritikern eliminiert und die Führungsposition gibt dem übersteigerten Selbstbild weiter Auftrieb. Die Zweiteilung in die »minderwertigen anderen« und die »eigene Wichtigkeit« (zu der kein Mensch ein Recht hat) zeigt sich als zugrunde liegende Weltsicht: Es werden Sonderrechte für sich in Anspruch genommen, die man anderen nicht zugesteht.
In einer gemäßigteren Variante zeigt sich der Größenwahn als Selbstverwirklichung, die zur Selbstsucht wird: Der eigene Erfolg, die eigene Sinnsuche wird immer über die Bedürfnisse des Partners, der Kinder, Freunde oder Kollegen gestellt – oft ohne das überhaupt zu bemerken oder in seiner Egomanie zu begreifen.
Den Mechanismus der Selbstüberhöhung finden wir in unserem Alltag in verschiedenen mehr oder weniger neurotischen Verhaltensweisen:

Erika (66) ist alleinstehend und leidet an Krebs. Im Fernsehen erfährt sie aus einer Boulevardsendung von einer ehemaligen Schönheitskönigin und späteren Fernsehansagerin, die ebenfalls an dieser Krebsart erkrankt ist. Plötzlich fühlt sich Erika nicht mehr so allein ihrem Schicksal ausgeliefert. Sie beginnt im Internet alle Informationen über die prominente Schicksalsgenossin zu sammeln und weidet sich an den Sorgen der Fangemeinde.

Am nächsten Tag berichtet Erika stolz ihrer Nachbarin von der seltenen Krebserkrankung, die sie mit der schönen Fernsehfrau verbindet und die nur »besonderen« Menschen zuteilwird.

Die *Fantasie* ist prinzipiell eine wichtige Stütze für unser Selbstwertgefühl: Wir zeichnen uns und die Welt so, wie wir sie gerne hätten. Wir träumen uns in Situationen hinein, aus denen wir als bewunderte Sieger mit einem befriedigten Selbstwertgefühl hervorgehen; wir versetzen uns in Positionen, die in der Gesellschaftshierarchie weit oben stehen und malen uns die Bewunderung und den Respekt unserer Mitmenschen aus. Mit fantastischen Vorstellungen kompensieren wir die Defizite der Realität für unser Selbstbild, versuchen es mit hoffnungsvollen Bildern ins Gleichgewicht zu bringen – und motivieren uns gleichzeitig für neue Ideen und Ziele. (Gerade die Fantasie mit ihrer Möglichkeit der kreativen Handlungsplanung ist neben der syntaktischen Sprache das, was den Menschen gegenüber allen anderen Tieren auszeichnet.)
Auch unsere Traumvorstellungen vom perfekten Leben viel bewunderter, prominenter Personen fällt unter diese Form des »Selbstwertdopings«. Die Prominenten werden zu Projektionsflächen für die eigene Sehnsucht nach dem perfekten Leben und das Lesen und Reden über sie, das Sammeln von Autogrammen, Artikeln und anderen Gegenständen soll uns diesen Idealen näher bringen. Wir identifizieren uns mit ihnen und versuchen so etwas von ihrem Glanz zu erhaschen, den wir ihnen gleichzeitig andichten. Die Werbung nutzt diesen psychischen Mechanismus der Steigerung unseres Selbstwertgefühls durch *Identifizierung* mit stilisierten Vorbildern zum Verkauf ihrer Produkte. Auch hier gibt es eine schwer zu bestimmende Grenze zwischen normal und neurotisch. Die Helden unserer Gesellschaft sind immer auch Orientierungsfiguren, der Austausch über sie gibt uns ein Stück unserer kulturellen Identität und verbindet uns mit anderen in der Gemeinschaft.
Doch für ein »echtes« Leben und objektive Selbsteinschätzung

ist es wichtig, zwischen Fantasie und Wirklichkeit unterscheiden zu können. Es gibt Menschen, die versuchen der Belanglosigkeit ihres Lebens in exzessiven Tagträumen zu entfliehen, sie siedeln in die Scheinwelt der Prominenten über, ohne zu realisieren, dass sie damit kein wirklich erfülltes Leben bekommen. In ihrem Kopf sind sie auf Du und Du mit den Stars, adeln ihre eigenen infantilen Gefühle mit den Lieben und Leiden gekrönter Häupter, während sie am Küchentisch lediglich Kaffee von derselben Marke trinken, für die ihr Lieblingsschauspieler mit hoher Gage Werbung macht.

Menschen, die zu einer übermäßigen Selbsterhöhung, zu Größenwahn neigen, verzerren ihre Wahrnehmung der Realität durch das heldenhafte Fantasiebild, das sie von sich selbst malen. Sie ersetzen ihr schwaches Selbstwertgefühl durch alles, was in unserer Gesellschaft vordergründig als bewundernswert gilt und »spielen« sich selbst in der Rolle einer überlegenen Person. (Auch Menschen mit autoaggressiven Verhaltensmustern haben eine verzerrte Wahrnehmung von der Welt, aber in die gegenteilige Richtung der Größenwahnsinnigen: Sie stellen sich mit ihren eigenen Unzulänglichkeiten dem scheinbaren Erfolg der anderen gegenüber und geraten so unter Druck, da sie es nicht schaffen, ihrer Vorstellung von Erfolg gerecht zu werden. Kaum ist ein Ziel erreicht, gibt es schon wieder hundert neue, ohne deren Erfüllung das Glück sich anscheinend nicht einstellt und der eigene Wert nicht gewährleistet ist. Nichts, was sie leisten, scheint gut genug, um in den offiziellen Maßstäben für Glück und Erfolg Frieden zu finden. Die *Idealisierung* eines Autoaggressiven betrifft also immer das Umfeld und nicht das eigene Selbstbild.)

Kerstin (25) ist eine talentierte Gesangsstudentin. Gemeinsam mit fünf anderen sehr begabten Schülern bemüht sie sich um die Gunst ihrer Gesangslehrerin. Diese genießt einen hervorragenden Ruf und ist dafür bekannt, einige große Stimmen durch ihr Talentgespür und ihren Unterricht hervorgebracht zu haben. Kerstin leidet sehr unter der Konkurrenz der anderen Schüler,

zumal sie nicht so fleißig ist und ihre Begabung gerne vor sich selbst als Ausrede benutzt, wenn sie keine Lust zum Üben hat.
Die Gesangslehrerin möchte, dass sich ihre Schüler auch untereinander helfen, um mit ihren Karrieren schneller voranzukommen. Alle Schüler halten sich an diese Regel und geben Adressen, Rollenanfragen und Castingtermine für Nachwuchssänger immer auch an die Mitschüler weiter. Sie freuen sich, wenn einer von ihnen weiterkommt, zumal jeder Erfolg auf die Kaderschmiede zurückfällt.
Nur Kerstin verschweigt solche wichtigen Termine und neue Kontakte, weil sie sich dadurch bessere Chancen auf ein eigenes Engagement verspricht und jeden Erfolg der anderen nur sehr schwer erträgt. Als sie nach einem verheimlichten Casting die Rolle bekommt, behauptet sie ohne Vorsingen engagiert worden zu sein, weil der Regisseur ihre hervorragende Stimme schon gekannt hätte und nur sie für die Rolle haben wollte. Ihre Lehrerin ist sehr stolz auf sie.
Leider wird sie von einer Mitschülerin bei dieser Lüge erwischt und so hagelt es harsche Kritik in der nächsten Gesangsstunde. Kerstin beginnt zu weinen und schildert schluchzend, wie sehr sie unter dem ständigen Neid ihrer Mitschüler zu leiden hätte. Sie behauptet, sie hätte die Information über das Vorsingen nur verschwiegen, weil sie in anderen Situationen schon so oft von den anderen Schülern mit kritischen Kommentaren und Mobbingversuchen verunsichert wurde. Doch sie hätte die anderen trotz ihres unfairen Verhaltens bisher nicht verpetzen wollen, damit es nicht noch mehr Unfrieden gebe, da sie ja wüsste, wie sehr der Lehrerin an einer guten Zusammenarbeit der Schüler gelegen sei. Nur ihr selbst ist nicht klar, dass sie früher oder später mit solchen Lügengeschichten auffliegen wird und sich und ihrer Karriere somit selbst Schaden zufügt.

Neid ist ein Gefühl, hinter dem der Wunsch nach Dingen und Erfolgen steht, die das eigene Selbstwertgefühl heben, die aber jemand anderes hat. Der andere wird reduziert auf einen bloßen Konkurrenten um die knappe Ressource Anerkennung. Es

kann zu regelrechten Vernichtungswünschen kommen gegen jeden, der mehr Aufmerksamkeit bekommt als man selbst. Das gleiche Muster lässt sich auch bei »schlechten Verlierern« beobachten. Ein gesundes Selbstbild fühlt die Niederlage in einem Spiel nicht als persönlichen Wertverlust: Der eigene Wert wird nicht durch einen Sieg oder eine Niederlage bestimmt.
Ein überhöhtes Selbstwertgefühl spürt dagegen die Diskrepanz zwischen seinem permanenten Anspruch an die eigene Überlegenheit und der Wirklichkeit und versucht diese Demütigung mit einer Wutreaktion abzuwehren. Dahinter steht die ständige Panik vor der bedrohlichen Abwertung. (»Wenn ich nicht der Beste bin, bin ich nichts wert, man muss der Beste sein, um anerkannt zu sein, sonst ist das Leben nichts wert. Deshalb bin ich einfach der Beste!«) Ein schwaches Selbstwertgefühl kann sich diese unreifen Emotionen nicht eingestehen. So kann es passieren, dass die eigenen »schlechten« Eigenschaften den anderen zugeschoben werden: Der Neid wird auf die Konkurrenten *projiziert (übertragen, externalisiert)*, dem Beneideten wird die eigene Missgunst unterstellt und so das eigene Selbstwertgefühl »sauber« gehalten. (Bei autoaggressiven Mustern zeigt sich Neid dagegen als Sehnsucht voller Eigenvorwürfe: »Warum hab ich das noch nicht geschafft ...«; »Wenn ich das erst mal hätte, dann wäre alles anders, ich muss mich mehr anstrengen, die anderen sind alle besser ...«)
Es gibt über den Neid als bloßen Gedanken hinaus Menschen, die ganz aktiv Dinge unternehmen, um in einem Konkurrenzverhältnis, im Job, in einem Verein oder irgendeiner Gruppe andere schlecht dastehen zu lassen (*Mobbing*). Sie intrigieren und lügen, verbreiten üble Nachrede, verhindern Informationsweitergabe. Ihre Angst vor der Konkurrenz ist so groß, dass sie zu Handlungen bereit sind, die anderen aktiv schaden. Mobbende Kollegen sind sich der Tragweite ihres schädigenden Verhaltens und ihrer eigenen Verantwortung dafür oft nicht bewusst. Das schwache Selbstwertgefühl der Aggressoren, die Angst vor der eigenen Abwertung treibt sie sogar oft dazu, sich mit Kollegen auf ein gemeinsames Mobbingopfer einzuschießen. So hat man

sich selbst aus der Schusslinie gerettet und der Gruppenzusammenhalt wird gestärkt. Der eigene Frust findet ein Ventil und ein Machtgefühl stellt sich ein, das im Gegensatz zur sonst empfundenen Ohnmacht das Selbstwertgefühl hebt.

Anna (54) hat kein besonders gutes Verhältnis zu ihren drei Töchtern. Die Kinder haben früh das Haus verlassen, weil sie die ständigen theatralischen Ausbrüche und Gängeleien der Mutter leid waren. Jedes Mal, wenn sie die Mutter besuchen, gibt es nach kurzer Zeit wieder Streit, sodass der Kontakt immer seltener wird.
Schon früher war die Mutter oft krank, hat mit Kopfschmerzen und Schwächeanfällen die Aufmerksamkeit von Familie und Ärzten eingefordert. Mehrfach war sie deswegen sogar im Krankenhaus oder in Kurbehandlung. Die Kinder haben dann zusammen mit dem Vater den Haushalt übernommen, die Mutter im Krankenhaus besucht oder zu Hause umsorgt. Doch seit sie selbst erwachsen sind, rufen sie höchstens noch mal an und auch dann steht immer noch die Gesundheit der Mutter im Mittelpunkt der Gespräche.
Anna hält ihre Kinder für rücksichtslos, egoistisch und undankbar, da es ihr ja oft schlecht geht und sich niemand mehr darum schert. Bei einem Arztbesuch bekommt sie geraten, sich einer vorsorgenden Darmspiegelung zu unterziehen. Sie hinterlässt ihren Töchtern die Nachricht von einer Darmkrebserkrankung, ohne die eigentlichen Befunde abzuwarten. Alle Töchter melden sich sofort bei ihr und sind geschockt. Doch kurze Zeit später wird klar, dass die Mutter gar keinen Krebs hat.
Ein Jahr später hat Anna einen schweren Unfall und liegt im Krankenhaus. Keine der Töchter besucht sie mehr, denn sie halten die Verletzungen für nicht so schwerwiegend, wie Anna es ihnen am Telefon vermittelt hat.

Auch *hysterische* oder *hypochondrische* Verhaltensweisen haben Elemente der Selbsterhöhung und sind neurotische Möglichkeiten, das Selbstwertgefühl zu stützen. Mit inszenierten

Dramen und erfundenen Krankheiten wird Zuwendung und Aufmerksamkeit eingefordert. So wird jeder Arztbesuch schnell zur potenziellen Sterbediagnose, jede Steuererklärung zum Untergangsszenario, jede Absage zur persönlichen Fehde. Besonders dem eigenen Körper und seinen Funktionen wird eine erhöhte Wichtigkeit und Aufmerksamkeit zugedacht (*Regression, Resomatisierung*: Konflikte finden wegen der psychischen Unreife, vergleichbar mit Kindern, über den Körper ihren Ausdruck). Die eigenen Erlebnisse erfahren eine Überbewertung und damit eine Sonderstellung der eigenen Person und eine besondere Berücksichtigung der eigenen Emotionen.
Hypochondrie und Hysterie entwickeln sich aber auch aufgrund von diffusen Ängsten, denn die eigene Existenz wird prinzipiell als bedroht erlebt. Hypochonder nehmen sogar unangenehme Heilungsprozeduren auf sich, nur um sich Zuwendung, Mitleid und Rücksichtnahme zu sichern und sich selbst – wenn auch im Schmerz – als tragische Helden zu spüren. Hysteriker finden in einer scheinbaren äußeren Bedrohung einen Adressaten für ihre Ängste und laden ihn gleichzeitig mit ihren unbewussten Aggressionen auf.
Bei geringerer Ausprägung dieser Verhaltensweisen empfinden wir sie als amüsant, als charakterliche Verschrobenheit und als den sehr menschlichen Versuch, den Fokus auf sich zu lenken. Doch auch diese kleinen Charakterschwächen sind ein Mittel, dem eigenen Selbstwert durch manipulierte Zuwendung Befriedigung zu verschaffen, um ein Defizit aus alter Zeit auszugleichen und unbewusste Ängste und Aggressionen zu kanalisieren.
Viele Hysteriker können auch in Depressionen verfallen, wenn für ihre Inszenierungen der geforderte Respekt ausbleibt: Die Trauer und Wut über die nicht erfolgte Zuwendung und den Mangel an Wiedergutmachung wendet der Hysteriker gegen sich selbst und wird so zum Depressiven.
Auch narzisstischer Weltschmerz, die schmerzlich-süße Klage über Welt- und Lebenssinn, ist eine solche »Kippform« zwischen Depression und Hysterie und zeigt, dass größenwahn-

sinnige Abwehrmechanismen, genauso wie autoaggressive, die gleiche Ursache haben: Unsicherheit, mangelndes Urvertrauen und Enttäuschungen, die kompensiert werden müssen. Im Gegensatz zur reinen Depression, die mit massiven Selbstzweifeln einhergeht, werden im Weltschmerz die melancholischen Anteile für die Selbstüberhöhung verwendet, indem der Betreffende sich als Beobachter aus dem Weltgeschehen herausnimmt und es gleichzeitig – gewissermaßen als Richter über Gottes Schöpfung – be- und verurteilt. Die narzisstischen Anteile werden deutlich, wenn der Weltenzweifler von seinem Umfeld in seinem »wohl-wehen« Schmerz nicht genug Beachtung und Ernsthaftigkeit entgegengebracht bekommt. Dann zieht er sich gerne gekränkt und unverstanden zurück und fühlt sich gerade durch dieses Unverständnis in seiner Sicht der Dinge bestätigt. Letztendlich wünscht er sich aber nichts mehr, als dass sich jemand die Mühe macht ihm die Schönheit des Lebens persönlich beizubringen, dass jemand alle Gegenzweifel und Abwertungen aushält, all seine Kraft und Zeit darauf verwendet dem Schmerzensmensch das Lebensglück zu bringen. Denn genau diese Mühe und Wertschätzung hat er/sie bisher im Leben zwischen lauter erdrückenden Ansprüchen und lieblosen, lebensfeindlichen Maßregelungen noch nicht erfahren. Dabei merkt der narzisstische Weltenzweifler in der Selbstbezogenheit seiner infantilen Gefühle nicht, dass er mit seinen Anklagen und seiner mangelnden Lebensfreude alle Menschen, die ihn lieben und hoffen »retten« zu können, verletzt – und die Welt ein Stück mehr zu dem macht, was er selbst so anklagt.

Raffael (44) hatte schon viele Liebesbeziehungen. Doch bei jedem Flirt wartet er darauf, dass ihn die Frauen ansprechen, oder ergreift erst die Initiative, wenn er sich ganz sicher ist, dass er keinen Korb bekommen wird. Auch beim Sex behält er gerne die Kontrolle und kann sich schlecht fallen lassen.
Oft gerät er an Frauen, die ihn sehr schnell mit ihren Heiratswünschen und Nachwuchsplänen konfrontieren. Obwohl er daraus Bestätigung gewinnt, beginnt er bald eine weitere Affäre und

steht dann zwischen den Fronten, immer am Zweifeln, ob er je seine »Sonnenkönigin« finden wird. Erst zweimal war er richtig verliebt, doch gerade diese Frauen haben sich nach kurzer Zeit zurückgezogen. Raffael hat sich nach diesen Kränkungen schnell mit neuen Verehrerinnen eingelassen, die ihm wieder sehr viel mehr Gefühle entgegenbrachten als umgekehrt.

Clarissa (36) flirtet gerne. Sie liebt den Moment, wenn sie merkt, dass ihr Gegenüber angebissen hat. Nach der kurzen Anfangsoffensive gibt sie sich bald schüchtern und zurückhaltend und hält die Männer beim nächsten Rendezvous auf Distanz. Zieht ein Interessent sich dann zurück, weiß sie ihn mit SMS und einer Einladung zu einem romantischen Ausflug wieder auf Kurs zu bringen. Sie erzählt ihren Verehrern gerne, dass sie immer sehr viel Zeit braucht, um sich auf jemanden einzulassen – und lässt den Abend dann trotzdem in einer wilden Knutscherei enden. Am nächsten Tag ist Clarissa für ihren Liebhaber nicht mehr zu erreichen.
Wird aus so einem Spiel doch mal eine Affäre, verschweigt sie die Angelegenheit ihren Freundinnen und streitet später alle aufkommenden Bettgeschichten als Erfindungen von gekränkten, zurückgewiesenen Männeregos ab. Dabei sucht auch sie eigentlich nach dem Mann fürs Leben. Den möchte sie dann glauben machen, dass sie etwas Besonderes ist, da sie sich immer für die große Liebe aufgespart hat.

In Liebesbeziehungen und den verschiedenen Formen des sexuellen Kontaktes mit anderen Menschen finden sich viele Möglichkeiten, das Selbstwertgefühl zu erhöhen. Durch zahlreiche Eroberungen und den häufigen Wechsel von Partnern wird nicht nur Nähe vermieden (siehe Kapitel 2), sondern auch der Selbstwert erhöht. Dabei ist es für einen Mann wichtiger, die Frau wirklich sexuell erobert zu haben, wobei Frauen eher versuchen, nur das sexuelle Interesse der Gegenseite zu wecken, um Selbstbestätigung zu gewinnen. Denn jede Form der Selbsterhöhung funktioniert vor dem Hintergrund der in der Gesellschaft geltenden Werte (siehe Kapitel 5). Und im Fall der

sexuellen Eroberungen gilt für Männer immer noch der »Vollzug« und für Frauen die Verehrung als anerkennenswert.
Auch *Sadismus* vermeidet nicht nur Nähe, sondern inszeniert Überlegenheit und Dominanz und ermöglicht so im sexuellen Rollenspiel die Selbstaufwertung. (Entsprechend dazu zeigt sich im *Masochismus* ein autoaggressives Muster: Lust als unterdrücktes, unerlaubtes Bedürfnis darf nur empfunden werden, wenn die aufkommenden Schuldgefühle mit Schmerz beschwichtigt werden.)

Marion (24) erzählt völlig ungerührt vom Selbstmord ihres Vaters, der sich an ihrer Kinderschaukel aufgehängt hat, als sie elf Jahre alt war: Würde sie von einem Sack Reis berichten, der gerade in China umgekippt ist, wäre ihre emotionale Reaktion wohl kaum stärker.
Sie kann es überhaupt nicht verstehen, wie sich Menschen jahrelang wegen biografischen Lächerlichkeiten in Therapie begeben und ihrem eigenen Innenleben so viel Wichtigkeit zusprechen. Dagegen steigen ihr sofort die Tränen in die Augen, wenn es um ihr Lieblingsthema »Versuchstiere in Testlaboren« geht und vor lauter Trauer und Wut kann sie sich jedes Mal nur schwer beruhigen.

Bei der *Intellektualisierung (Emotionsverschiebung, Rationalisierung)* werden bestimmte Gefühle oder Gefühle im Allgemeinen abgewertet, denn sie werden als egozentrisch, infantil, minderwertig angesehen. Man erhebt sich über die »Gefühlsduselei« seiner Mitmenschen und ist davon überzeugt, dass man mit seiner stets rational ergründeten Sichtweise diesen überlegen ist. Man engagiert sich (im Gegensatz zu anderen) nur bei richtig wichtigen Dingen und bleibt so meistens cool oder »steht über allem«. (Diese Verhaltensweise und Wertung ist als Selbstschutzversuch auch bei pubertierenden Jugendlichen zu beobachten, die sich ja gerade in einem der gefühlsintensivsten, aber auch stark verunsichernden Entwicklungsstadien ihres Lebens befinden.) Leider betrifft die

Gefühlsverleugnung bei Erwachsenen meist alle Bereiche des Lebens und so kommt es auch zu einer emotionalen Steifheit in Situationen, in denen Gefühle eigentlich im Zentrum stehen (z. B. bei einer Liebeserklärung – siehe Loriot – oder bei der Trauer um einen nahestehenden Menschen). Hier wird dann die grundsätzliche Hilflosigkeit mit sich selbst und seinen Gefühlen deutlich.
Dieser Abwehrmechanismus entsteht durch die kindliche Erfahrung mit Gefühlen, die prinzipiell nicht zugelassen werden durften (weil sie zu intensiv, verboten oder aggressiv waren) oder vom Umfeld nicht beachtet oder sogar verlacht wurden. Früher fand diese Abwertung von Gefühlen (besonders bei Männern) ihren Rückhalt in der offiziellen Gesellschaftswerteordnung. In den immer noch gültigen Vorbildern von wortkargen, überlegenen (Kriegs-)Helden in Kinofilmen oder in der christlichen Selbstlosigkeit, die nur Gefühl in Form der Nächstenliebe für das Leid der anderen als gut wertet, beherrscht sie aber auch noch oft genug unsere Gegenwart. Letztendlich handelt es sich aber um eine (nicht selten lächerlich anmutende) Unreife, die sich oft genug als Verklemmtheit oder Gehemmtheit zeigt, obwohl sie sich überlegen glaubt, und die zu völligen Fehlurteilen über sich selbst und andere führen kann.

Thomas (22) studiert Jura. Er stammt aus einer angesehenen Juristenfamilie und daher war es für ihn schon fast selbstverständlich dieses Fach zu wählen. Seiner Familie ist Erfolg und Disziplin sehr wichtig. Doch oft ist Thomas von dem sehr lernintensiven Studium überfordert. Wenn ihm alles zu viel wird, dreht er sich einen Joint und für ein paar Stunden verschwinden der Druck und die Versagensängste hinter den Nebelschwaden.
Im dritten Studienjahr ist die tägliche »Tüte« zum Selbstverständnis geworden. Doch immer öfter bemerken seine Freunde und seine Familie, dass Thomas gereizter und ungeduldiger geworden ist. Seine Studienergebnisse sind schlecht und seine Freundin droht ihn zu verlassen, wenn er das Kiffen nicht sein lässt. Doch Thomas versteht die ganze Aufregung nicht, schließ-

lich rauchen seine Mitstudenten auch oft Hasch oder trinken auf Unifesten Alkohol bis zum Umfallen, was ja nachweislich die Gehirnzellen viel mehr schädigt. Ein Freund von ihm hat neulich von ein paar Pillen erzählt, die ihn besser lernen lassen. Vielleicht sollte er die mal probieren.

Jede Form des *Drogenkonsums* ist ebenfalls motiviert von unserer Sehnsucht uns selbst stärker, positiver, intensiver zu erleben und negative Gefühle abzuwehren. Mit der Einnahme von Drogensubstanzen greifen wir mit chemischen Mitteln aktiv in den Haushalt unseres Belohnungszentrums im Gehirn ein. Eigentlich verändern wir unser Selbsterleben schon mit jeder Zigarette und mit jedem Glas Wein. Drogen ändern das Gefühl, das wir für uns selber haben, das Leben scheint für den Moment unseren Fantasien ähnlicher. Die Realität mit ihren Leistungsansprüchen und Konflikten wird zur Seite geschoben und die Seligkeit von »alles ist gut« oder »ich bin der Größte« rückt – je nach Droge – mehr oder weniger lang, mehr oder weniger nahe. Je labiler die Strukturen des Selbst, je bedrohlicher und schmerzhafter die Realität, je geringer die Frustrationstoleranz, umso größer ist die (Sehn-)Sucht nach ihrer Verleugnung. Gleichzeitig gibt die Droge uns die Macht die eigenen Gefühle zu steuern: Die greifbare Substanz »befreit« uns von der Ohnmacht aufkommender Angst und Enttäuschung.
Drogen sind Substanzen, die unser Körper, wenn auch in geringerer Konzentration, selbst (so oder ähnlich) produziert und die unseren Gefühlshaushalt im Gehirn regulieren. Doch es ist sehr mühsam, ihn zu der Ausschüttung dieser Stoffe zu veranlassen, denn wir brauchen dafür ja wirkliche Erfolge, wirkliche Bestätigung von außen, wirkliche Anerkennung oder wirkliche Entspannung und Liebe – und das kostet Zeit und Mühe.
Oft nehmen wir auch Drogen oder Dopingmittel, um weiterzuarbeiten, für noch mehr Erfolg und Bestätigung, weil der bisherige Erfolg uns nicht (mehr) den »Kick« gibt oder wir dem Leistungsdruck nicht mehr standhalten können. Da unsere offizielle gesellschaftliche Werteordnung mittlerweile allein auf

wirtschaftlich messbaren Erfolg ausgerichtet ist, wird die Einnahme von leistungsfördernden Substanzen immer selbstverständlicher und oft merken wir nicht mal mehr, dass wir uns eigentlich mit Drogen manipulieren, um den herrschenden Werten, dem offiziellen »Gut« und »Wertvoll« zu entsprechen. Manager werden immer häufiger durch ihr Krafttraining zu Anabolika-Junkies, Studenten nehmen Aufputschmittel, um besser und länger lernen zu können, Eltern geben ihren Kindern Ritalin, damit diese dem Leistungsdruck der Schule standhalten und später einen guten Platz im Wirtschaftsystem erhalten. Finanzvorstände, Bauarbeiter auf Akkordbaustellen, Chirurgen, Lkw-Fahrer nehmen Psychopharmaka für mehr Leistung, gegen Schmerzen, zur Entspannung, gegen Ängste, um zu schlafen oder gegen Konzentrationsschwierigkeiten und Nervosität. Und mittlerweile finden wir das nicht nur bei Leuten aus dem Showbusiness normal, sondern auch bei unseren Grundschülern.

Das Gehirn gewöhnt sich schnell daran, dass unser Selbstwertgefühl künstlich gehoben wird. Ein gutes Gefühl durch Drogen, Leistungssteigerung durch Pillen ist einfacher zu erreichen als die eigenen Werte und Ziele, das eigene Leben zu überdenken, sich zu fragen, warum wir so eine große Sehnsucht nach Erfolg haben, ihn so unbedingt brauchen zur Rechtfertigung unserer Existenz oder ihn uns selbst vorlügen.

Jede Form von Sucht beeinträchtigt unsere Realitätswahrnehmung und manipuliert unseren Gehirnstoffwechsel. Auch übermäßige Arbeit, Sport, Spiel, Fernsehen etc. zwingt ihn zur Ausschüttung von Substanzen, die unser Selbstwertgefühl positiv beeinflusst. Mit der Droge ist man all das, was man im richtigen Leben nicht sein kann: Der Kick fürs Selbstwertgefühl ist die Grundlage jeder Sucht. Besonders deutlich wird das in der Welt des Internet, in die viele Menschen mittlerweile vor der Realität flüchten. Die neuen Identitäten sind aus dem immer selben Grund so verführerisch: Wir fühlen uns gut, stark, alles ist möglich. Wir fantasieren uns ein Selbstbild, geformt aus den gängigen, positiven Werten (attraktiver Körper, Heldenrolle etc.) und fliehen aus der Wirklichkeit, die uns nicht genug Befriedigung und Anerkennung gibt. Doch leider müssen wir immer wieder zurück, der Rausch vom »tollen Selbst« gelingt nie auf Dauer, die Stimulanzien sind nur begrenzt zu erhöhen und sie betrügen uns immer weiter um unsere wirkliche Stärke, unsere wirklichen Möglichkeiten.

Auch *Pyromanie, Kleptomanie, Kaufsucht* oder *Fresssucht* lassen sich als vergleichbare suchtartige, kurzzeitige, narzisstische Überhöhungen erklären: Das Selbst wird durch die Brandstiftung, die geklauten oder massenhaft gekauften Gegenstände, die einverleibten Speisen ermächtigt und erweitert. Selbstzweifel werden durch die Kraft des Feuers, den Besitz von Dingen, den Genuss von Speisen vorübergehend beruhigt, der (kindlichen) Ohnmacht und der Selbstunsicherheit wird durch den Zugriff oder die Handlung entgegengewirkt.

David (33) ist Ingenieur bei einem großen Automobilbauer. In seiner Freizeit lebt er für »seinen« Fußballverein. Jedes Wochenende fährt er zu den Spielen. Wenn seine Mannschaft gewinnt, geht es ihm die ganze Woche lang gut. Er hat verschiedene Souvenirs des Vereins neben seinem Computer aufgebaut und immer, wenn er sie anschaut, kommt ein wenig vom Siegesrausch gewonnener Spiele zurück.

Davids neuer Kollege schwärmt für einen anderen Bundesligaklub. Nachdem beide Vereine an einem Wochenende gegeneinander angetreten sind und Davids Mannschaft verloren hat, muss er sich die ganze folgende Woche lustige Bemerkungen über »seine Dilettantentruppe« anhören. David merkt, wie er immer wütender wird. Auf dem Parkplatz verdreht er dem Kollegen die Seitensiegel seines Autos. Danach geht es ihm besser.

Das euphorische Erlebnis, Mitglied in einer jubelnden Masse zu sein, kommt einem Drogenrausch sehr nahe. In der Zuschauermenge fühlen wir uns stark, verbunden mit allen anderen und mit dem Star auf der Bühne oder dem Helden in der Arena. Unsere Ängste und Selbstzweifel schweigen im Überschwang der

Masseneuphorie, das Wertgefühl erfährt eine »Massenselbsterhöhung« oder eine Art »Massengrößenwahn«. Wir identifizieren uns mit dem Helden auf der Bühne: Wir fühlen uns an seiner Stelle, umjubelt von der Menge, motiviert zur viel bewunderten Höchstleistung. Dieser Mechanismus der *Identifizierung* mit einer heldenhaften Person (auf den auch die meisten Hollywoodblockbuster abzielen), diese Erhöhung unseres Selbstwertgefühls im Rausch der Masse hatte in der Evolution wohl den Sinn der Stärkung einer Gruppe in gemeinsamer Sache.

Gruppen organisieren sich meist in einer Hierarchie um einen Anführer herum. Der Rest der Gruppe identifiziert sich mit diesem Anführer, gerade weil jeder Einzelne gerne an seiner Stelle wäre: das anerkannteste Mitglied der überlebenswichtigen Mannschaft. Seine Erfolge sind ihre Erfolge, er braucht die Gruppe und die Gruppe ist unter seiner Führung erfolgreich. Das festigt den Anführer in seiner Position und erhält die Stärke der Gruppe trotz der Konkurrenz um die Heldenposition (»Sie stehen alle wie ein Mann hinter ihm ...«). Der Feind lässt sich so gezielter abwehren, das Territorium mit einer einheitlichen Strategie und vereinten Kräften besser verteidigen oder vergrößern. Alles »Schlechte«, auch die eigenen Fehler, werden den anderen, Fremden, außenstehenden Feinden zugeschrieben. Das »Gute« ist die eigene Gruppe in ihrem gesteigerten Massen-Selbstwertgefühl, mit ihrer gemeinsamen Kultur, ihren verbindenden Werten.

Gruppen können ihre Frustrationen und negativen Gefühle gleichschalten und gegen andere Gruppen wenden (Nachbarn, Abteilungen, Stammtischrunden, Gesellschaftsklassen, Mannschaften, Nationen etc.) – aber auch gegen Einzelne. Es muss nicht immer ein außenstehender Feind sein, der den Zusammenhalt der Gruppe stärkt. Ein *Sündenbock* aus den eigenen Reihen unterstützt das Gruppengefühl, indem er alle negativen Emotionen auf sich zieht und so die Mitglieder in ihrer gemeinsamen Abwertung seiner Person zusammenschweißt. Alles, was das Zusammengehörigkeitsgefühl bedroht, alle Schwächen,

Ängste, Neid, Eifersucht, Missgunst, die jeder Einzelne gegen die anderen Gruppenmitglieder in sich trägt und gerne für sein besseres Selbstwertgefühl verleugnet, werden dem Sündenbock zugeschrieben, der dann aus der Gruppe ausgeschlossen wird. So wird das Gemeinschaftsgefühl »sauber gehalten« und verstärkt. Sündenböcke oder Mobbingopfer haben also neben der oben beschriebenen stabilisierenden Funktion für das Selbstwertgefühl des Einzelnen auch eine »reinigende« Funktion für die Gruppe.

Gruppen zu bilden liegt als Überlebensstrategie in unserer menschlichen Natur. Besonders eine unreife, neurotische Psyche braucht die Gruppenzugehörigkeit, um sich zu stabilisieren. Jede Gemeinschaft, die es sich zur Hauptaufgabe macht, die eigene Überlegenheit nach außen zu tragen, ist ein guter Ersatz für entbehrte Anerkennung und gegen das Gefühl von Wertlosigkeit und zieht somit besonders unreife Menschen in ihren Bann: »Wie nie fühlten die tausende und hunderttausende Menschen, was sie besser im Frieden hätten fühlen sollen: Dass sie zusammengehören. Jeder Einzelne erlebte die Steigerung seines Ichs. Er war nicht mehr der isolierte Mensch von früher, er war eingetan in einer Masse. Er war Volk. Und seine sonst unbeachtete Person hatte einen Sinn bekommen. Keine Stadt, keine Gruppe, die nicht dieser grauenhaften Hysterie des Hasses verfiel,« schrieb Stefan Zweig 1914 zu Beginn des Ersten Weltkrieges.

Epilog

Warum gibt es Neurosen – oder ist der Mensch von Natur aus schlecht? Eine Vermutung

Wir alle kennen Menschen, die sich völlig »unlogisch« verhalten: Männer und Frauen, die immer wieder den gleichen Typ Partner wählen, der sie betrügt, misshandelt oder ausnutzt und trotzdem können sie sich nicht von ihm lösen. Wir hören in den Nachrichten von Jugendlichen, die plötzlich Mitschüler erschießen oder bestialisch quälen, Familienväter, die ihre Angehörigen abschlachten, Mütter, die ihre Kinder verhungern lassen. Wir kennen Leute, die rauchen, obwohl ihr Vater oder ihre Mutter an Lungenkrebs gestorben ist, Menschen, die trotz unglaublichen Reichtums noch viel mehr Geld scheffeln wollen. Und immer fragen wir uns: Warum tun die das?

Es scheint auf den ersten Blick keine »logische« Erklärung für solch ein grausames oder selbstschädigendes, verrücktes Verhalten zu geben. Bei schlimmen Taten glauben wir sofort, es seien »Monster« am Werk, Ausnahmeungeheuer, die uns völlig fremd sind. Dabei weisen wir diese Taten so schnell von uns, weil wir nicht darüber nachdenken wollen, ob sie mit unserer allgemeinen menschlichen Natur mehr zu tun haben, als uns lieb ist. Wir wollen uns mit diesen dunklen, geheimnisvollen Seiten unserer Psyche nicht auseinandersetzen, wollen unsere Schwächen, aus denen heraus wir anderen und uns selbst Leid zufügen, nicht sehen. Wir möchten uns selbst als gut und liebenswert definieren, denn das Gefühl, gut zu sein oder sogar besser als alle anderen, hebt unser Selbstwertgefühl. Man könnte auch sagen: Wir Menschen mit unserem hohen Anspruch an die eigene Wertschätzung sind ein Widerspruch in sich. Denn genau dieses Selbstwertgefühl, das uns »als gut« sehen möchte, bringt »das Böse« hervor, indem wir auf vielfältige Weise versuchen andere der Bestätigung unseres Wertgefühls unterzuordnen. Und die Leugnung dieser Veranlagung ist schon ein Teil davon.

Grausamkeit ist eine menschliche Grundeigenschaft, denn der Mensch steht unter dem Druck des Überlebenskampfes. Durch einen Mangel an Liebe und Anerkennung, an Bestätigung und Sicherheit wird dieser Überlebensdruck erhöht. Auf Dauer entsteht eine permanente existenzielle Bedrohung und die Psyche entwickelt dagegen die hier schon erwähnten Abwehrmechanismen. Die eigentliche Ursache ist dem Betroffenen meist nicht bewusst: Das Kind, der Erwachsene »heckt« keinen Plan aus, um seine Lage (vermeintlich) zu verbessern. Neurotische Verhaltensmuster sind Automatismen, die durch den emotionalen Haushalt der Psyche, die so genannte *Psychodynamik* unserer Gefühle entstehen: Unsere Psyche agiert logisch, sie agiert psycho-logisch. Unser psychischer Apparat versucht, die Spannungen auszugleichen, eine narzisstische Homöostase herzustellen. Gefährliche Emotionen, wie Wut und Frust, müssen dafür »entsorgt«, Bestätigung erlangt werden. In extremen Fällen kann das zu Amoktaten oder Kindstötungen führen. Die meisten Monster werden »gemacht« durch die Demütigungen, die Hilflosigkeit ihrer Kindheit und die Ohnmacht ihres gesamten Lebens.

Schwache Selbstwertgefühle sind die Ursache für viele Probleme in unserer Welt, für Geltungssucht, Unterdrückung und Rücksichtslosigkeit: Sie sind die »Achse des Bösen«, die quer durch alle Länder, Kulturen und Zeiten verläuft.
Unsere heutige Gesellschaftskrise ist vor allem eine Charakterkrise, bedingt durch *narzisstische Störungen.* Die Sucht nach schneller Befriedigung, der Mangel an Nachhaltigkeit und sozialem Einfühlungsvermögen zeigt deutliche Züge von infantilem Narzissmus: Wie kleine Kinder haben viele Menschen nur ihre eigenen Bedürfnisse im Sinn, können die Empfindungen anderer nicht wahrnehmen. Darüber hinaus wird ihr unreifes Selbst durch die ständig steigenden Leistungsanforderungen der Gesellschaft immer mehr bedroht. Neurotische Manager treiben Firmen in den Ruin, lassen sogar das gesamte Bankensystem kollabieren, weil sie mit Gier und Größenwahn

Minderwertigkeitsgefühle kompensieren (vom Bankensystem gefordert, von der Werteordnung unserer westlichen Gesellschaft und ihrer Sehnsucht nach märchenhaftem Reichtum toleriert). Neurotische Aktionäre haben nur ihre eigenen Gewinne im Auge, um mit immer mehr Geld, immer mehr Luxus den eigenen Status zu sichern. Sie leben in einem Staat, der Sicherheit durch Polizei und soziale Netze garantiert, der für Sauberkeit, Bildung und gute Straßen sorgt – doch sie sind nicht bereit, dafür ihre Steuern zu zahlen, in der Gemeinschaft, die ihnen diesen Wohlstand ermöglicht hat, Verantwortung zu übernehmen. Neurotische Chefs demotivieren ihre Untergebenen, schaffen Misstrauen und viele unglückliche Angestellte. Neurotische Beamte schikanieren Bürger, fühlen sich stets benachteiligt und überfordert hinter ihren sicheren Schreibtischen, realisieren nicht, dass eben diese Bürger ihre Schreibtische und Gehälter bezahlen und sie eigentlich in ihrem Dienste stehen. Neurotische Therapeuten bestätigen sich durch die Macht über ihre Patienten. Neurotische Lehrer fühlen sich überfordert von den Erziehungsfehlern der Eltern und können den Kindern durch ihre eigene Schwäche auch kein Vorbild sein. Neurotische Mütter benutzen ihre Kinder, um sich zu stabilisieren und dabei geht das Urvertrauen der Kinder und ihre Möglichkeit zu gesunder Selbstverwirklichung verloren. Es wachsen neue Neurotiker heran, die ebenfalls nicht glücklich werden und in ihrer Verzweiflung weiter Unheil schaffen.

Neurotische Störungen sind niemals angeboren, sie gehen immer auf den Einfluss des Umfeldes der Kindheit zurück. Der Mangel an psychischer Reife vieler Menschen unserer heutigen Gesellschaft, der durch den Zerfall sozialer Strukturen mit verursacht wird und ihn gleichzeitig vorantreibt, mündet somit in einem Teufelskreis: Immer weniger Zeit für Familie und andere wichtige Beziehungen, immer mehr Stress wird durch immer mehr Arbeit kompensiert, um sich etwas leisten zu können und sich so Befriedigung zu verschaffen und das Gefühl der Leere zu betäuben. Das bringt immer mehr neurotische Kinder hervor, unreife egozentrische Menschen, die ohne geduldige Zuwendung und starke Eltern heranwachsen müssen und ihren Mangel wiederum im materiellen Zugewinn zu kompensieren suchen. Sie können Beziehungen nicht mehr halten, versuchen über den Partner ihre infantilen Ansprüche befriedigt zu bekommen, verwickeln ihre Kinder in Trennungskriege, haben als Alleinerziehende keine Zeit für deren Bedürfnisse und versuchen dabei noch den eigenen emotionalen Mangel zu befriedigen.

Oft schlafen neurotische Menschen wenig, arbeiten bis zum Burnout und man fragt sich, wie sie das überhaupt durchhalten. Sie kommen nie zur Ruhe und nach jedem erreichten Ziel gibt es schon lauter neue, höhere, erstrebenswertere Hoffnungen.

Ein Neurotiker lebt mit der ständigen Angst vor erneuter Entwertung und Demütigung, auch wenn ihm das gar nicht bewusst ist oder er diesen Zustand für normal hält. Die Welt ist für ihn ein feindlicher Ort, in dem es ums Überleben geht und nur die Besten sich durchsetzen. Überall findet er diese Sichtweise und Wertung bestätigt. Er sieht nicht, dass es nur ein Ausschnitt der Zusammenhänge ist, den er durch seine Prägung, die Schwächen und Lieblosigkeiten seiner ehemaligen Familie, für wahr nimmt.

Angst schafft Rücksichtslosigkeit und einen Tunnelblick, konzentriert auf das eigene Überleben. Angst stellt aber auch Energiereserven bereit und ist prinzipiell ein Schutzmechanismus. In den materiell ungesicherten Zeiten unserer Vorfahren war diese Zusatzenergie wahrscheinlich von großem Nutzen, um das Überleben des Einzelnen zu sichern. In Zeiten großer Not, in denen übermäßige Konkurrenz um Nahrung herrschte, kam schnell ein rauer Umgang auch untereinander auf, der jedem die Sicherheit in der Gruppe selbst ein Stück weit nahm und ihn um seinen Platz und sein Überleben stärker kämpfen ließ. Durch diese emotionale Verunsicherung wurde neurotische Energie als eine Art Zusatzenergieschub freigesetzt, die dem Einzelnen mehr Durchhaltevermögen gab. Andererseits diente das erhöhte Frustpotenzial gleichzeitig dem Zusammenschluss der Gruppe im Kampf gegen andere: Frust und Streit in der Gruppe lässt sich gut gegen äußere Feinde kanalisieren. Doch wenn die Menschheit auch von ihren Neurosen vorangetrieben wurde, so bergen sie doch immer die Gefahr ihres Untergangs.

1961 wurde in New Haven das berühmte Milgram-Experiment durchgeführt. Es beweist eindrucksvoll, wie normale Bürger unter bestimmten Umständen zu sadistischen Handlangern werden können, wenn eine Machtinstanz und Werteordnung dies von ihnen verlangt: Versuchspersonen teilten bereitwillig starke Stromstöße an Opfer aus, weil ihnen von vermeintlichen Wissenschaftlern gesagt wurde, dies sei Teil eines wichtigen Versuchs – und das Experiment wolle man ja wohl nicht scheitern lassen! Trotz der qualvollen Schreie ihrer vermeintlichen Opfer erfüllten sie – zum Teil sogar sehr ehr-geizig – die Anweisungen.
Gerade hat der Psychologe Jerry M. Burger von der Santa Clara University in Kalifornien das Experiment erneut durchgeführt und damit die Hoffnung zerstört, die Menschheit hätte sich seit den frühen 60er-Jahren weiterentwickelt. Dabei gab es keine Unterschiede zwischen Alten und Jungen, Männern und Frauen, sozialen Schichten, Frommen und Ungläubigen oder den Anhängern unterschiedlicher Religionen oder Weltanschauungen: Nur ein Drittel widersteht der Versuchung der Macht, zwei Drittel nicht – so ist der Mensch.

Ein schlechtes Selbstwertgefühl mit seiner verdrängten Angst und Wut ist eine schlummernde Zeitbombe. Es kann unter bestimmten Umständen angezapft und gelenkt werden. In Kriegen und bei Völkermorden, aber auch im Alltag unserer so friedlich erscheinenden Gegenwart können Menschen, die sonst ein ganz normales Leben führen, keine abnormalen Verhaltensweisen und Hirnstrukturen aufweisen, zu Folterern oder sogar Massenmördern ohne jedes Gewissen werden. Wie kann das sein?

Dieses schreckliche Phänomen erklärt sich aus dem Zusammenspiel von verschiedenen starken negativen Emotionen, die plötzlich die Regie über das Selbst übernehmen: Angst bei gleichzeitiger emotionaler Abstumpfung (z. B. durch viele gesehene Gräuel und hierzu zählen auch sehr realistische, blutgetränkte Gemetzel in Videospielen), Orientierungssuche, Sehnsucht nach Anerkennung in der Gruppe – und das Gefühl, andere seien an dem, was einen verunsichert, schuld und die eigene Situation werde besser, wenn man diese Menschen tötet. Autoritäre Erziehung und/oder Desinteresse, erlittene Respektlosigkeit und/oder Demütigungen schaffen die zugrunde liegende Voraussetzung für Vorurteilsbereitschaft und Idealisierungseifer. Aufgestaute, verdrängte Wut schaltet rationale Abwägung aus, geforderte und geförderte Verbrechen werden somit leicht zum Ventil für die inneren Spannungen: Damit sich diese »bösen« Emotionen durchsetzen, sind Werte notwendig, die die destruktiven Gefühle eines labilen Selbstbildes für wünschenswert halten. Das kann ein reales politisches System sein, aber auch der angestrebte Sieg in einem allgemein beliebten Spiel, das die Tötung vieler (virtueller) Gegner verlangt und bei Spielsüchtigen zur Alltagsrealität wird: Das Böse muss als etwas Gutes autorisiert werden, über das man sich profilieren kann. Mit dieser Instanz im Rücken kann man den in sich schlummernden destruktiven Emotionen plötzlich freien Lauf lassen.

Die Nationalsozialisten haben sich besonders geschickt den Mechanismus der Selbsterhöhung zunutze gemacht. Ihre Ideologie und Propaganda von deutscher Überlegenheit war hervorragend geeignet, um schwache Selbstwertgefühle im autorisierten Gemeinschaftsgefühl der Masse zu heben. (Wer schon einmal einen »Selbstwertrausch« in einer Konzertarena oder bei einem Fußballspiel etc. erlebt hat, kann vielleicht erahnen, wieso die Menschen von der Bewegung des Nationalsozialismus so stark ergriffen wurden.) Einfache Antworten, ein einfaches »Richtig« und »Falsch« schafften Sicherheit und Orientierung vor dem Hintergrund der Verunsicherung durch den Ersten Weltkrieg, der Demütigung durch den Versailler Vertrag, Wirtschaftskrise,

Arbeitslosigkeit und der neuen Regierungsform der Weimarer Republik.
Nach dem verlorenen Ersten Weltkrieg gaben die Nationalsozialisten mit ihren Überlegenheitsparolen den Deutschen wieder das Gefühl, »jemand zu sein«. Durch die Identifizierung mit dem Führer und durch die Beschwörung gemeinsamer deutscher Werte von Stärke und Rassenreinheit konnte Kriegseuphorie geschürt werden: »Das Deutsche« war überlegen, man war »deutsch«, man war überlegen. In dieser Selbstüberhöhung fühlten sich die Menschen auch im Recht, andere, angeblich Minderwertige, anzuzeigen, zu quälen und zu vernichten. In der Minderheitenverfolgung der damaligen Zeit zeigt sich auf schreckliche Weise der psychische Mechanismus des Größenwahns durch die Aufwertung in der eigenen Gruppe, Rasse, Nation, verbunden mit der Verschiebung der eigenen Schwächen auf die Fremden, die Sündenböcke, die (zusammen mit den eigenen Schwächen) ausgestoßen und vernichtet werden sollten.
In der Werteordnung des Dritten Reiches wurde von den Menschen verlangt, ihre Individualität pflichtbewusst den höheren Zielen des Volkes unterzuordnen. Eigenverantwortung und eine eigene Meinung waren, im Gegensatz zu Vaterlandsliebe und Marschieren im Gleichschritt, negativ bewertet. Dafür wurde schon in der autoritären Kindererziehung der »eigene Wille« gebrochen, um den Menschen die Voraussetzung für einen eigenen Standpunkt zu nehmen.
Prinzipiell ist das Selbstwertgefühl unabhängig von der Intelligenz. Jeder Mensch mit einem schlechten Selbstwertgefühl ist anfällig für Größenwahn. Intelligente Menschen sind darin sogar besonders gefährlich, denn sie stellen ihre herausragenden Fähigkeiten in den Dienst dieser Selbsterhöhung. Wenn die Sehnsucht nach Anerkennung groß ist und wenn die Verfolgung von Fremden, Andersgläubigen plötzlich als anerkennenswert gilt und man sich damit in der eigenen Gruppe profilieren kann, schaffen die wenigsten Menschen, ein »Ich nicht!« zu leisten. Ein schwaches Selbstwertgefühl lässt Menschen Konzentrationslager bauen und gleichzeitig Wagner-Konzerten lauschen,

Menschen quälen und gleichzeitig pflichtbewusste Familienpatriarchen sein – wenn beides Ansehen, Stabilität und Selbstwertbestätigung verschafft.
Nur Menschen mit einem gesunden Selbstwert und einer eigenen gefestigten Moral haben in Zeiten, wo es als gut gilt andere zu töten, einen Referenzrahmen, ein Stück Freiheit in ihrem Willen, das sie auch unter großem Druck nicht völlig in den gültigen offiziellen Werten ihrer Gruppe aufgehen lässt. Sie haben ihr eigenes Maß. Sie haben ausreichend gesunde Liebe und Respekt erfahren, um sie unter keinen Umständen kompensieren zu müssen.

Nach 1945 wurden die offiziellen Werte der Zeit des Nationalsozialismus von einer demokratischen Nachkriegswerteordnung abgelöst. Nun galten plötzlich Eigenverantwortung und Gleichberechtigung als erstrebenswert. Es gab keine Ventile mehr für Wut, Selbstzweifel und die erlebten Schrecken; frühere Feinde wurden plötzlich wieder zu Mitmenschen, jede ausgelebte Aggression wurde nicht mehr als Zeichen von Stärke, sondern als Unreife abgewertet. Doch die meisten Menschen waren noch von der alten Ordnung erzogen und geprägt worden. Woher sollten sie die plötzliche Stärke nehmen, ihre Schuld einzugestehen und sich selbstverantwortlich zu verhalten, ihre Kinder mit Rückgrat zu erziehen und eine eigene, gut bedachte Meinung zu bilden?
Einem schwachen Selbstwertgefühl ist es unmöglich, die eigene Schuld einzugestehen. Ein schwacher, unreifer Mensch schafft es nicht, Fehler zuzugeben und die Verantwortung für das eigene Verhalten zu übernehmen, denn das gehört ja gerade zu den Fähigkeiten eines reifen, starken Charakters.
Bei einem so plötzlichen Wechsel der herrschenden Werteordnung, wie im Deutschland der Nachkriegszeit, wird deutlich, wie grundlegend unsere Werte für das Denken, Empfinden und Leben der Menschen sind. Sie bestimmen unser Selbstverständnis, sind ein Teil unserer Persönlichkeit. Wir messen uns an ihnen, werden von ihnen gemessen und messen andere an

unseren Werten, selbst wenn sie von ganz anderen Werten geprägt sind. Und je schwächer unser Selbstwertgefühl ist, umso stärker halten wir uns am Gerüst der offiziellen Werte und ihrer Autoritäten fest und umso mehr bestimmt ihr Richtig und Falsch unser Leben.

Durch unsere Schwächen werden wir schuldig. Deshalb ist das Gedenken an die Verbrechen des Nationalsozialismus so wichtig. Denn der psychische Mechanismus der Massengleichschaltung durch Identifikation und Selbsterhöhung existiert in jedem von uns und kann deshalb immer wieder für menschenverachtende Ideen missbraucht werden. Doch wer die herrschende Werteordnungen hinterfragt, auf neurotisches Verhalten in den eigenen Reihen aufmerksam macht, sich gegen die geschönte Bilanz der offiziellen Werte wehrt, sieht sich auch heute noch oft genug mit dem Vorwurf der »Nestbeschmutzung« konfrontiert. Das ist in Familien nicht anders als in Nationen und zeigt, wie nötig unser Selbstwertgefühl die übergreifende Identifikation mit der »guten Gruppe« benötigt, um sich zu stabilisieren. Wir können es in unserem privaten Leben, aber auch in der Weltpolitik jeden Tag beobachten: China versucht seine Macht auf Tibet auszuweiten (was weltweit als schlecht gilt) und behauptet, der Dalai Lama und seine »Clique« würden zur Aggression aufrufen und nur deshalb müsste sich China wehren (sich wehren gegen einen Angreifer gilt als gut und gerechtfertigt). Auch die Türkei mit ihrem uneingestandenen Genozid an den Armeniern und den Morden an Journalisten, die das offen aussprechen, genauso wie die USA, die die Verteidigung ihrer Werte durch Folter oder mangelnde Aufklärung und Bestrafung der Schuldigen konterkarieren oder Israel, das selbstherrlich seine Siedlungspolitik nicht ändern will, sind nur drei aktuelle unter vielen, traurigen Beispielen.
Auf solch einer nationalen Ebene können wir die Macht der Werte und den Willen des Menschen »gut« zu sein, zu einer Gruppe zu gehören, die besser ist als alle anderen, in ihrer gefährlichen Lächerlichkeit erkennen. Aber vielleicht setzt sich ja

eines Tages international der Wert durch, aus den Fehlern der eigenen Geschichte zu lernen, sie lückenlos aufzudecken, damit psychische Unreife wenigstens nicht mehr staatlich legitimiert zu neuen Abgründen menschlichen Verhaltens führt.

»Weil wir Illusionen zerstören, wirft man uns vor,
dass wir die Ideale in Gefahr bringen.«

(Sigmund Freud)

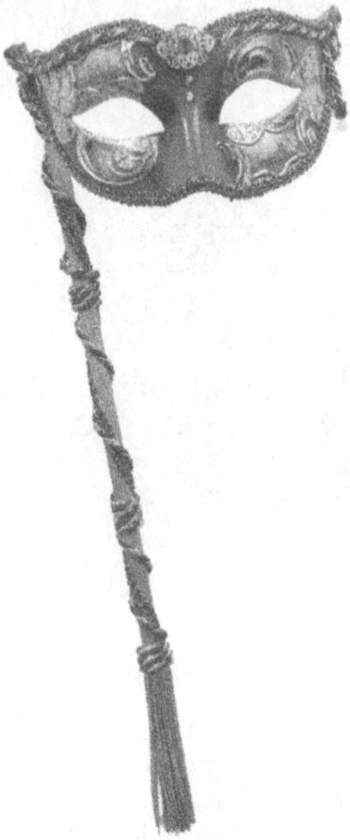

Teil II

DAS EIGENE MAß FINDEN

Kapitel 4

Frei oder nicht frei, das ist hier die Frage – Der (un)freie Wille

Max (18), ein großer, schlaksiger, schüchterner Junge, steht kurz vor dem Abitur. Er weiß nicht, was er aus seinem Leben machen soll. In der Schule war er immer sehr zurückhaltend, hat sich in keinem Fach besonders hervorgetan. In seiner Freizeit schreibt er Kurzgeschichten, doch die zeigt er niemandem.
Am Ende der Schulzeit möchte sein Deutschlehrer, dass jeder zum Abschluss sein lustigstes Erlebnis der Schulzeit aufschreibt. Die drei besten Geschichten sollen in der Abiturzeitung abgedruckt werden. Drei Nächte lang kann Max nicht schlafen, doch schließlich fasst er all seinen Mut zusammen und reicht eine seiner Kurzgeschichten zum Wettbewerb ein.
Ein paar Tage später steht der Deutschlehrer vor der Oberstufe und verkündet, dass er überraschenderweise viele gute Geschichten erhalten hätte. Die beste von allen aber, über die er zwei Tage gelacht habe, sei die von Max. Er bittet ihn sie vor allen vorzutragen.
Die anderen Schüler kichern und feixen, als Max sich nach vorne ans Pult begibt, und er verflucht seinen Mut, der ihn in diese peinliche Situation gebracht hat. Mit zitternder Stimme beginnt er seine Geschichte vorzulesen, die davon handelt, wie sein Kumpel in der dritten Klasse beim Apfelklauen auf dem Obstacker neben der Schule in einen Apfel beisst, auf dem gerade eine dicke Schnecke sitzt. Langsam wandelt sich das abschätzige Kichern der Mitschüler in schallendes Lachen und als sich Max auf seinen Platz zurückbegibt, schlägt ihm von allen Seiten große Anerkennung entgegen.
Die Kunde von seinem Erzähltalent verbreitet sich wie ein Lauffeuer und Max wird gebeten auch die Abschlussrede für seinen Jahrgang zu halten. Auf Anraten seines Lehrers meldet er sich zum Germanistikstudium an. Schon während des Studiums be-

ginnt er für Zeitungen zu schreiben. Vier Jahre später erscheint seine erste Sammlung von Kurzgeschichten als Buch.

Unser Selbstverständnis ist von dem Glauben bestimmt, dass wir eine Wahl haben und dass wir uns, unser Verhalten und Leben ändern können – wenn wir nur wollen.
Eric Kandel hat 2000 den Nobelpreis für Medizin bekommen, weil er nachweisen konnte, wie sich die Nervenzellen des »Gehirns« einer besonderen Seeschneckenart neu verknüpfen, wenn man sie in einem veränderten Umfeld dazu nötigt umzulernen. Mittlerweile kann auch die humanmedizinische Gehirnforschung dokumentieren, wie sich unsere menschlichen Gehirnneuronen neu vernetzen, wenn wir uns neuen Einflüssen aussetzen. Unsere Gedanken, unsere Gefühle, die Bilder in unseren Köpfen beeinflussen die Materie unseres Gehirns, aus der sie entsprungen sind und umgekehrt. Es gibt also eine Deckungsgleichheit zwischen den messbaren elektrischen Abläufen in der Gehirnmasse und den Gedanken, die sich in dieser Gehirnmasse als gefühlte Bilder befinden. Wenn wir anfangen anders zu denken, fangen wir an uns zu verändern und das nicht nur imaginär: Unser Gehirn verändert nachweisbar seine Zellstruktur (*Neurogenese*).
Die entscheidende Frage ist also nun, wieweit kann man sich die Einflüsse zur Veränderung selbst aussuchen? Wie frei sind wir, unser Verhalten und unsere Wahrnehmung von der Welt in ihrer Fremdbestimmtheit zu erfassen und durch bewusste Gedanken und selbst gewählte Einflüsse gezielt zu verändern und somit selbst zu bestimmen?
Schon ein bis zwei Sekunden bevor wir einen bewussten Handlungswunsch haben, zeigen die physikalisch-chemischen Prozesse in unserem unbewussten Erfahrungs- und Bewertungszentrum diese Entscheidung an, ohne dass wir etwas davon merken würden: Der Gehirnstoffwechsel für den Gedanken ist also bereits im Gang, bevor wir wissen, dass wir den Gedanken denken. Diese unbewussten Abläufe (bestätigt im berühmten Libet-Experiment) gelten nicht nur für einige Gehirnforscher

als Beweis dafür, dass unser Wille nicht frei, sondern von den chemisch-physikalischen Abläufen unseres Unterbewusstseins im limbischen System vorgegeben wird. Der Anstoß dazu, etwas zu wollen, genauso wie die endgültige Entscheidung, etwas zu tun, stammt aus unserem Unterbewusstsein, das – je nach angeborenem Temperament und den bisherigen, durch Emotionen gewerteten Erfahrungen – verschiedene Wünsche und Ziele hat und immer auf die größtmögliche »Belohnung« hofft. Unser Bewusstsein ist demnach also nur ein von uns registriertes zwischenzeitliches Abwägen dieser Wünsche und Ziele. Wieso gibt es dann aber Menschen, die ihr Leben, ihre Motive und Ziele geändert haben?

Wir sollten nicht allen Menschen einen freien Willen absprechen, weil viele Menschen offensichtlich keinen reflektierten Einfluss auf ihr eigenes Verhalten nehmen. Es gibt Menschen, die ihre eigentlichen Beweggründe weit mehr durchschauen als andere und versuchen, Einfluss auf ihre Entscheidungen zu nehmen: Sie bemühen sich hinter die Fassade ihres Bewusstseins zu blicken und ihre Prägungen und Wünsche zu verstehen und zu verändern. Dabei versuchen sie nicht nur, die schnelle Befriedigung ihrer Bedürfnisse zurückzustecken, weil sie auf lange Sicht auf eine noch viel größere Belohnung für sich hoffen: Sie lernen die emotionalen Motivationen hinter ihren Zielen zu durchschauen und setzen sich bewusst neuen Erfahrungen aus, um ihre unterbewussten Prägungen zu ändern. Denn wenn wir die Erfahrung gemacht haben, dass sich unser Selbstbild, unser Denken und Handeln positiv verändert, wenn wir uns neuen Einflüssen aussetzen, können wir versuchen, diese Einflüsse absichtlich herbeizuführen. Dazu müssen wir erfahren haben, dass die Veränderung des eigenen Verhaltens Vorteile für unser gesamtes Leben bringt.

Die bewusste Verstärkung dieses Veränderungsmotivs durch immer wieder neue, selbst eingeleitete Erfahrungen kommt einer Form des freien Willens gleich – auch wenn unser Denken und Entscheiden immer neurobiologisch determiniert bleibt. Freiheit bedeutet demnach, durch neue ungewohnte Erfahrungen und die dazugehörigen Emotionen unser unbewusstes emotionales Erfahrungsgedächtnis zu beeinflussen und somit auch alle unsere zukünftigen Entscheidungen.

Es gibt viele Möglichkeiten, sich selbst neuen Erfahrungen auszusetzen (z. B. ein Fallschirmsprung aus einem Flugzeug, ein Buch mit einem völlig neuen Denkansatz, eine Reise in eine andere Kultur, eine Therapie, das Erlernen einer Kampfsportart, mit jemandem zusammenziehen, ein Kind bekommen, eine Krankheit bekämpfen etc.). Je intensiver die Emotionen und je länger die Einwirkung dieser neuen Erfahrungen ist, umso größer ist ihr Potenzial für unsere Veränderung. Die neuen Erfahrungen verschieben unsere emotionale Prägung – wenn auch vielleicht auf nicht immer vorhersehbare Art und Weise. Trotzdem unterliegen sie nicht nur dem Zufall, denn wir können aus unserem bisherigen Erfahrungsrepertoire, aus dem Wissen über unterbewusste Prägungen und aus den Erfahrungen anderer Menschen »ausrechnen«, welche Erfahrung wohl eine nötige Veränderung herbeiführen könnte.

Es gibt natürlich auch Erfahrungen, die zu einer Verschlechterung der persönlichen Entwicklung führen, zu einer Regression, einem Rückfall in infantiles Verhalten. So bleiben Entführungsopfer manchmal in einem emotionalen Stadium der Abhängigkeit und ängstlichen Verunsicherung hängen, obwohl sie äußerlich gar nicht mehr gefangen sind (*Stockholmsyndrom*). Auch der Verlust eines geliebten Menschen (durch Tod oder Verlassen) kann hin und wieder nicht verwunden werden, um letztendlich daraus Stärke und Reife zu gewinnen, sondern verfestigt sich als Hürde, über die man mit dem eigenen Leben nicht hinwegkommt.

(Allgemein scheinen wir eine Entwicklung weg von neurotischem, kindlich-egoistischem Verhalten, hin zur Charakterreife als »gut« zu empfinden – im Leben der anderen und für uns selbst. Diesen Werteansatz finden wir, wie oben schon erwähnt, auch in manchen Religionen und Philosophien.)

Die Universitäten von Minnesota und British-Columbia führten 2008 eine interessante Studie durch: Über 150 Probanden wurden einem einfachen Mathe-Test unterzogen, der zum Schummeln einlud und darüber hinaus richtige Antworten mit je einem Dollar belohnte. Die Hälfte der Versuchsteilnehmer bekamen zuvor einen »Info-Text«. Dort wurde der freie Wille als Illusion behauptet. Die solcherart informierten Probanden schummelten viel mehr als die Vergleichsgruppe: Der Unterschied lag bei deutlichen 27 Prozent.

Der Glaube an den freien Willen ist nötig, damit der Mensch moralisch handelt. Wir brauchen das Gefühl, frei wählen zu können, um uns gegenüber anderen verantwortlich zu verhalten. Grundsätzlich liegt sogar die Würde des Menschen in dieser Freiheit begründet. Deshalb fällt es uns auch so schwer Menschen Respekt entgegenzubringen, die sich offensichtlich nicht eigenverantwortlich und selbstbestimmt verhalten, sondern wie Kinder ausschließlich von ihren Bedürfnissen und Ängsten bestimmt sind, ohne die geringste Objektivität sich selbst und anderen gegenüber.

Grundsätzlich bestätigen alle unsere Überlegungen über die Grenzen des freien Willens unseren Glauben an seine Existenz. In ihnen wird immer nur die Einschränkung von etwas verhandelt, das wir Freiheit nennen. So glauben wir, dass Kinder ihren freien Willen noch entwickeln und deshalb erst ab einem bestimmten Alter für ihren Willen verantwortlich gemacht werden sollten. Wir anerkennen Substanzen, die Einfluss auf unseren Gehirnstoffwechsel nehmen und unsere Willensfreiheit und Zurechnungsfähigkeit einschränken und deshalb sogar ein Strafmaß verringern können. Dagegen kann ein »vorsätzlicher« Wille besonders hart geahndet werden.

Die Annahme, man hätte sich mit seinem Verhalten und Handeln auch anders entscheiden können, geht davon aus, dass wir Einfluss auf unser eigenes Verhalten haben. Jeder Strafvollzug, jede Therapie, jedes Selbsthilfebuch und jeder Rat unter Freunden basiert auf dem grundsätzlichen Glauben des Menschen,

dass jeder prinzipiell einen eigenen, selbstbestimmten Willen hat, d.h. sein Verhalten, seinen Lebensweg bewusst zum Positiven verändern kann.
Unser Streben nach Glück ist der Trick des Lebens, uns am Leben zu erhalten. Wenn wir das Gefühl bekommen, keinen Einfluss mehr auf unsere Lebensgestaltung zu haben, wenn wir die Hoffnung verlieren, etwas zum Besseren verändern zu können, hat das Leben keinen Sinn mehr. Ohnmacht ist auf Dauer für den Menschen nicht zu ertragen. Selbst wenn die Freiheit nur minimal ist und nicht allen zuteilwird: Es muss sie als Möglichkeit geben, damit wir überhaupt das Gefühl von menschlichem, menschenwürdigem Leben haben.

Um einen Willen auszuführen, müssen wir werten. Wir müssen etwas für gut befinden, um es zu wollen oder für schlecht, um Abhilfe zu schaffen: Ohne Bewertung keine Entscheidung – unser Wille hätte keinen Sinn. Doch was wir als wertvoll erachten, welche charakterlichen Eigenschaften wir für gut oder schlecht befinden, welche Ziele wir für erstrebenswert halten, wann wir ein Leben als gelungen definieren oder uns selbst als Versager, das lernen wir durch die Werte unseres ersten Umfeldes und gerade die können wir uns – wie wir im ersten Teil dieses Buches gesehen haben – nicht aussuchen.
Vollkommen frei können wir daher niemals sein, denn dann wären wir im »leeren Raum« und könnten nicht existieren. Die Prozesse in unserem Hirn haben sich während der Evolution im Wechselspiel mit unserem Umfeld entwickelt und geben den Rahmen für unsere Möglichkeiten vor: Die Umwelt liegt mit ihren Anforderungen allen Kulturen zugrunde. Und unsere kulturelle Lebensgemeinschaft bestimmt wiederum, was uns wichtig ist und was wir als richtig oder falsch erachten. Hier liegen die Grenzen unserer Freiheit, doch nur durch unsere Gruppe und ihre sozialen Regeln ist es uns überhaupt erst möglich zu existieren.
Jede Kultur schafft sich Systeme, die ihren Werten Wahrheit geben sollen. Besonders die Wissenschaft dient uns heute in unse-

rer westlichen Kultur als »Wahrheitsmaschine«, die neue Werte etabliert und alte hinterfragt.
Unsere Regeln und Gesetze ändern sich, wenn sich unsere Bewertung von Verhaltensweisen und Dingen ändert. Wir versuchen uns nicht nur mit unseren Regeln und Werten an gegebene oder neue äußere Umstände anzupassen, um zu überleben, sondern auch durch Erkenntnisse und Überlegungen unser Leben »besser« zu machen. Doch können diese Ideen vom »besseren Leben«, besonders wenn sie Allgemeingültigkeit beanspruchen, unsere Freiheit und Selbstbestimmung auch einschränken. Das gilt für die Ideologie des Kommunismus genauso wie für den aktuellen Schönheitswahn und andere Versprechungen.

Kapitel 5

Wer bestimmt, was richtig ist? – Die Ware Wahrheit

Eine umfassende Studie an 100 000 Probanden in Deutschland hat einen Durchschnittswert von 250 Milligramm Cholesterin pro Deziliter Blut ergeben. Die Nationale Cholesterin-Initiative, ein privater Interessenverbund von 13 Medizinprofessoren, schlug im Jahr 1990 trotzdem einen Grenzwert von nur 200 Milligramm vor und konnte das tatsächlich durchsetzen.
Die Mediziner der Cholesterin-Initiative repräsentierten Lobbyverbände, darunter die industrienahe Deutsche Liga zur Bekämpfung des hohen Blutdrucks und die Lipid-Liga sowie die Deutsche Gesellschaft für Laboratoriumsmedizin. In einem »Strategie-Papier« forderten sie eine Ausweitung der Diagnose. Dazu sollte jeder Arzt den Cholesterinwert seines Patienten erfassen. Durch dieses Dekret finanziell beteiligter Mediziner wurde die Mehrheit der Deutschen zu Risikopatienten erklärt. Die Beschäftigung mit dem Cholesterinwert ist heute im Bewusstsein von Patienten verankert, Ärzte und Firmen verdienen damit Milliarden. Der Bundesverband Niedergelassener Kardiologen, die Firma Unilever (Margarine »Becel«), der Pharma-Konzern Pfizer und das Unternehmen Roche Diagnostics betreiben auch jetzt noch regelmäßig »Gesundheitsinitiativen« mit dem Ziel, Menschen weiterhin dazu zu bringen, ihren Cholesterinwert testen zu lassen. In einer Apothekenbroschüre heißt es deshalb: »Ab dem 30. Lebensjahr sollte jeder seinen Cholesterinspiegel kennen und alle zwei Jahre kontrollieren lassen.« Ein erhöhter Cholesterinspiegel sei »einer der wichtigsten Risikofaktoren« für Herz-Kreislauf-Erkrankungen. Die »Neue Apotheken Illustrierte« bezeichnet Cholesterin theatralisch als »Zeitbombe für die Gesundheit«.
Dabei ist Cholesterin ein lebenswichtiger Bestandteil des Körpers und wird u.a. vom Gehirn in großen Mengen benötigt. Zum Glück können die meisten Körperzellen es selbst herstellen,

wenn es in der Nahrung fehlt, denn ohne das Molekül würden sie zugrunde gehen. Doch denken viele Menschen voller Furcht an Herztod, sobald sie das Wort Cholesterin nur hören. Getrieben von der Angst, ließen allein im Jahr 2001 mehr als eine Million Bundesbürger im Rahmen der »Gesundheitsinitiative« ihren Cholesterinspiegel messen. Wie zu erwarten, lagen mehr als die Hälfte der Getesteten über dem unrechtmäßig festgelegten Grenzwert von 200 – zur Freude der beteiligten Ärzte und Firmen: Roche Diagnostics stellt Geräte zum Cholesterinmessen her; die Kardiologen bekommen neue Patienten, denen sie den Verzehr von Margarine statt Butter einreden, was wiederum Becel freut (und Dieter Bohlen Werbemillionen einbringt) und Pfizer setzt weltweit Milliarden Euro mit Medikamenten um, die den Cholesterinspiegel senken.

Die Wissenschaft stellt mit ihren Experimenten und Theorien, ihren Laboren und Instituten, Professorenposten und Forschungsetats das System, mit dem wir heute versuchen Wahrheit zu erkennen und in der Gesellschaft zu manifestieren. Die Suche nach Wahrheit scheint in uns zu liegen, auch wenn wir nie objektiv genug sein können, sie ein für alle Mal zu erfassen. »Wahr ist nur, was nicht in diese Welt passt«, schrieb Adorno und kam doch ohne »das Aufscheinen der Wahrheit« nicht aus, jenem kurzen Moment, in dem wir glauben, etwas Grundsätzliches erkannt zu haben.

Wir haben herausgefunden, dass wir mit einem Stein Nussschalen zerschlagen können und dass der Penicillinpilz Bakterienkulturen angreift. Unser Wissen führt aber auch dazu, dass wir mit Antibiotikazugabe bei der Tiermast unsere große Lust auf Fleisch befriedigen und gleichzeitig die eigenen Abwehrkräfte und Fruchtbarkeit schwächen. Hinter all dem steht unser ewiger Wunsch nach einem »besseren Leben« und wir sind gerade erst dabei zu erkennen, dass das bessere Leben wenig mit ständig steigender Bedürfnisbefriedigung zu tun hat.

Eine objektive, immer gültige Wahrheit wurde zusammen mit Gott im Laufe der Philosophiegeschichte abgeschafft. Wo es

keine allgemeingültige Wahrheit mehr gibt, kann es auch kein unverrückbares Richtig und Falsch, Gut und Schlecht mehr geben: Eine grundsätzliche Moral existiert heute nicht mehr.
Unsere Werte sind niemals zeitunabhängig und objektiv beweisbar. Sie sind immer (nur) Ideen in unseren Köpfen. Sie existieren nicht außerhalb von uns, sie sind von Menschen erfunden und somit veränderbar und würde der Mensch verschwinden, so gäbe es auch nicht länger die Ideen von Richtig und Falsch. Tiere suchen nicht nach Sinn, nach Werten, Moral und Wahrheit, weshalb sie auch keinen Genozid begehen.
Unser Glaube an Richtig und Falsch ist jedoch der Grundsatz unserer Kultur und gibt uns die überlebenswichtige Orientierung. Deshalb haben Werte eine ungeheure Macht, wir stellen unser Leben in ihren Dienst oder löschen sogar andere aus. Wenn man die Werte eines anderen Menschen infrage stellt, behauptet, sie hätten keine letztgültige Wahrheit, wären subjektiv und relativ, kann man in Bayern dafür ein Glas Bier ins Gesicht geschüttet bekommen und in Teheran oder Guantánamo gefoltert werden. Kriege entzünden sich in den Tempeln, denn wir beanspruchen für unsere Wahrheiten und Werte schnell mehr als nur unseren Glauben.
Viele, besonders ältere Menschen insistieren auf die universale Richtigkeit ihre Werteordnungen (und befinden sich mit dieser Sehnsucht nach der eigenen Letztgültigkeit im illustren Kreis von Hegel, Marx und vielen anderen so genannten Geistesgrößen, die mit ihren Wahrheiten viel Schaden angerichtet haben). Denn die ständige Veränderung der Welt ist ein Spiegel der eigenen Vergänglichkeit: Die hart erkämpfte Position in der Gesellschaft schwindet, das eigene Richtig und Falsch veraltet und es stellt sich die Frage nach dem Wert des so verbrachten Lebens – und der dafür erbrachten Opfer. Neue, junge Menschen mit Geltungsdrang, eigenen Ideen und Machtansprüchen erscheinen auf der Bildfläche der Kultur. Doch auch ihnen wird ihre Endlichkeit irgendwann bewusst werden und die Vergänglichkeit ihrer Ikonen. Und immer wieder stellt sich so die Frage nach dem Sinn des Ganzen.

Lange Zeit hat der Mensch versucht, seine Moral durch Gottes Willen zu manifestieren. Gott ist eine mögliche Antwort auf das große X hinter unseren Fragen, das wir im Laufe der Zeiten und Kulturen immer wieder anders füllen. Der Beweis für sein Dasein entspringt immer nur der (eigenen) Erfahrungswelt: Gott hat genauso wie all unsere anderen wertgebundenen Wahrheiten keine allgemeingültige, menschenunabhängige Existenz. Gäbe es keine Menschen, würde niemand mehr nach dem Sinn des Lebens fragen. Gott soll zwar auch der Vater aller anderen Lebewesen sein, aber das scheint die überhaupt nicht zu interessieren.

Die Psychologie hat ihre eigene Wahrheit über Gott: Unsere Sehnsucht nach dem Vater im Himmel, der bestimmt, was Richtig und Falsch ist, bewusst über uns wacht, uns persönlich kennt, liebt, straft oder belohnt, ist aus psychologischer Sicht nur eine kindliche Sehnsucht nach einer schützenden Übermacht, die unsere Anstrengungen anerkennt, uns im Diesseits oder Jenseits Gerechtigkeit widerfahren lässt und Wiedergutmachung für alles erlittene Leid. Religiöser Glaube gleicht der Sehnsucht nach Geborgenheit, Beachtung, Zuwendung und Wertschätzung; die monoton wiederholten religiösen Handlungen und ritualisierten Sätze gleichen Zwangshandlungen gegen die Ohnmacht des Schicksals, zur Abwendung von möglichem Ungemach. Religion und Gott beruhigen unseren infantilen Narzissmus: Wir glauben zu wissen, was Gott will, um dann mit »artigem Verhalten« unser ängstliches Ego aus der Willkür der Welt herauszuretten. Wir verkünden Gottes Wahrheit, um uns Bestätigung zu verschaffen von ihm und von den anderen in unserer Glaubensgemeinschaft. Wir integrieren uns in sein Regelwerk, um unser Überleben in der Gruppe der Gläubigen zu sichern und uns das »Sterbenmüssen«, diese größte Kränkung unseres Egos, gemeinsam zu erleichtern. Das gibt uns Kraft und lässt uns vieles besser erdulden, denn unser persönliches Leid bekommt einen höheren Sinn und das streichelt unser Selbstwertgefühl. Somit hat der Glaube an Gott eine Existenzberechtigung und einen Überlebensvorteil – jedenfalls solange wir nicht der Verführung erliegen, unseren Gott zusammen mit unserem Selbstwertgefühl so weit aufzublasen, dass wir uns über andere erheben, sie vom Gedanken der Gleichberechtigung ausschließen, bedrohen oder umbringen.

Mit den Resultaten unseres Wissenschaftsbetriebes ist es heute oft nicht besser bestellt als mit den Wahrheiten der Kirchen. Die Institute der Naturwissenschaft und ihre Erkenntnisse sind ebenfalls Produkte unseres Geistes und auch in forschenden Köpfen herrschen die Sehnsucht nach Anerkennung und Aufmerksamkeit und der Glaube, dass viel Geld gut ist.
Unsere wissenschaftlichen Wahrheiten sind stark von der Fragestellung, der moralischen Motivation und den Einkommensverhältnissen des Fragenden abhängig. Unsere Forschung beobachtet immer nur Teilaspekte, die aus dem großen Naturzusammenhang herausgenommen werden. Ihre Auswahl und die Durchführung der Experimente (übrigens auch die hier erwähnten) sind vom Denken, den Erwartungen und Werten des Wissenschaftlers abhängig, genauso wie die Interpretation der Ergebnisse. Konzerne und andere Interessengemeinschaften können sich Wissenschaftsergebnisse kaufen, indem sie Geld in diese Wahrheitsmaschine einschleusen, um selbst wiederum mit den Resultaten Geld für sich und ihre Aktionäre zu verdienen: Alles, was heute »wissenschaftlich bewiesen« scheint, entspringt nur einem von Menschen gemachten System der Wahrheitsfindung und seinen Institutionen. (Ein wunderbares Beispiel für das Wechselspiel von Wahrheit und Werten im Wandel der Zeit ist unsere Meinung über und unser Umgang mit Sexualität. Bis vor vierzig Jahre war der von der Kirche verkündete Glaube, dass Onanieren zum Rückenmarksschwund führe, weitverbreitet. In unserer heutigen Werteordnung gibt dagegen der Staat eine wissenschaftliche Studie in Auftrag, um zu prüfen, ob Viagra von der Sozialkasse bezahlt werden muss, weil der Mensch ein Recht auf Sex habe und bei unzureichender Ausübung eventuell krank wird.)

Auch beim Schuldgefühl, als bestem aller Manipulationsmittel, hat die Wissenschaft das Christentum beerbt: Das von der Kirche erzeugte Schuldgefühl gegenüber unserem Seelenheil wurde vom Schuldgefühl gegenüber unserem Körper abgelöst, das nun der Wissenschaft und ihren Produkten die Ablassgroschen in den Kassen klingeln lässt.

Da wir den Fortschritt für einen Zugewinn an Wahrheit halten, glauben wir, dass unser System der Wissenschaft besser in der Wahrheitsfindung ist als alle anderen davor. Und weil wir bei Kopfschmerzen zu Aspirin greifen können, sind wir bestechlich geworden, allen Antworten aus dem Wissenschaftsbetrieb zu folgen.

Was passiert, wenn wir davon überzeugt sind, die Wahrheit für alle Menschen und für immer gefunden zu haben, hat uns die Geschichte mit ihren Religionskriegen, ihren nationalistischen und kommunistischen »Wahrheiten« (hoffentlich) zur Genüge gezeigt. Unsere Vorstellungen von Richtig und Falsch, von Gut und Schlecht, von Wichtig und Wahr sollten daher immer wieder hinterfragt werden. Nichts, was als Richtig oder Falsch galt und gilt, nichts, was irgendjemand für Richtig oder Falsch hält – und sei er auch in unserer Gesellschaft, auf unserer Erde noch so anerkannt –, ist für alle anderen oder für alle Zeiten richtig oder falsch!

Dieser ewige Wandel der Werte bedeutet für uns Unsicherheit – und Freiheit. Es sind wiederum zwei Seiten derselben Medaille. Wir können uns niemals darauf verlassen, dass das, was wir glauben oder wie wir leben, beständig bleibt, doch wir haben auch immer die Freiheit, es mitzugestalten. Die Möglichkeit zur Freiheit, die Tatsache, dass niemand für alle Zeit bestimmen kann, was richtig und falsch ist, ist gleichzeitig der Trost für die ewige Unsicherheit: Wir können unsere Werte selbst bestimmen, auch wenn wir das immer wieder aufs Neue tun müssen. Jeder kann sich sein eigenes Maß suchen.

Ex-RTL-Chef Helmut Thoma (69) über eine notwendige Änderung der TV-Zielgruppen:

SPIEGEL: Dass Deutschlands TV-Macher heute die angeblich »werberelevanten« 14- bis 49-Jährigen anbeten, haben wir Ihnen zu verdanken, richtig?
THOMA: Stimmt – leider. Ich komm mir vor wie der Zauberlehrling, der nicht mehr beherrscht, was er entfacht hat. (...) Wir überlegten damals, Anfang der Neunzigerjahre, einfach, wer unser RTL-Programm schaute. Und das waren vor allem die 14- bis 49-Jährigen. Deshalb machten wir die der werbetreibenden Wirtschaft schmackhaft. Es gab ja keinen Maßstab. Die Grenzziehung war reine Willkür.
SPIEGEL: Und alle fielen darauf rein ...
THOMA: ... was für mich immer noch faszinierend ist. Selbst ARD und ZDF rennen dieser Schimäre längst hinterher. Dabei hatte unsere Argumentation von Anfang an enorme Lücken.
SPIEGEL: Inwiefern?
THOMA: Wir haben der Werbewirtschaft suggeriert: Ihr müsst an die Jungen ran, die »Erstverwender«; deshalb braucht ihr auch keine alten Zuschauer, denn die sind markentreu. Aber ab 29 braucht man wirklich nicht mehr von »Erstverwendern« zu sprechen. Außerdem: Wer hat denn heute das Geld? Die 50- bis 65-Jährigen.
SPIEGEL: Ausgerechnet Sie plädieren nun für ein Umdenken?
THOMA: Die Werbewirtschaft und natürlich die Sender müssen angesichts des demografischen Wandels umdenken. Selbst die RTL-Zuschauer sind heute im Schnitt 47 Jahre alt. Da kann man nicht länger der selbst geschaffenen Schimäre hinterherrennen. Die Macht der 14- bis 49-Jährigen geht zu Ende. Stattdessen müssen neue, kleine Zielgruppen definiert werden, die man dann auch mit spezifischem Programm bedienen kann.
(DER SPIEGEL 40 / 2008)

Heute haben wir es im Westen weniger mit politischen Unfreiheiten zu tun, mit gewaltvoll unterdrückenden Regimes als in den Jahrhunderten vor uns. Statt gesellschaftlich gesteuerten Werten und Rollenbildern unterliegen wir in unserer westlichen Kultur dagegen subtileren Maßregelungen. Offiziell stehen uns alle Möglichkeiten zur Verfügung, jeder Lebensstil wird akzeptiert. Jeder hat ein Recht auf seine Meinung und seine Art zu leben. Wir dürfen in unserer westlichen Kultur glauben, an wen wir wollen, zusammenwohnen, mit wem wir wollen, lesen, was wir wollen, leben, wie wir wollen. Es gibt nur noch einen minimalen Moralkonsens. Wir können uns gerade noch alle darauf einigen, dass vorsätzlicher Mord aus Habgier und der Missbrauch von Kindern unter keinen Umständen richtig sind. Bei diesem vielleicht kleinsten gemeinsamen Nenner hört die allgemeine Moral aber auch schon auf und das weite Feld der Werte scheint weiter nicht mehr vorgeschrieben. Trotzdem hat diese offiziell zugestandene Freiheit, dass wir über unser Leben und unsere Werte selbst entscheiden können, wenig mit wirklicher Selbstbestimmung zu tun. Hier setzt die psychologische Wahrheitssuche an.

Was uns trotz aller Wahlmöglichkeiten unglücklich macht, ist nicht – wie oft behauptet – die Qual der Wahl. Denn es gibt diese Freiheit der Wahl eigentlich nicht. Unsere offiziell zugestandene Freiheit in der Lebensführung zeigt sich unter der Oberfläche unserer wirklichen Lebensgestaltung als eine reine Scheinfreiheit. Wir haben alle eine nahezu übereinstimmende Vorstellung vom »guten Leben«, von der Attraktivität von Menschen, Möbeln und Mode. Unser Kaffee braucht mittlerweile »Cremaschaum«, um als gut zu gelten und wir glauben, dass kleine Nasen schöner sind als große, jung besser ist als alt. Diese Werte stehen in keinem Gesetzbuch, sie werden nicht mal ernsthaft diskutiert oder von einer Instanz vorgegeben, trotzdem flimmern sie als rigide Normen täglich über alle Bildschirme. Diese genau definierten Äußerlichkeiten scheinen so für alle erreichbar zu sein und setzten somit auch alle unter Druck sie zu erreichen, um in der Gemeinschaft etwas zu gelten. Die Medien konzentrieren sich auf »die Besten«, vermarkten mit ihnen die Produkte für ein gelungenes Leben, mittlerweile global gleichgeschaltet mit internationalem Erfolgs-

und Schönheitsideal. Nur die Sieger bekommen noch reichlich Anerkennung und haben öffentliche Existenzberechtigung. Alle anderen haben Angst abzustürzen in die Gruppe derer, die nicht gesehen werden, nichts gelten und am Ende nicht mehr konsumieren können. (Und auch ein Paul Pots, der als gesellschaftlicher Außenseiter bei einer englischen Talentshow mit seiner schönen Stimme die Menschen zu Tränen rührte, wurde – nach Diät und mit neuen Checket Kronen – schnellstmöglich von der deutschen Telekom ins universale Marketing eingegliedert, um auch den Rand der Gesellschaft wieder auf Kurs zu bringen.)
Prestige verspricht Glück und darüber hinaus das gute Gefühl, es einfach kaufen zu können. Für viele Menschen ist ihr Selbstbild ein reines Besitzbild, Selbstinstrumentalisierung dient als direkter Weg zur Perfektion. Besonders unser Körper wird zum Material, aus dem sich unser Erfolg formen lässt. Wir dopen ihn, machen ihn mit Vitaminen und anderen Chemikalien leistungsfähiger (es gibt sogar ein Shampoo, das mit der Behauptung »Doping für die Haare« beworben wird). Nirgendwo wird die Fremdbestimmung und Maßregelung des modernen Menschen so augenscheinlich wie bei unserer Körperbewertung. Unser Körper soll uns im Spiegel unser bezwungenes, perfektioniertes Dasein zeigen. Unsere äußerlichen Werte fördern den psychischen Mechanismus der Idealisierung: Es gibt ein vollkommenes Leben in einem vollkommenen Körper, aktuell von unseren Lieblingsstars gelebt!
Wir glauben, die neuen Manipulationsmöglichkeiten gäben uns die Freiheit der Einflussnahme, doch gerade die vorgegebenen Idealmaße entmachten uns und schaffen einen gigantischen Markt für die verschiedensten Eingriffe. (Nur unser Zeitverständnis hat eine vergleichbare Veränderung durch die herrschenden Werte erfahren.) Ab und zu gibt es noch unter dem Ideal der »Political Correctness« einen Aufschrei wegen magersüchtiger Models, die als Vorbilder in unserer Kultur für Essstörungen verantwortlich sein sollen – was aber niemanden davon abhält am nächsten Tag beim Arzt im Wartezimmer die Vogue durchzublättern.

Wer schon mal versucht hat eine Sitzgarnitur oder einen Teppich in einem Möbelhaus zu erwerben, kann die Gleichschaltung in unserer Welt durch alle Preisklassen erfahren. Dabei ist es egal, ob man die Filiale eines Designerlabels oder die eines Möbelgiganten betritt: Der Verkäufer preist seine Ware immer mit dem Argument allgemeiner Beliebtheit an. Die Vereinigung mit dem Geschmack aller anderen gibt uns Sicherheit und gaukelt uns bei der Fülle der Warenvielfalt gleichzeitig Wahlfreiheit und somit Individualität vor. Beides gilt als gut. Nur wer genauer hinschaut, merkt, dass es eigentlich nur den Typ »rustikal« oder den Typ »hip« gibt und den Preis, den wir für diese Modelle bezahlen wollen, um uns einer Preisklasse zugehörig zu fühlen. Mit Qualität hat das in den seltensten Fällen etwas zu tun. Und obwohl wir das eigentlich wissen und davon ausgehen, dass sämtliche Sitzgarnituren, genauso wie Handys oder Autos, mittlerweile in weiten Teilen in Asien produziert werden, halten wir uns an diesen Werten fest, um uns darüber zu definieren. In der westlichen Lebensgesellschaft ist »Individualität« ein guter Wert, doch gleichzeitig ist die Sehnsucht nach Gruppenzugehörigkeit durch allgemein anerkannte Statussymbole groß: Wir werden oft von völlig widersprüchlichen Werten fremdbestimmt, ohne dass wir es merken. Und gerade hieraus ergeben sich Selbstzweifel und Versagensängste, denn wir versuchen, etwas zu erfüllen und gleichzeitig dem Gegenteil gerecht zu werden.

Durch die Bilderflut, die uns ständig umgibt, hat das globale Marketing die Macht übernommen, hat unseren Geschmack, unser Empfinden für schöne Gesichter, Mode, Formen geeicht und somit berechenbar gemacht. Und die Gleichschaltung unseres Geschmacks wirkt wieder zurück auf die Vermarktung neuer Produkte: Was nicht dem allgemeinen Schönheitsempfinden entspricht, wird erst gar nicht mehr hergestellt. So entsteht ein universaler Ästhetikkodex, der das perfekte Leben repräsentiert, Sehnsüchte und Hoffnungen bindet und selbst noch beim Trekkingoutfit oder der richtigen Farbe unserer Nahrungsmittel Maßstäbe setzt. Und jeder von uns ist Teil dieses Zirkels, denn wir können uns der Werteordnung, die uns prägt und unsere Umgebung ausmacht, nie ganz entziehen. Unser Denken und Empfinden spielt sich in diesen Schablonen ab. Unser Alltag ist geprägt von der Selbstverständlichkeit einer Werteordnung, mit der wir uns und andere einschätzen. Wir brauchen diese Bewertungen, um Freund und Feind schnell auseinanderzuhalten. Doch wenn diese Äußerlichkeiten zum Lebensinhalt, Egozentrik zum Vorbild wird und den Sinn unseres Daseins darstellen soll, bleibt das Gefühl der Leere nicht aus. Unsere Vorstellung, dass wir unser Glück in wirtschaftlichem Erfolg und in repräsentierenden Äußerlichkeiten finden können, hat eine Kehrseite, die es uns nicht möglich macht, unseren Lebenssinn in diesen Werten zu empfinden. Tiefe *emotionale Bindungen* und wirkliches Interesse sind unter wirtschaftlichen Gesichtspunkten uneffizient, dauern zu lange und sind nicht als schneller »Mehrwert« messbar. Sie verkommen in unserer heutigen Werteordnung der Nichtnachhaltigkeit zu Zitaten, unerfüllt und ungelebt. Wir polieren unsere Oberfläche mit Tricks und Marketingwahrheiten, verschaffen uns mit teuren Seminaren ein besseres Auftreten und ein durchgestyltes Erscheinungsbild. Wir häufen Wissen an, das unseren Wert und unsere Entlohnung auf dem Arbeitsmarkt steigert und richten unser eindimensionales Bewusstsein vollständig auf unseren ökonomischen Vorteil aus. Die Industrie bestimmt mittlerweile immer mehr Art und Dauer der angebotenen Studienfächer, globalisiert Abschlüsse, fordert über ihre Lobbyisten eigene Schulfächer für ihre Sujets und macht unsere Ausbildung sogar schon ab dem Kindergarten abhängig von ihrem Bedarf. Wir werden zu businessenglischsprechenden Fachidioten, die trotz ihres Wissens die großen Zusammenhänge nicht mehr verstehen. Und wie die Hamster im Rad, von Angst getrieben, rennen wir den »guten« Jobs hinterher, Kranken-, Sozial- und Rentenversicherung, die uns gleichzeitig ständig zwischen den Fingern zerrinnen. Vor lauter Flexibilität und Anpassung achten wir nicht auf unsere Fähigkeiten und ihre Entfaltung. Unsere Bildung ist auf eine wirtschaftlich verwertbare Schmalspuraus-

bildung reduziert. Wir sollen/wollen nur noch wissen, was wir industriell verwerten können, um schneller und gezielter die offizielle Definition von Erfolg zu erreichen. Wenn die anderen uns für erfolgreich halten, dann sind wir es auch; wenn die anderen uns für souverän halten, vielleicht werden wir es dann auch. Die Angst vor der Zukunft zwingt zum Leben für den genannten Lebenslauf.
Schon in der Kindererziehung wird Zeit und Zuwendung durch Geschenke ersetzt. Und der Besitz des »richtigen« Schulranzens bestimmt den Wert des Kindes in der sozialen Ordnung des Schulhofs.
Unsere sozialen Strukturen werden immer schwächer, Familienauflösung und ständige Mobilität zerstören das, was wir als »Herdentiere« am nötigsten zum Überleben brauchen: die Gruppe, die uns als ihr Mitglied akzeptiert und stabilisiert. Je intensiver wir uns auf andere Menschen einlassen, umso tiefer ist unser Gefühl und Mitgefühl. Doch emotionale Bindungen, die uns seelisch stützen und in unserem menschlichen (Über-)Lebensprogramm Sinn ergeben, werden immer weiter reduziert. Denn soziale Verbindungen sind heute mit einem hohen Aufwand an Organisation verbunden oder finden nur oberflächlich im Internet statt. Wir können Hunderte von Freunden im Netz haben und essen doch jeden Abend alleine vor dem Fernseher. Unser Leben ist randvoll, aber nicht mehr erfüllend. Wir wundern uns, warum wir uns so leer und unverwurzelt fühlen und das Leben so ungenutzt immer schneller an uns vorbeizieht. Die übertünchten Ängste und Unsicherheiten kriechen aus jeder Ritze der Fassade. Tief gehende persönliche Zweifel werden aber schnell mit den dafür gängigen Mitteln unserer Kultur betäubt – wahrhaftige Antworten auf unsere Fragen könnten unbequem sein und das Spiel verderben. Darum meiden wir die Tiefgründigkeit mit ihrer Geduld fordernden Auseinandersetzung – obwohl wir sie ständig vorspielen. Wir verschaffen unserem gehetzte Selbst mit Familienaufstellungen, Coachingsitzungen und anderen Selbstsucheseminaren für ein Wochenende mehr Geltung und hoffen, dass wir so ohne größere Schmerzen

über eine Abkürzung endlich schnell im Paradies ankommen. Wir sehnen uns nach Ruhe und Tiefe in tibetanischen Klöstern und einsamen Berghütten und würden doch implodieren mit all unseren Ängsten und Kindersehnsüchten, die dort nicht mehr mit Streben und Kämpfen heruntergedrückt werden können. Wir haben panische Angst vor den Gefühlen, die aus unserem Unterbewusstsein heraufdämmern und uns mit den unverarbeiteten Emotionen unserer Kinderzeit konfrontieren.

Unsere Leistungsgesellschaft macht sich unser Defizit an Selbstwertgefühl und Liebe zunutze, indem sie uns immer weiter Idealbilder vorhält, denen wir hinterherlaufen, in der Hoffnung bei ihrem Erreichen mit Liebe und Anerkennung belohnt zu werden. Unsere Sehnsucht speist sich an den Kassen der Kaufhäuser und Kinos in ein kapitales System ein. Unsere Medienwelt verführt uns mit ihrem Style und ihrer Käuflichkeit zum Glaube an ein berechenbares Glück und Gegenmittel für unsere Ohnmacht – als hätten wir es selbst in der Hand, könnten Anerkennung steuern, mit Äußerlichkeiten Stärke vortäuschen. Wir tragen das Feigenblatt der Nächstenliebe und der Charaktertiefe vor uns her, klatschen in Talkshows entsprechenden Aussagen von Prominenten begeistert Beifall – und merken nicht, dass wir auch hier nur ein Teil der Vermarktung sind. Nach dem kurzen Zweifel des »man müsste was verändern« stellt sich schnell wieder die Dumpfheit des Alltags mit seinen wirtschaftlichen Anforderungen ein. Die moderne Technik mit ihrem überschwemmenden Informationsfluss bekommt durch unsere Schwächen, unsere ewige Angst etwas zu verpassen, nicht gesehen zu werden, einen ungeheuren Zugriff auf unser Leben, unsere Zeit.

Wie trügerisch die Vorstellung vom perfekten Leben, vom totalen Glück ist, erkennen wir am besten, wenn wir diese Werte wirklich einmal erfüllen. Wenn wir ein hochgestecktes Ziel dieses offiziellen Erfolgsmodells endlich erreicht haben und das Glück sich eigentlich über uns ergießen sollte, fragen wir uns oft (im stillen Kämmerlein): Warum fühle ich mich nicht besser, warum ist jetzt nicht alles perfekt, so wie ich es erhofft habe,

warum war der »Kick« nur so kurz, der Rausch so schnell verflogen und die Leere danach doppelt so groß?
Es gibt eine Wahrheit hinter den Dingen, die wir nie ganz mit unserer Logik einfangen werden und die wir trotzdem erkennen, wenn wir sie im Nebel unserer Prägungen streifen. Wir Menschen versuchen sie auf immer neue Art zu fassen, im Wandel unserer Erfahrungen. Wahrhaftigkeit ist das Bemühen um diese Wahrheit; Freiheit und Selbstbestimmung sind ihr Lohn.

Kapitel 5.1
Von Sammlern und Jägerinnen – Rollenbilder

Die University of California in Santa Cruz hat über zehn Jahre viele hundert Testpersonen mit Aufnahmegeräten bestückt und ihre tägliche Redekapazität aufgezeichnet. Die gerade erfolgte Auswertung hat ergeben, dass Männer durchschnittlich deutlich mehr reden als Frauen. Bei Gesprächen mit ihren Frauen oder mit Fremden haben die meisten Männer ein besonders starkes Mitteilungsbedürfnis und widersprechen ihren Gesprächspartner sehr viel öfter, als Frauen das tun. Nur über persönliche Dinge reden sie insgesamt weniger.

Wir neigen dazu, die Schwierigkeiten zwischen den Geschlechtern mit pseudowissenschaftlichen Evolutionsbehauptungen zu erklären: Frauen haben immer Beeren gesammelt und dabei geschwätzt, Männer mussten auf der Jagd den Mund halten ..., deshalb wollen Frauen reden und Männer nicht etc. Mittlerweile füllen findige Komiker mit diesen Scheintheorien ganze Stadien und erklären uns von Fernsehgewohnheiten bis zu Handtascheninhalten unser Leben. Dabei wird sich wortreich über angeblich typisch weibliche Eigenschaften, wie Geschwätzigkeit oder Nestbauverhalten, schenkelklopfend lustig gemacht, wohingegen Männer immer nur wahllos ihre Gene unters Volk bringen und Bier trinken wollen. Als Fazit bleibt dann: Männer

und Frauen können sich nicht verstehen, das ist von Natur aus so und wird auch immer so bleiben.
Wieso weisen dann aber homoerotische Beziehungen die gleichen zwischenmenschlichen Probleme auf wie Heterobeziehungen? Und hätte die Natur nicht im Sinne besserer Überlebenschancen dafür sorgen müssen, dass Männer und Frauen gut miteinander auskommen, um gemeinsam psychisch und körperlich gesunden Nachwuchs heranzuziehen? Denn nichts greift den Körper und Überlebenswillen mehr an als Angst, psychische Instabilität und gescheiterte soziale Bindungen.
Viele der aktuellen Studien und die neuesten Erkenntnisse der Gehirnforschung haben gezeigt, dass die Unterschiede zwischen den Geschlechtern oft nur aus Vorurteilen vor dem Hintergrund kultureller Werteprägung bestehen. Hinter der Behauptung, unsere Differenzen wären von den Genen bestimmt und wir könnten somit nichts gegen unsere Verhaltensmuster tun, steht wohl vielmehr eine einfache Ausrede, mit der wir der Mühe entgehen wollen, uns mit den eigenen Verhaltensmustern auseinanderzusetzen.

Durch die Weiterentwicklung der modernen Technologie gelingt es uns mittlerweile besser, in das menschliche Gehirn zu blicken. Dadurch werden viele althergebrachte wissenschaftliche Meinungen über die Geschlechter durch neue detailliertere und zuverlässigere Fakten revidiert. Darüber hinaus werden diese Daten von einer neuen emanzipierten Generation von Wissenschaftler/innen ohne patriachisches Werteverständnis interpretiert.
Es ist wahr, dass sich einige Hirnregionen in ihrer Größe bei Männern und Frauen unterscheiden. Doch die Größe einer Hirnregion sagt wenig über ihre Funktion aus, da diese lediglich von der Dichte und Art der neuronalen Verknüpfung bestimmt wird. Deshalb haben Frauen, trotz ihrer kleineren Gehirne, nicht weniger Intelligenz, denn die Dichte der neuronalen Verknüpfungen ist der von größeren Männerhirnen im Durchschnitt entsprechend.

Die Verknüpfung der Neuronen im Gehirn bilden sich hauptsächlich nach der Geburt aus. Dabei werden nur solche Neuronen ins Netz unseres Denkens, Fühlens und alle unsere Bewegungsabläufe aufgenommen, die auch beansprucht werden. Die anderen sterben nach und nach ab, wohingegen sich in den Zentren hoher Nervenimpulsfrequenzen die Zellen immer dichter verknüpfen: Was wir lernen, beeinflusst (wie in Kapitel 4 schon erwähnt) den physikalischen Ausbau unseres Hirns.
Besonders im Säuglings- und Kleinkindalter finden bei der Vernetzung der Neuronen entscheidende, nicht wiedergutzumachende Weichenstellungen für das ganze Leben statt. Wer in dieser Zeit etwas nicht gelernt hat, weil es in seiner Erziehung nicht gefördert wurde, nimmt diese »Unfähigkeit« danach in sein Selbstverständnis auf und verstärkt sie dadurch immer weiter.
Was wir können, hängt also stark davon ab, was unser Umfeld glaubt, fördern zu müssen, was dem Verständnis von Frausein und Mannsein entspricht – oder eben nicht. Alle bisherigen Untersuchungen an erwachsenen Männern und Frauen, die Differenzen zwischen den Geschlechtern feststellen konnten, kranken daher daran, dass die herkömmlichen Definitionen und viel beschriebenen Unterscheidungen der Geschlechter längst im Selbstverständnis und im Gehirn der Probanden integriert sind.
Durch die Suche nach Identität, bei der Kinder und Jugendliche sich an den Bezugspersonen ihres Umfeldes orientieren, wird das Verhalten von Mutter oder Vater wiederholt und ihre Werte werden übernommen. Diese Orientierung an Vorbildern, aus denen wir dann unsere Selbstbilder konstruieren, gehört zum genetischen Programm des Menschen. Das Erscheinungsbild dieser Vorbilder ist aber ein Teil unserer (veränderbaren) Kultur. Diese Kultur mit ihren Werten, ihrer Definition von Männlichkeit und Weiblichkeit formt das Nervennetz in unserem Gehirn. Verändert sich die Kultur, verändern sich also auch Verhaltensweisen und Selbstbilder, von denen wir oft angenommen haben, sie seien genetisch bedingt. Es gibt Architektinnen

oder Pilotinnen, die durch die ständige Anforderung an ihr räumliches Denken einen überdurchschnittlich ausgebildeten Orientierungssinn haben. Und es gibt männliche Sozialarbeiter und Psychologen mit einer hervorragenden Empathiefähigkeit. Das sind keine Ausnahmen der Natur, sondern (bisher noch) Ausnahmen der Erziehung in einer Gesellschaft, die immer noch weitgehend Jungs, die ihre Gefühle erklären können, und Mädchen, die Fußball spielen, als »unnormal« empfindet.

Unser Wertesystem toleriert Aggressionen bei Jungs nach wie vor weit mehr als bei Mädchen. Jungs dürfen ihre Wut offen ausleben, sich rangeln und laut schreien. Schlagende und rücksichtslose Mädchen finden wir dagegen immer noch befremdlich, auch wenn sie mit diesem unreifen unsozialen Verhalten langsam aufholen. Denn völlig entgegen der immer noch herrschenden Vorstellung, Mädchen hätten eine größere Empfindsamkeit, werden diese immer häufiger wegen extremen Gewalthandlungen bis hin zum versuchten Totschlag in Jugendarrest genommen. Den richtigen Umgang mit Frust und Wut müssen eben beide Geschlechter gleichermaßen lernen, was bei einer Kindheit mit vielen Enttäuschungen und Zurückweisungen sehr viel schwieriger ist: Soziale Fähigkeiten und Empathie hängen besonders vom selbst erfahrenen Einfühlungsvermögen ab – und das gilt für beide Geschlechter.

Die Empathiefähigkeit der ersten Bezugspersonen bestimmt maßgeblich jeden zukünftigen Erfolg in einer Schulklasse, Abteilung, Ehe, Familie, Gemeinschaft. Um die Gefühle anderer Menschen nachvollziehen zu können, ihre Stimmungen zu erkennen und entsprechend darauf zu reagieren, bedarf es einer differenzierten Empfindungsfähigkeit und Wertschätzung der eigenen Gefühle und die entsteht nur unter dem Einfluss einer liebevollen, aufmerksamen Erziehung.

Unsere kulturellen Prägungen sind subtil und manch ein Elternteil, das laut behauptet: »Ich erziehe meine Kinder völlig gleich«, würde sich wundern über seine unbewussten Vorurteile, die in unhinterfragten Details zutage treten. Tränen werden nach wie vor weit weniger bei einem Jungen toleriert als bei einem Mädchen und erheblich früher mit Argumenten wie »Du bist doch schon ein großer Junge« zu unterbinden versucht. Eltern sorgen sich mehr um die selbstständig werdende Tochter als um den Sohn. Die fantasierten Schreckensszenarien sind mindestens um eine sexuelle Variante umfangreicher. Und auch wenn das so nicht ausgesprochen wird, finden solche Dinge natürlich auf die Dauer einer Kindheit massiven Einfluss in das Selbstbild des heranwachsenden Menschen. Welcher Vater fordert schon seine Tochter zu sexuellen Eroberungen auf, klopft ihr anerkennend auf die Schulter und erzählt seinen Freunden stolz von ihrem großen Erfolg bei Männern, weil jeden Morgen ein anderer Typ am Frühstückstisch erscheint? Welche Mutter träumt davon, dass ihr Sohn Ehemann einer Zahnärztin oder Firmenvorständin (allein das Wort zeugt von seiner Ungewöhnlichkeit) wird oder Kindergärtner? Und selbst wenn wir einen raufenden, mit Autos spielenden Jungen haben und ein Mädchen, das sich nur für Puppen interessiert und keinen Pulli anzieht, der nicht rosa ist: Wie bewerten wir diese Dinge? Ist ein Junge durchsetzungsstark, weil er sich körperlich durchsetzt? Findet sein Vater das gut oder schlecht? Wie viele Väter vermitteln ihrem raufenden Junior Diplomatie und Einfühlungsvermögen und sind tief in ihrem Inneren davon überzeugt, dass ihr Sohn dadurch kein »Weichei«, sondern ein glücklicher Familienvater und Arbeitskollege wird? Warum bekommen Frauen, trotz ihrer allgemein attestierten besseren sozialen Kompetenz, weniger Geld für die gleiche Arbeit? (Hierin sieht man wohl am deutlichsten die diskriminierende und umfassende Abwertung des Weiblichen in unserer kapitalistischen Werteordnung: Das Geld, unser Maß aller Dinge, wird den Frauen nicht zugestanden und weist sie mit ihren angeblich so wertvollen weiblichen Fähigkeiten als Menschen zweiter Klasse aus.)

Die patriarchalen Werte unserer Gesellschaft sind in ihrer jahrhundertelangen Selbstverständlichkeit kaum vierzig Jahre infrage gestellt. Die meisten der heute lebenden Männer sind noch in ihrem Schatten erzogen worden. Diese Vorstellungen basieren auf gefühlsfeindlicher Soldatenerziehung, die aber im Widerspruch zu den heutigen Anforderungen stehen. Bis vor sechzig Jahren sollten sich Männer in den Schützengräben der Kriege keine Gedanken machen über den Sinn des Lebens und nicht mit den Kameraden ihre Zweifel und Gefühle austauschen. Ihre Söhne sitzen heute in Chefetagen und Regierungsämtern und tun sich schwer mit Teamwork und Mitarbeiterlob.

Gemessen am Überlegenheitsideal erfährt das Selbstwertgefühl von Männern in der Realität natürlich häufige Dämpfer. Männer haben in unserem Wertesystem nur scheinbar die Macht, eigentlich sind sie genauso ihre Opfer. Zwar lässt jede Krise die männliche Rücksichtslosigkeit der alten Werteordnung sofort wieder hervortreten. Win-win-Strategien und soziale Kompetenz, die dünne Schicht einer neuen Wirtschaftsethik, werden dann schnell geopfert. Aber macht das die vordergründig mächtigen Männer zu glücklicheren Menschen?

Während bei den Männern ein überholtes Idealbild immer weniger mit den Anforderungen der Realität zu tun hat, geraten Frauen durch widersprüchliche Idealbilder zunehmend unter Leistungsdruck. Um sich zu emanzipieren, orientieren sie sich einerseits an männlichen Verhaltensweisen. Gleichzeitig wirken aber auch weiter die alten Werte von Weiblichkeit in Form von »wunderschöner und treuer Geliebten« und »sorgender Mutter« auf ihr Selbstbild ein. Moderne Frauen versuchen, alles zu erfüllen: das männliche und das weibliche Idealbild. Sie wollen stark und selbstständig sein und gleichzeitig rücksichtsvoll und kompromissbereit; sie sollen makellos schön und sexy sein und kinderlieb, bei voller Leistungskraft. Da die Vereinbarung all dieser Ansprüche unmöglich ist, bekommen auch sie in der Realität das ständige Gefühl, nicht gut genug zu sein und deshalb nicht glücklich zu werden.

Die aktuelle Sozialforschung zeigt, dass im »harten« Kapitalismus, der viele der alten männlichen Werte spiegelt, heute nur »weiche« Verhaltensweisen die Leistungskraft jeder Firma, Abteilung, Gemeinschaft noch steigern können (und nur deshalb finden sie überhaupt Beachtung). Denn die Firmen schaffen mit ihrer Ausrichtung auf Überlegenheit, Konkurrenz und schnellen Profit ein hohes Frustpotenzial und mangelnde Loyalität bei ihren Mitarbeitern. Die ungesunden, vordergründigen Strategien für Erfolg geraten somit auch in der Wirtschaft an ihre Grenzen. Doch sie sind immer noch die typischen Verhaltens- und Denkmuster der Führungsetagen, besonders wenn in der Firma die »Zahlen nicht mehr stimmen«. Konkurrenz und Härte schaffen aber kein Zusammengehörigkeitsgefühl, keine Verpflichtung gegenüber der Gruppe/Firma, denn das Selbstwertgefühl des Einzelnen wird in diesem ständigen Überlebenskampf nicht gefördert, sondern angegriffen: Die Menschen fühlen sich leer und ausgebeutet von ihrer direkten, persönlichen Umgebung, die ihnen eigentlich Vertrauen, Sicherheit und Identitätshilfe geben sollte. Besonders in großen Konzernen ist es fast unmöglich, sich gegen diese falschen, äußerlichen Überlegenheitswerte aufzulehnen. Alles »Weiche« gilt weiterhin als schwach und wird ins Gegenteil gesetzt zu der »Härte«, die bisher Erfolg versprach. Sie wird nach wie vor als selbstverständlich und evolutionsbegründet hingenommen und vielen Menschen ist nicht klar, dass sie sie hinterfragen, aussteigen oder ändern können.

Die Evolutionsforschung selbst erkennt gerade erst, dass der große Erfolg des Menschen nicht auf Einzelkämpfertum beruhte (dem berühmten »survival of the fittest«), sondern auf dem Zusammenspiel der Einzelnen im sozio-biologischen System: Kompromissfindung und Toleranz, Verständnis und Vertrauensbildung führen nachhaltig zu Erfolg – und Glück. Es sind die gleichen Verhaltensweisen, die das Selbstwertgefühl aller Beteiligten, egal, welchen Geschlechts, in jeder Art von Gruppe steigern.

Die »soft skills« gelten offiziell als weibliche Ideale und somit in unserer immer noch männerbestimmten Kampfordnung als unterlegen. Das kann sich auf Dauer aber keine Firma und darüber hinaus auch keine Gesellschaft mehr leisten. Sollten wir deshalb nicht damit aufhören, Werte, die jeder Gesellschaft, jedem Individuum förderlich sind, als weiblich oder weich zu bezeichnen? Denn das macht es Männern doppelt schwer sie anzunehmen, besonders wenn Mann versucht, damit sein Selbstwertgefühl zu stabilisieren. Wieso soll ein Verhalten, was größten Mut und Ehrlichkeit fordert, umfassende Reife und tiefe Stärke fördert, weich sein oder weiblich oder unterlegen?

Wir lernen über die Werteordnung der Kultur unserer Zeit, was eine »tolle« Frau, ein »richtiger« Mann haben muss. Dabei sind diese Definitionen und Regeln heute im Gegensatz zu früheren Epochen sehr viel freier, aber auch fragiler und unsicherer: Sie werden ständig hinterfragt, scheinen durch nichts begründet, außer durch Mediengeschwätz und wechselnde, mehr oder weniger wissenschaftlich fundierte Behauptungen. Daneben wird die Liebesbeziehung zwischen den Geschlechtern zum Hauptwegweiser in unserer modernen kulturellen Ausrichtung: Sie ist der letzte soziale Halt in einer immer strukturloseren Welt.

Bei unserer Selbstsuche und bei unserer Partnersuche orientieren wir uns bewusst und unbewusst an den uns permanent umgebenden Bildern und Maßen. Besonders Menschen, die durch die Erfahrungen in ihrer Kindheit ein lädiertes Selbstwertgefühl haben, versuchen durch eine Ausrichtung an den offiziellen Idealen dieses zu stabilisieren. Sie versuchen ihren eigenen »Marktwert« zu steigern und träumen vom perfekten Partner, der ihnen die vermisste Rücksicht und Bestätigung entgegenbringt und jeden Wunsch von den Augen abliest. Und repräsentativ sollte er sein, damit die Bestätigung aller anderen sicher ist und man sich durch seinen Anblick ständig selbst erheben kann.

Psychologische Untersuchungen haben gezeigt, was wir alle längst wissen, auch wenn wir es so nicht offen zugeben würden: Das Wichtigste am Traumpartner ist heute Aussehen und Status. Sie stehen auf der heimlichen Wunschliste ganz oben – auch wenn wir erst einmal Humor und gemeinsame Interessen nennen, sobald wir nach unseren Präferenzen gefragt werden. Woher kommt dieser Widerspruch?

In unserem zunehmend von Äußerlichkeiten dominierten Werteverständnis, in der uns das Glück stets mit Schönheit und

Reichtum präsentiert wird, tummeln sich weiterhin die Reste anderer abendländischer Wertvorstellungen. Wir sollen demnach tiefgründig sein und auf die inneren Werte unserer Mitmenschen schauen. Hier findet sich schon die erste von zahlreichen Dissonanzen bei diesem für unser Glück so wichtigen Thema: Oberflächlichkeit gilt in unserer Welt der Äußerlichkeit als schlecht, obwohl genau diese Werte von jeder Plakatwand zu uns herunter lächeln. Wir wissen wohl, dass uns diese Äußerlichkeiten nicht glücklich machen, doch Geld und gutes Aussehen überblenden durch die übermäßige Fokussierung unserer Kultur schnell mangelnden Humor und intellektuelle Dumpfheit: Da muss jemand schon sehr witzig sein, damit wir seine Körperfülle oder sein unsymmetrisches Gesicht vergessen.

Die Liebe ist in unserer modernen Zeit zur Ersatzreligion mutiert. Sie wird zum mystisch aufgepumpten Lebenssinn, zum »Gefühl nicht von dieser Welt«, mit dem Glorienschein der Übersinnlichkeit oder Göttlichkeit versehen und zieht all unsere unerfüllten Erwartungen und Hoffnungen auf sich. An was sollen wir noch glauben, was verspricht unserem Leben noch Erfüllung und Sinn, wenn nicht die Liebe? Der oder die »Richtige« soll uns irgendwann begegnen und dann wird alles gut. Was der oder die Richtige haben muss, bekommen wir täglich auf allen Kanälen präsentiert. So hat die Erwartung an das Aussehen von Männern, neben den Erwartungen an ihren wirtschaftlichen Erfolg, in den letzten Jahren enorm zugenommen. »Ein Mann muss (mir) was bieten können« ist die gängige Aussage in TV-Serien und an Freundinnenstammtischen. Und leider steht hier der Traum von Status und materiellem Luxus über allen anderen Punkten der Wunschliste. Dann soll er auch noch der coole Hero sein, ohne Speckbauch und Haarausfall, der zeigt, wo es langgeht und gleichzeitig der einfühlsame Seelenpartner, der jede Verstimmung und Verlustangst unaufgefordert mit romantischen Liebesbeweisen absichert. Frauen wollen von Männern verstanden werden, wozu Mann zweifellos die Erfahrung und Reflektion von eigenen Emotionen braucht. Aber welche Frau fragt ihren Mann schon selbstverständlich nach seinen Gefühlen und Ängsten?

Von einer modernen Frau erwarten Männer heute, dass sie einem Beruf nachgeht – also nicht auf finanzielle Absicherung spekuliert. Dabei darf sie aber nicht mehr verdienen als der Mann (denn auch wenn er nicht mehr der Versorger ist, braucht er noch die finanzielle Überlegenheit zur Selbstdefinition). Sie muss ihren Verdienst neben Kindern und Haushalt weiter erhalten, damit sie nicht als Hausmütterchen in der Versorgungsfalle landet. Sie soll den Mann bewundern, ohne etwas zu fordern, tolerant sein gegenüber all seinen Schwächen, dabei sexy und interessant, immer gemessen an den retuschierten Vorgaben ihrer unwirklichen Geschlechtsgenossinnen aus Paris und Mailand.

Warum stellen wir diese völlig widersprüchlichen und überhöhten Ansprüche an das andere Geschlecht? Warum verfolgen wir in den Medien so gerne die Geschichten von fiktiven Supermännern und Superfrauen, die – im Gegensatz zu uns – all die Ansprüche zu erfüllen scheinen? Warum sehen wir nicht, dass die Forderungen, die wir an die Gegenseite stellen, auch uns selbst unter Druck setzen?

Werden wir selbst nicht geliebt um unserer selbst willen, klagen wir laut die oberflächlichen Ansprüche der Gegenseite an. Wir wollen umsorgt sein und verstanden und gleichzeitig unhinterfragt bewundert (siehe auch Kapitel 2). Doch: Nur Kinder haben das Recht auf diese vollkommene Geborgenheit und instinktive Betreuung all ihrer Bedürfnisse, ohne selbst etwas dafür leisten zu müssen. Nur Kinder haben ein Recht darauf, dass man sie liebt, egal, wie sie aussehen, dass man ihnen ständig ihre Fehler verzeiht und sie trotzdem respektiert, für jede ihre Leistungen, den kleinsten Fortschritt lobt. Sie haben ein Recht darauf, ständig im Mittelpunkt des Lebens ihrer Eltern zu stehen. Aber wir sind erwachsen – auch wenn das Kind in uns sich nach dieser vermissten Zuwendung, Wertschätzung, Wiedergutmachung und Sicherheit sehnt. So scheitert unser Traum vom perfekten Partner regelmäßig an der Realität unseres Erwachsenendaseins und dann glauben wir, es läge daran, dass wir nicht perfekt genug sind, nicht die vorgegebenen Bilder der

Werbung erreichen oder wir behaupten dasselbe von unserem Partner. So kostet uns diese mächtige Vollkommenheitsidee, die Sehnsucht nach dem Paradies ein ums andere Mal unser Glück. Sowohl bei den männlichen als auch bei den weiblichen Idealbildern fällt die Unvereinbarkeit ihrer Anforderung auf, die ein automatisches Scheitern beinhaltet und damit verbunden das ewige Gefühl »nicht gut genug« zu sein für das perfekte Leben, »nicht genug zu bekommen« – im scheinbaren Gegensatz zu anderen. Und wir suchen nach unseren Fehlern, lassen sie uns operativ entfernen, verhüllen sie mit teuren Marken, denn die Medien zeigen uns immer wieder, dass glückliche Menschen schön und reich sind. Mit einer Mischung aus Schuldgefühl und Vorwurf hadern wir mit unserem Schicksal.

Und auch das Scheitern unserer Träume lässt sich noch wunderbar vermarkten. Eine angebliche genetische Kluft wird als Grund für das Unverständnis zwischen Männern und Frauen heraufbeschworen und immer neue Lösungsvorschläge lassen sich als Titelzeile der Magazine oder Seminare verkaufen. Wir erfahren ständig, was Männer und Frauen eigentlich wollen vom anderen Geschlecht und wo man es kaufen kann. Ein einschlägiges Männerlifestylemagazin rät bei der Einrichtung des Junggesellenapartments, das auf Frauen Eindruck machen soll, zum »Ich-Faktor«, der daraus besteht, sich beim Sofakauf sein Lieblingsfotomodell nackt darauf vorzustellen. Eine bekannte Frauenzeitschrift erklärt uns, wie man seinen Kinderwunsch vor dem Partner anfangs verleugnet, um ihn dann im entscheidenden Moment mit der richtigen Sexpraktik das Verhütungsmittel vergessen zu lassen. Wie verzweifelt müssen Männer und Frauen sein, wenn sie von solchen Ideen Rat und Hilfe für ihr Glück erwarten?

Unsere ständigen Enttäuschungen beruhen auf den Idealbildern, die in den Medien von Männern und Frauen gezeichnet werden. Für Männer gibt es nach wie vor nur ein Ideal: der Held. Nur die Goldmedaille zählt, Silber bekommt der erste Verlierer. Dieses Bild suggeriert, dass Mann mehr Leistung bringen muss als alle anderen, versuchen muss, andere auszustechen, zu verdrängen und zu besiegen, um volle Bestätigung zu erfahren, ein wertvoller Mann zu sein, der Frauen »abbekommt«. In Männerzeitschriften herrscht immer noch die Idee »der Frau als Mangelware«, die man mit überlegenem Auftreten beeindrucken muss. Der erfolgreiche Kontakt zum anderen Geschlecht wird stets in den Plural gesetzt: Nur die Zuwendung von vielen Frau*en* bedeuten für den Mann Erfolg und Anerkennung. Jede Frau verliert damit ihren Status als individuelle Person und wird zum zweckgebundenen Gegenstand für das propagierte männliche Ego, das die abwechslungsreiche Befriedigung seiner sexuellen Bedürfnisse als höchstes Ziel dieser Werteordnung anstrebt. Sex ist auch in Frauenzeitschriften das erfolgreichste Thema. Doch Frauen werden nach wie vor von Männern abgewertet, wenn sie ihre Sexualität bekennend und selbstbewusst mit vielen Eroberungen ausleben, da die Selbstbestätigung der Männer immer noch maßgeblich über die Bewunderung und Unterlegenheit von Frauen stattfindet. Und Frauen träumen ja eigentlich auch nur von dem »einen heiratswilligen, romantisch Richtigen« (der ihnen direkt nach dem Beitrag über den schnellen Bürosex mit dem neuen Kollegen in wunderbaren Bildern angepriesen wird). Im Ideal des Superpartners wird der Mann, immerhin als Einzelkandidat, funktionalisiert zur »Rundum-Wunscherfüllungs-Status-Garantiemaschine«.

Frau- und Mannsein ist in weiten Teilen gelernt. Daher ist unser Verhältnis zum anderen Geschlecht durch neue Überlegungen und Erfahrungen auch veränderbar. Sollten wir nicht den gleichen Anspruch an Männer und Frauen haben: Charakterstärke und ein starkes Selbstwertgefühl, ohne unreifen Narzissmus, utopische Wiedergutmachungsansprüche und übertriebenes Ego? Ist es nicht so, dass Frauen *und* Männer attraktiv und sexy sind, wenn sie sich wirklich für etwas interessieren, eine Meinung haben, kommunizieren können und sich Gedanken machen, Verantwortung übernehmen, für sich selbst und andere Sorge tragen, sich etwas zutrauen, freigiebig sind und über sich selbst lachen können? Gilt ein Mann nicht auch vor anderen Männern als unreif, wenn er Frauen als Sexobjekte für seine Bestätigung sieht? Wird eine Frau automatisch zur Emanze, weil sie sich gegen schwache Männer und deren unbegründet behauptetes männliches Vorrecht zur Wehr setzt? Kann sie nicht stark sein und weiterhin Männer großartig finden, die großartige Menschen sind? Warum erwarten Frauen von Männern immer noch (materielle) Überlegenheit und begeben sich dafür in Abhängigkeit? Gibt es nicht auf beiden Seiten schwache Charaktere, die versuchen, mit alten Stereotypen ihre Schwächen zu kaschieren und ihre infantilen Defizite zu kompensieren?

Wir sollten Bilder von starken Menschen zeichnen und leben, die für beide Geschlechter gleichermaßen gelten. Wir sollten unsere Werteordnung der Äußerlichkeiten in ein ehrliches, offenes Miteinander wandeln und somit eine neue Orientierung schaffen, die das Selbstwertgefühl der Menschen nicht mit käuflicher Vordergründigkeit zu füllen versucht.

Männer und Frauen könnten sich eigentlich wunderbar verstehen. Ihre Missverständnisse beruhen nicht auf genetischer Inkompatibilität, sondern auf mangelhaft sozialorientierter Erziehung und auf dissonanten Rollenbildern, die in ihrer Kultur und ihrer Ursprungsfamilie herrschen. Jeder von uns kann ihnen in seinem Umfeld, seiner Vergangenheit, seinem Leben auf die Spur kommen. Veränderung beginnt immer in der Selbsterkenntnis.

Kapitel 5.2
Kindheit als Schicksal – Elternerziehung

Cindy (17) ist sehr verliebt in ihren Freund Kevin (18). Doch der möchte sich seit längerer Zeit schon von ihr trennen. Da beschließt Cindy die Pille abzusetzen. Sie hofft, dass ihr Freund bei ihr bleibt, wenn sie erst mal ein Kind von ihm hat. Und wirklich: Sie wird schwanger. Doch noch bevor ihre Tochter Chantal geboren wird, verschwindet Kevin. Cindy sitzt jetzt alleine da, sie hat

keinen Schulabschluss, keine Ausbildung und lebt von Sozialhilfe und Kindergeld.
Das Kind weint viel und das nervt Cindy. Sie weiß nicht, was sie machen soll, damit es aufhört. Manchmal legt sie es einfach in sein Bettchen und dreht im anderen Zimmer laut den Fernseher auf, damit sie das Gebrüll nicht mehr hören muss.
Chantal wächst heran, der Fernseher bleibt ihr Erzieher. Als sie eingeschult wird, ist sie von Anfang an verhaltensauffällig: Sie kann sich schlecht konzentrieren und schlägt die anderen Kinder.
Wenn Chantal mittags nach Hause kommt, ist ihre Mutter meistens nicht da, der Kühlschrank ist leer. Schon früh fängt Chantal an mit anderen Kindern auf der Straße herumzulungern. Mit acht Jahren wird sie das erste Mal beim Klauen erwischt, mit zwölf hat sie ihren ersten Freund und geht kaum noch zur Schule. Sie mag Sex nicht besonders, doch wenn ein Junge sich für sie interessiert, macht sie oft mit, weil sie sonst seine Aufmerksamkeit verliert. Mit sechzehn wird sie das erste Mal schwanger. Sie bekommt das Kind, denn immerhin bekommt sie deshalb auch eine eigene Wohnung und finanzielle Unterstützung vom Staat. Von dem ersten Kindergeld kauft sie einen großen Flachbildfernseher.
(Cindy und Chantal waren 2006 Gäste der Talkshow »Die Oliver Geissen Show«. Die Sendung wurde täglich von 1-2 Millionen Zuschauern gesehen, die in den Themen ihre eigene Lebenswelt verhandelt sahen. Gäste und Zuschauer fühlten sich von Moderator und Redaktion mit ihren Problemen ernst und wichtig genommen, was die vielfach gestellten Fragen beantwortet: Warum entblößen sich Menschen emotional derart vor der Kamera? Und: Wer schaut sich das an? Nach der im Dezember 2006 veröffentlichten Studie »Gesellschaft im Reformprozess« der Friedrich-Ebert-Stiftung gehören 6,5 Millionen Deutsche – das entspricht acht Prozent der Gesamtbevölkerung – zum abgehängten Prekariat. Mittlerweile muss sich sogar jeder zehnte in Deutschland lebende Mensch zu dieser Unterschicht zählen. Diese Bevölkerungsgruppe hat eine um die Hälfte höhere Geburtenrate als der bundesweite Durchschnitt.

In den USA wird seit dem 1. Januar 1997 nur noch die ersten fünf Jahre Kindergeld gezahlt. Diese von dem linken Politiker Bill Clinton durchgesetzte Maßnahme ließ die Geburtenrate der Gettofrauen innerhalb kürzester Zeit auf 1,66 Kinder pro Frau sinken. Entgegen des Aufschreis seiner linken Parteigenossen, die davor warnten, die Schwachen der Gesellschaft so noch weiter in die Verwahrlosung zu treiben, waren die Mädchen und Frauen durchaus in der Lage sich um ihre Schwangerschaftsverhütung selbst zu kümmern und sich Jobs zu suchen, mit denen sie zwei Kinder versorgen konnten, wenn die staatliche Unterstützung zu Ende war. Und es zeigt, wo überall diskriminierende Meinungen versteckt sein können.)

Mutterliebe ist kein Instinkt. Es gibt kein »Mutterliebe-Gen«. Es gibt lediglich eine biologische Schutzfunktion, die aber mit unserer Vorstellung von Mutterliebe wenig gemein hat. Was wir heute unter einer guten Mutter verstehen, ist ein Konstrukt aus Werten und Vorstellungen. Der Mutterinstinkt ist ein Mythos unserer modernen Kultur, entstanden in der bürgerlichen Romantik des 19. Jahrhunderts. Noch zu Shakespeares Zeiten kümmerten sich die Eltern herzlich wenig um das Glück ihrer Kinder. Der Nachwuchs war dazu da Machtstrukturen zu sichern oder wurde als Arbeitskraft dem Willen der Eltern untergeordnet.

Der »Mythos Mutterliebe« ist ein Ableger des »Mysteriums der wahren Liebe« und eine zentrale Stütze unserer westlichen, bürgerlichen Werteordnung – deshalb unkritisch geglaubt und heftig verteidigt.

Wir verklären Mütter zu Heiligen, wohingegen den Vätern (oft ungerechterweise) diese Werte nicht entsprechend zugestanden werden: Niemand spricht vom »Vaterinstinkt«. Väter werden daher auch vor Gericht nicht so hart bestraft wie Mütter, wenn sie den Misshandlungen oder Tötungen ihrer Kinder »nur« zuschauen. (Der berühmte Fall von Brandenburg zeigt das auf schauerliche Weise: Eine Mutter wurde wegen des neunfachen Mordes an ihren Babys, die sie in Blumenkästen verscharrte, zu einer langjährigen Freiheitsstrafe verurteilt. Ihr Mann, der sie zu verlassen drohte, wenn sie weitere Kinder bekäme und der von keiner Schwangerschaft und keinem Kindsmord etwas mitbekommen haben wollte, kam dagegen ohne Strafe davon.)

Seit sechzig Jahren gibt es kein Ideal, das die Mutterliebe übertrumpft. Wurden in den Weltkriegen die eigenen Kinder noch für Ehre und Vaterland voller Stolz in den Kampf und Tod geschickt, klammern wir uns heute in unserer äußerlichen Welt an dieses letzte Bild von tiefer Güte und selbstloser Liebe – das zentrale Bild all unserer Sehnsüchte.

So gerne wir am »Mythos Mutter« festhalten wollen: Keine Mutter ist von Natur aus opferbereit und gütig. Jede Form der Liebe wird durch Erfahrung gelernt, und wenn eine Mutter selbst ungesunde, unreife Liebe erlebt hat, ist die Wahrscheinlichkeit sehr hoch, dass sie ungesunde, unreife Liebe an ihre Kinder weitergibt: Auch Rabenmütter lieben ihre Kinder, doch sie lieben sie mit einer falsch gelernten Liebe, mit der quälenden Sehnsucht der eigenen mangelhaften Kindheit. Ob eine Frau gesunde Mutterliebe geben kann, hängt maßgeblich von ihrem Selbstwertgefühl ab, das sie in ihrer eigenen Kindheit entwickeln konnte.

Christine (32) hat sich in ihren Chef Philipp (38) verliebt. Auf einer Firmenfeier flirtet sie heftig mit ihm, die beiden landen im Bett. Doch am nächsten Tag im Büro ist er distanziert. Christine bittet ihn um eine Aussprache unter vier Augen. Sie treffen sich am Abend in einem Lokal. Wieder versucht sie Philipp mit viel Charme und Alkohol zu verführen. Er ist ihr Traummann, gut aussehend, wohlhabend: Alles, was sie sich ersehnt. Er fühlt sich geschmeichelt, aber sagt ihr deutlich, dass er nicht bereit ist für eine feste Bindung. Christine behauptet nicht auf eine Beziehung aus zu sein. Obwohl sie weiß, dass sie gerade in dieser Nacht schwanger werden könnte, legt sie es darauf an. Sie belügt Philipp, erzählt ihm, dass nichts passieren kann (und sie außerdem seit ihrem letzten Aidstest keinen Sex mehr hatte).

Nach einer Woche beendet Philipp erneut die Affäre, weil Chris-

tine ihn vollkommen zu ihrem Lebensinhalt verklärt und ihr Liebesverhältnis auch im Büro an die große Glocke hängt. Er möchte den Kontakt wieder auf das Arbeitsverhältnis beschränken.
Zwei Monate später unterrichtet Christine Philipp davon, dass sie von ihm schwanger ist. Nach dem ersten Schock beschließt er seine Verantwortung zu übernehmen. Doch möchte er nach wie vor mit Christine keine Liebesbeziehung haben. Das kränkt Christine schwer und sie lässt von nun an kein Druckmittel aus, um Philipp für seine Zurückweisung zu strafen. Schon als Schwangere tyrannisiert sie ihn mit ihren Launen und Forderungen.
Als die gemeinsame Tochter Ann-Katrin zwei Jahre alt ist, verlässt sie, ohne Philipp Bescheid zu sagen, mit dem Kind die Stadt, als sie erfährt, dass er zum ersten Mal wieder eine feste Freundin hat. Sie zieht zu ihren Eltern zurück, die 500 km entfernt wohnen. Erst nach zwei Tagen kann Philipp sie dort ausfindig machen.
Von nun an fährt er jedes zweite Wochenende seine Tochter besuchen, doch bei jedem Besuch muss er sich an die Auflagen von Christine halten, die sich immer neue Schikanen einfallen lässt. Mal dürfen sie nicht in den Zoo, obwohl es Philipp seiner Tochter versprochen hat, weil es regnen könnte. Oder Ann-Katrin darf einen bestimmten Kinderfilm nicht mit dem Vater im Kino sehen, weil die Mutter Zeichentrickfilme für ungeeignet hält. Wenn der Vater die Tochter für den Winterurlaub abholt, dann packt Christine ihrer Tochter keine Pullover ein, damit Philipp dem Kind Kleidung kaufen muss. Mehrmals führt sie Prozesse gegen ihn wegen des Unterhalts für sich und die Kleine, obwohl Philipp sich generell sehr großzügig zeigt und Christine einen sehr gut bezahlten Job hat.
Besonders schlimm werden Christines Schikanen, seitdem sie weiß, dass Philipp seine neue Freundin heiraten wird und diese ebenfalls ein Kind von ihm erwartet. Seit diesem Moment hält sie sich an keine Absprache mehr: Philipp steht vor verschlossener Tür, wenn er seine Tochter abholen will oder Christine verbietet ihr, einen Tag vor der Abreise, am Urlaub mit der neuen Frau und dem Geschwisterchen teilzunehmen. Wenn Ann-Katrin vor

Enttäuschung weint, erklärt Christine ihr, dass für all das Übel nur ihr treuloser Vater verantwortlich ist.
Christines eigene Partnerschaften scheitern immer nach kurzer Zeit. Umso mehr lässt sie ihren Frust über ihr unglückliches Leben und ihre unerfüllten Träume an Philipp aus. Christine nutzt jede Gelegenheit den Vater vor der Tochter schlechtzumachen. Sie erpresst Ann-Katrin mit ihrer Trauer, damit sie nicht das Wochenende mit ihm und der neuen Familie verbringt. Die Kleine kann von Philipp erst nach Tagen heimlicher Telefonate beruhigt werden. Er versucht der Tochter das Verhalten der Mutter zu erklären, ohne sie noch mehr zwischen die Fronten zu ziehen. Doch er zählt die Jahre, bis Ann-Katrin erwachsen ist und Christine ihre böse Macht über sein Leben und hoffentlich auch das Leben des Kindes verliert. Immer wieder, wenn er am Rande der Verzweiflung ist, sagt er sich, dass Christine den Rest ihrer Tage mit all ihrem Frust alleine weiterleben muss und dass jeder irgendwann die Quittung für sein Verhalten bekommt.

Es gibt viele bewundernswerte Mütter, die sich ihrer Verantwortung voll bewusst sind und ihren Kindern mit (emotionaler) Intelligenz und viel Mühe einen guten Start ins Leben geben. Doch viele Frauen bekommen Kinder, um sich zu stabilisieren, sich selbst einen Wert zu geben, sich selbst zu bemächtigen – gerade durch die Liebe ihrer Kinder. Besonders schwache, unreife Frauen fordern als Schwangere, als Mütter für sich selbst über die Kinder das Recht auf Rücksicht und Zuwendung ein, das sie so ersehnen. Sie bekommen Kinder, um Männer zu binden, bei ihnen und der Gesellschaft ihre eigene Versorgung einzuklagen. Kinder können gut als Waffen eingesetzt werden im Liebes- und Scheidungspoker gegen die Väter, im Kampf um Aufmerksamkeit und Zuwendung auch vom Staat. (Kindsmord ist dabei nur das extremste Zeichen für ein mangelhaftes Selbstwertgefühl einer Mutter, das im Zugriff auf das Kinderleben Zuflucht und Ventile sucht.)
Kinder lieben ihre Mütter so unhinterfragt und direkt, dass jede

Mutter durch diese Liebe große Bestätigung erfährt. Solange die Kinder klein sind, gibt es für die Mütter keine Gefahr, diese bewundernde, schutzlose, offene Liebe zu verlieren, egal wie sie sich benehmen. Als Mutter wird man emotional gebraucht und respektiert. Mütter halten (oft das erste Mal in ihrem Leben) Macht in ihren Händen: Die Kinder müssen tun, was sie sagen, sie können jeden Frust, jede Laune, jede Angst an ihnen auslassen, ohne von ihnen verlassen zu werden. Kinder können sich nicht wehren, sie brauchen die Mutter zum Überleben. Sie sind von der Natur dazu verdammt sie zu lieben.

In unserer Gesellschaft wird meist den Müttern das Sorgerecht für die Kinder zugesprochen. Dagegen wurde ihnen als kleinen Mädchen oft jedes Recht auf eigene Stärke abgesprochen. Aus dieser fatalen Mischung von schwachem Selbstwertgefühl und unhinterfragter Macht über die eigenen Kinder entstehen Dramen und Schicksale, die so wenig vereinbar sind mit unserem Glauben an den Mutterinstinkt. Nur in Ausnahmefällen kommt dieser Missbrauch der Kinder an den Tag. Grausame Mütter erklären wir dann kurzerhand zu Monstern. Doch die Manipulation von Kindern zur Stabilisierung des mütterlichen Selbstwertgefühls ist Alltag in vielen Familien. Mütter, die ihre Kinder demütigen, die sie ständig vergleichen mit anderen Kindern, die jeden Schritt kommentieren und bewerten, die das Aussehen und Leistungsvermögen ihrer Kinder maßregeln, die ihren Kindern mit Verboten oder Strafen drohen oder sie emotional erpressen (»die Mami hat dich gar nicht mehr lieb, wenn du ...«), Mütter, die damit überfordert sind, klare Regeln vorzuleben, die selbst unglücklich sind und von ihren Kindern getröstet werden wollen: All das können wir in unserem Umfeld ständig beobachten. Dazu müssen wir nur hinschauen und uns Gedanken machen wollen. Erkennen wir Defizite im Verhalten und der Erziehung von Kindern in unserem Umfeld, scheuen wir davor zurück es an- und auszusprechen, denn einer Mutter abzusprechen, sie wüsste, was das Beste für ihr Kind ist, stößt immer auf heftige Gegenwehr. (Dabei würde der ein oder andere freundlich vorgetragene Denkanstoß nach dem ersten Widerstand vielleicht sogar Widerhall finden, denn letztlich wäre ja jede Mutter gerne eine gute Mutter.)

Leider rächt sich das unreife Verhalten von Müttern, sobald die Kinder größer werden. Dann entgleitet den Müttern ihre Macht wieder, sie sind nun nicht nur mit sich, sondern auch noch mit den Kindern sichtbar überfordert. Denn der Versuch, mit den Kindern das eigene labile Selbstwertgefühl zu stützen, kann auf Dauer immer nur scheitern.

Väter machen aufgrund der für sie geltenden Werte von Dominanz und Unabhängigkeit andere, wenn auch ähnlich schwere Erziehungsfehler. Desinteresse, Gewalt, aber auch übermäßige Leistungsforderungen führen bei den Kindern zu Entmutigung und Selbstzweifeln. Dahinter steht, genauso wie bei den Müttern, die Verführung der Macht. Solange die Kinder klein sind, kann den Eltern (außer bei schwerster Misshandlung und selbst dann schrecklicherweise oft genug noch nicht) niemand diese Macht nehmen.

Väter verlassen ihre Kinder häufiger, denn es wird ihnen in unserer Werteordnung zugestanden. Verlässt eine Mutter ihre Kinder, sinkt sie so tief in der offiziellen Bewertung, dass ihr Selbstwertgefühl das kaum verkraftet. Doch es gibt viele Väter, die zwar ihre Frauen verlassen, aber versuchen, trotz anhaltendem Ärger und Erpressung, einen guten Kontakt zu ihren Kindern zu bewahren. Sie bemühen sich, gute, verantwortungsvolle Väter zu sein. Und es gibt viele Mütter, die durch die Ansprüche der Gesellschaft völlig überfordert sind, denen es durch das herrschende Idealbild der Mutter schwer gemacht wird, sich einzugestehen, dass sie Hilfe brauchen, die als alleingelassene Frauen mit ihrem Schicksal und der Welt hadern. So hindern unsere überkommenen Vorstellungen von Müttern und Vätern uns oft daran, einen besseren Weg für die Entwicklung unserer Kinder zu suchen.

Gabi ist 1942 in Schlesien geboren. Mit drei Jahren muss sie mit Mutter und Bruder und einem Leiterwagen ihre Heimat verlassen. Der Vater ist im Krieg gefallen. Ihr Bruder stirbt an Tuberku-

lose, kurz bevor Gabi mit ihrer Mutter in Bayern ankommt. Die Westdeutschen begegnen den Aussiedlern mit Misstrauen und Vorurteilen. Gabi wächst mit dem Bewusstsein auf, alles verloren zu haben und ihre Kindheit ist überschattet von der großen Trauer der Mutter, die im Westen niemals heimisch wird.
Gabi traut sich ihr Leben lang selbst wenig zu. Sie heiratet jung, ihre große Sehnsucht war immer eine eigene Familie, ein Vater, der für Frau und Kinder sorgt. Solange ihre beiden Töchter klein sind, hat Gabi das Gefühl gebraucht zu werden, etwas wert zu sein. Oft geht sie mit ihren Kindern zum Arzt, weil sie hinter jeder kleinen Unregelmäßigkeit eine schlimme Krankheit vermutet.
Als die Kinder größer werden, begegnet sie deren zunehmender Selbstständigkeit stets mit Angst. Wenn eines der Mädchen zu spät aus der Schule kommt, telefoniert sie sofort mit dem örtlichen Krankenhaus oder der Polizei. Sie will nicht, dass die Kinder an Klassenfahrten teilnehmen oder an Kindergeburtstagen. Überall vermutet sie Gefahren.
Bald zeigt sich, dass Gabis ältere Tochter Lisa die Ängste der Mutter übernommen hat: Sie verlässt früh die Schule, weil sie sich trotz guter Noten das Abitur nicht zutraut. Sie möchte bald heiraten. Gabis jüngere Tochter Evi würde gerne Medizin studieren, doch dazu müsste sie in eine andere Stadt ziehen, um die Universität zu besuchen. Gabi redet so lange auf sie ein, bis sie sich für eine Ausbildung zur Arzthelferin im Heimatort bewirbt. So bleibt Evi immer das Gefühl, etwas im Leben verpasst zu haben.

Wenn Kinder ohne reife Liebe heranwachsen, wenn sie keine emotional stützende Zuwendung und Stärke erfahren, hat das schwerwiegende Folgen für ihre Persönlichkeit. Immer wenn wir uns fragen: »Warum tut ein Mensch so was?!«, sollten wir einen Blick in die Kindheit dieses Menschen werfen.
Ein Defizit an aktiver Zuwendung, an gesunder Kommunikation und Aufmerksamkeit hat, besonders bei Säuglingen und Kleinkindern, wie hier schon mehrfach erwähnt, direkte organische Folgen, denn die synaptischen Verschaltungen im Gehirn entwickeln sich nur reduziert – und damit auch die Intelligenz und

emotionale Interaktion mit allen anderen Menschen. Psychologie und Gehirnmedizin haben in ihren neuesten Forschungsergebnissen aber auch nachweisen können, dass das Verhalten der Eltern sogar auf die Gene der Kinder Einfluss hat. Bei der Untersuchung der Gehirne von Selbstmördern, die in schwierigen Elternhäusern aufwuchsen, wurde eindeutig bewiesen, dass traumatische Erlebnisse, d.h. massive emotionale Stresssituationen im Kindesalter, das Erbgut dauerhaft verändern. Das neue Forschungsgebiet der *Epigenetik* konnte aufzeigen, dass das soziale Verhalten des Umfeldes sogar Gene und ihre gesunde Aktivität blockieren kann. (Durch die so genannte *Methylierung* blockieren Methylmoleküle bestimmte Gene in den Zellen, sodass die Rezeptoren zur Verarbeitung von Stresshormonen ausgeschaltet werden. So bleibt der Stresspegel konstant hoch. Besonders in den ersten drei Lebensjahren gibt es in den Genen viel Methylaktivität. Steht das Gehirn eines Kleinkindes unter Dauerstress, entstehen neue Methylmuster, die die Gene regelrecht umprogrammieren. Das betroffene Kind zeigt auch noch im Erwachsenenalter ein Verhalten, das einem ständigen Überlebenskampf gleichkommt. Die Methylmuster können sogar bis zu vier Generationen weiter vererbt werden. Eine kollektive Traumatisierung, wie zum Beispiel die des Zweiten Weltkrieges, betrifft somit häufig auch noch die heute geborenen Kinder.)

Der Umgang mit Gefühlen, Stress oder Angst hängt wesentlich davon ab, wie die Bindung zur Mutter war. Stress schädigt die Gene und die gesamte Entwicklung des Gehirns. Zurückweisung und Lieblosigkeiten sind schwerwiegender Stress für Kinder, da ja gerade sie auf das Wohlwollen ihrer Bezugspersonen existenziell angewiesen sind und diesem Stress nicht entfliehen können. Je weniger Stabilität ein Kind für seinen Lern- und Individualisierungsprozess bekommt, je höher der Stress- und Angstpegel ist, umso weniger Glückshormone werden ausgeschüttet und von den Nervenzellen aufgenommen. Es herrscht ein stetiger Mangel an Zufriedenheitsempfinden – und die blanke Panik, nicht geliebt zu werden und nicht zu überleben.

Stresshormone verhindern außerdem die Bildung und Verknüpfung der Nervenzellen im Hirn: Stress ist also buchstäblich nervtötend.

In vielen Fällen entstammen Menschen, die furchtbare Verbrechen begehen, aus Verhältnissen, für die wir sie gerne verantwortlich machen würden. Fast alle Vielfachgewalttäter weisen deutliche neurophysiologische Defizite auf. Sie haben schwere narzisstische Kränkungen erfahren, sind als Kinder emotional oder körperlich misshandelt worden. Die Kinder, die wir heute bedauern und betrauern, weil sie vernachlässigt und geschlagen werden, sind – wenn sie es überleben – die Mütter und Väter von morgen. Fast jeder Täter war einstmals Opfer, auch wenn nicht jedes Opfer zum Täter wird.

Es gibt Menschen, die haben in ihrer Kindheit Schreckliches erlebt und werden nicht straffällig, kommen sogar gut mit ihrem Leben zurecht. Warum das so ist, warum einige Menschen psychische Schutzmechanismen entwickeln, es schaffen, ihr Erfahrungs- und Emotionsmuster zu korrigieren, das wissen wir nicht genau. Doch wir wissen, wie viel höher das Risiko ist schlechte Eltern zu werden, wenn man selbst keine gesunde Liebe und Förderung erfahren hat. Wenn ein Mensch Macht über andere bekommt (Untergebene, Gefangene oder eben auch Kinder), zeigt sich seine Vergangenheit im Umgang mit der Versuchung, sein schwaches Selbstwertgefühl über die mögliche Erniedrigung anderer zu erhöhen (siehe auch Milgram-Experiment S. 110).

Mangelnde Zuwendung und psychische Misshandlung kreieren teure Monster. Nach dem *dritten* Lebensjahr sind irreparable Schäden vorhanden, nach dem *sechsten* Lebensjahr ist der Mensch für den Rest seines Lebens in seinem sozialen Verhalten schwer gehandicapt. Psychisch und körperlich misshandelte und vernachlässigte Kinder können nicht mehr selbstbestimmt in ihren Lebensweg eingreifen. Ihre Gehirne sind durch ihre Erfahrungen geschädigt, ihr Verhalten ist der Spiegel der Lieblosigkeit, die ihnen entgegengebracht wurde. Das hält diese bedauernswerten Menschen aber nicht davon ab, selbst wieder Kinder zu bekommen.

Um die Kette des Elends zu unterbrechen, müssen wir also in den ersten Jahren der Kindheit eingreifen. Nur umfangreiche Betreuungs- und Förderungsangebote können hier ein Gegengewicht und Chancen schaffen. Was nützt es, den Eltern Geld zu geben, wenn sie die Verantwortung für ihre Kinder nicht übernehmen, nicht mal begreifen können?! (Was nützt es den Kindern, wenn diese Wahrheit politisch unkorrekt ist?)

Eine Unterstützung der Eltern bei der Betreuung und Erziehung der Kinder, Kontrollen und Förderung in Kindergärten und Schulen sind sinnvoll. Gut ausgebildete Kindergärtner, Ganztagsschulen mit vielen Teamprojekten und kleinen Klassen könnten mangelnder Wertschätzung und unsozialem Verhalten in den Familien etwas entgegensetzen: Sie sind eine der sinnvollsten und nachhaltigsten Investitionen in die Zukunft unserer Gesellschaft. Jeder positive, stabilisierende, orientierungsgebende Einfluss auf die heranreifende Psyche wird instinktiv und dankbar aufgenommen und kann den entscheidenden Ausschlag auf dem weiteren Lebensweg eines sozial belasteten Kindes geben.

Doch die finanziellen Mittel für Fachleute, soziale Betreuung und frühkindliche Förderung werden immer weiter gestrichen (u. a. auch deshalb, weil die positiven Resultate dieser investierten Gelder erst der übernächsten Regierung zugute geschrieben werden – was ein weiteres Zeichen ist für den Mangel an Nachhaltigkeit in unserer Gesellschaft und für die vordergründigen Machtinteressen und die Verantwortungslosigkeit in der Politik).

Auch das alte unrealistische Wertebild der »opferbereiten Mutter«, das einige konservative Politiker nicht bereit sind zu überdenken, verhindert eine optimale Unterstützung aller von Haus aus belasteten Kinder. Ihnen wird so eine mögliche Lebensperspektive genommen und diese unglücklichen Existenzen müssen dann ein Leben lang von der Gesellschaft getragen werden.

Jedes Kind und jede Mutter erfährt eine Unterstützung durch ein zuverlässiges Betreuungsnetz: Eine entspanntere Mutter behält eine gute Beziehung zu ihrem Kind, auch wenn sie es täglich in die Obhut anderer gibt. Zweifel und Schuldgefühle, die durch den überhöhten Anspruch des »Muttermythos« aufkommen, spiegeln sich direkt in messbar brüchigeren, ambivalenten Bindungen zum Kind. Umgekehrt kann eine Mutter die wichtigen emotionalen Bedürfnisse ihres Kindes besser wahrnehmen, wenn sie es auch mal abgibt; sie fühlt sich entspannter und souveräner in ihrer Mutterrolle. Und eine gute Fremdbetreuung kann bei einer instabilen Mutter dem Kind die entscheidende Sicherheit geben, die ihm helfen wird mit seinen Emotionen so umzugehen, dass den Bindungsstörungen für das gesamte Leben entscheidend entgegengewirkt wird.

Friedrich (45) ist leitender Angestellter eines großen Pharmakonzerns. Er ist Vater einer siebenjährigen Tochter, Anastasia. Die Kleine ist ein sehr verträumtes Kind, das wenig Interesse an all den Aktivitäten zeigt, die ihre Eltern ihr bietet. Seit drei Jahren bekommt Anastasia Klavierunterricht, schon mit zwei Jahren hat ihr Vater sie auf die Skier gestellt. Außerdem lernt sie seit einigen Monaten Reiten, doch statt der Pferdebegeisterung anderer kleiner Mädchen hat Anastasia meist Angst vor den großen Tieren.
Trotzdem hat Friedrich seine Tochter schon mit fünf Jahren den ersten Hochbegabtentest machen lassen. Dabei hat sich herausgestellt, dass die Tochter völlig gesund und durchschnittlich begabt ist. Auch ein weiterer Test zwei Jahre später ergab, dass Anastasia Intelligenz und Fähigkeiten auf allen Gebieten denen einer normalen Siebenjährigen entsprechen. Deshalb hat Friedrich beschlossen, seine Tochter bei einem besonderen Förderprogramm anzumelden, das die Intelligenz von Kindern durch Magnetfeldtherapie positiv beeinflussen will. Er macht sich ernsthaft Sorgen um die Zukunft seiner Tochter. In seiner Vorstellung kann sie in dem immer härter werdenden Wettbewerb unserer Gesellschaft mit ihrer Durchschnittlichkeit nicht bestehen.

Das Selbstwertgefühl ist der Kern unserer Psyche und alle unsere Probleme sind auf das Selbstwertgefühl zurückzuführen.

Deshalb sollten wir darauf achten, dass wir unseren Kindern ein starkes Selbstwertgefühl vermitteln und Selbstbilder, die unabhängig sind von den Stereotypen der Werbung und den genormten Vorstellungen von materiellem Erfolg. Denn ein Kind kann nur Verantwortung für sich selbst übernehmen und eine eigene starke Persönlichkeit entwickeln, wenn es von Anfang an lernt, die offiziellen Werte aus der Glitzerwarenwerbewelt zu hinterfragen.

Kinder brauchen und suchen Lebenslehrer. Doch viele Eltern durchschauen, in der Sorge um die Zukunft ihrer Kinder, die zunehmende Gleichschaltung und sinnlose Beunruhigung nicht, die die Medien zum Thema Kindererziehung inszenieren. Als *Delegation* bezeichnet die Psychologie die Übertragung der eigenen unerfüllten Hoffnungen der Eltern auf ihre Kinder. Diese sollen den unbefriedigten Wünschen nach Bewunderung und Anerkennung nachkommen, indem sie »Herzeigekinder« werden. Sie werden zu Castingagenturen geschleppt und zum Privatunterricht geschickt. Kinder können oft nicht unterscheiden zwischen ihrem eigenen Willen und dem von Mama und Papa – aber sie wollen in jedem Fall ihre Eltern nicht enttäuschen und die Harmonie in der Familie nicht gefährden.

Jedes Kind trägt Eigenarten und spezielle Begabungen in sich. Eltern sind dazu da, dieser Individualität Raum zur Entwicklung zu geben und dabei soziales Verhalten zu fördern, indem sie es vorleben. Es gibt viele Begabungen, die unsere Gesellschaft und ihre Werteordnung nicht wertschätzen, die für den wirtschaftlichen Erfolg nicht »gebraucht« werden oder sogar »stören«. Wir sind schon bei der Kindererziehung und im Bildungswesen darauf fixiert, mit messbaren Leistungskriterien und einem Notensystem jedem Kind seinen Wert zu geben und seine Verwertbarkeit in unserem kapitalistischen System zu bestimmen. In den Lehrplänen unserer Schulen gibt es kein Fach mit dem Titel: »Du bist wichtig« oder »Werde eine starke Persönlichkeit«. Kreativität wird im offiziellen Schulsystem immer weiter an den Rand gedrängt, denn sie ist in einer materiellen Werteordnung schwer zu vermessen und ein Widerspruch zu jeder

Konformität. Doch gerade das »Sichausprobieren« ohne Druck und die Förderung sozialer Kompetenzen sind so viel wichtiger für die Entwicklung einer gesunden starken Persönlichkeit als auswendig gelernte Mathematikformeln. Häufig entstehen gerade aus diesen nichtkonformen Energien neue Ideen und eine wichtige Korrektur der herrschenden Werte und Mächte – auch wenn wir das oft noch gar nicht abschätzen können.
Eltern wollen ihre Kinder natürlich versorgt wissen, sie wünschen ihnen ein Leben ohne große Schwierigkeiten und Kämpfe. Eltern haben heute Angst, für ein gescheitertes Leben ihrer Kinder verantwortlich gemacht zu werden. Daher halten sie auch bei der Vorstellung vom Werdegang ihrer Sprösslinge an den offiziellen Erfolgsmodellen fest. Doch »gute« Jobs werden meist an Personen mit Persönlichkeit vergeben – und nicht an gute Noten.
Waren früher Gott oder die historischen Umstände, die Zugehörigkeit zu Ständen am Werdegang eines Menschen schuld, wissen wir heute, wie entscheidend das Verhalten der Eltern für die Entwicklung des Kindes ist. So lastet ein ungeheurer Druck auch auf den Eltern, die einerseits ständig mit dem Idealkind der Medien konfrontiert werden und andererseits zwischen lauter neuen Maßnahmen zur Förderung ihres Kindes entscheiden sollen. Doch solange ein Kind kein Talent und eigenes Interesse für etwas mitbringt, wird es mit Widerwillen oder starker Selbstüberwindung auf das aufoktroyierte Förderungsangebot reagieren. Wir sollten unsere Kinder mehr »sein lassen« und sie nicht ständig auf Werte eichen, die in unserer heutigen, sehr ökonomisch geprägten Vorstellung vom Glück vorherrschen.

Auch Lehrer haben selten die Kompetenz oder die Zeit, jedes Kind genau kennen zu lernen, seine Probleme und Stärken zu erfassen und es individuell zu fördern. Von den Lehrern wird heute ein Ausgleich der Erziehungsfehler der überforderten Eltern erwartet. Doch das ist bei der zunehmenden Orientierungslosigkeit der Gesellschaft und sinnlos überfrachteten Lehrplänen nicht zu leisten. Sowohl unser Bildungssystem als

auch die Ausbildung und Motivation der Lehrer verstärken das Problem zunehmend selbstwertgestörter und überforderter Schüler. Lehrer sollten Menschen sein, die diesen Job wählen, weil sie Vorbilder sein wollen und Kinder bei ihrer Entwicklung unterstützen möchten – und nicht, weil ihnen bei ihrer Berufswahl nichts Besseres einfällt und sie auf eine sichere Rente und möglichst viel Freizeit spekulieren. Sie sollten sich bewusst sein mit welchen Defiziten der Kinder sie heute im Schulalltag konfrontiert werden und sich trotzdem auch immer wieder der Kritik der Schüler und ihrer Kollegen stellen.
Lehrer sitzen an einer wichtigen Schaltstelle der Zukunft jeder Gesellschaft. Sie haben die Möglichkeit der Schwäche und Überforderung der Eltern wenigstens ein paar positive Impulse entgegenzusetzen. Dazu müssen sie neben der Vermittlung des Lehrstoffs die Leitfiguren sein, die viele Kinder in ihrer Erziehung so vermissen. Denn Kinder suchen und orientieren sich instinktiv an starken gelebten Vorbildern. Jeder, der sich dem nicht gewachsen fühlt, sollte sein Leben einer anderen Berufung widmen.

Das Internationale Zentralinstitut für Jugend- und Bildungsfernsehen in München hat 1300 Schüler/innen zwischen neun und zweiundzwanzig Jahren zum Einfluss von Castingshows auf ihr Leben befragt: 60 Prozent der Befragten finden, dass Heidi Klum und Dieter Bohlen mit ihren Shows und ihren Ansprüchen an die Kandidaten genau zeigt, wie man sein muss, um Erfolg zu haben. Die Jugendlichen durchschauen den Inszenierungscharakter der Reality-Shows, trotzdem sind diese Formate ihr Orientierungsmaßstab.

Der Mangel an starken, realen Orientierungsfiguren im Umfeld unserer Kinder wird von den Medien mit ihrer Scheinwirklichkeit und ihren äußerlich überdimensionierten Held/innen ersetzt und vermarktet. Die zunehmenden narzisstischen Störungen bei unseren Kindern (verursacht durch steigenden Leistungsdruck bei abnehmender gesunder Zuwendung) führen dazu, dass sich mittlerweile elfjährige Mädchen mit der Fülle ihrer Hinterteile beschäftigen und auch die größte Sorge der Jungs beim »ersten Mal« nicht das eigene Versagen, sondern das eigene Aussehen ist (siehe auch Bravo Dr. Sommer Studie 2009). Denn auch unsere Jugend versucht längst schon, ihr schwaches Selbstwertgefühl mit Äußerlichkeiten zu stabilisieren.

Es reicht nicht, Geburtenraten nach oben zu wünschen, wenn damit Menschen ins Leben gerufen werden, die für eben dieses nicht mehr ausreichend psychisch gewappnet sind. Fürsorge, Aufmerksamkeit, Respekt und klare Regeln sind die vier Eckpfeiler einer glücklichen Kindheit und eines chancenreichen Lebens. Ein Kind muss sich geliebt fühlen, in seinen naturgegebenen Eigenschaften und Talenten wertgeschätzt, damit es ein Gefühl für ein eigenes Maß entwickeln kann. Ein starkes Selbstwertgefühl ist das Wichtigste, was wir Kindern mit auf den Weg geben können.

Kapitel 6

Wie definiert man Freiheit? – Das eigene Maß

Katja (35) und Vincent (32) leben bereits seit sieben Jahren zusammen, als sie beschließen zu heiraten. Beide hatten nach dem Studium erst mal Karriere gemacht und sich wegen der vielen Arbeit manchmal tagelang nicht gesehen. Doch sie waren ein gutes Team, halfen sich gegenseitig und machten sich keinerlei Vorwürfe.
Als Familien und Freunde immer öfter nach Hochzeit und Nachwuchs fragen, überlegen sie sich eines Abends, den entscheidenden Schritt zu wagen.
Es wird ein rauschendes Fest.
Doch schon kurze Zeit nach der Hochzeit ist Vincent immer unzufriedener. Für ihn war die Eheschließung ein logischer Schritt in einem erfolgreichen Leben. Aber jetzt, wo Katja einen Umzug in eine größere Wohnung auf dem Land mit einem zukünftigen Kinderzimmer organisiert, wird ihm klar, dass er eigentlich doch noch etwas anderes vom Leben erwartet hat. Plötzlich merkt er, dass er in der Beziehung schon seit langer Zeit Leidenschaft und Gemeinsamkeiten vermisst. Doch er spricht nicht über seine Zweifel, hat weder die Motivation noch die Zeit sich um die Beziehung zu kümmern und ihr vielleicht doch noch eine Zukunft zu geben.
Irgendwann lernt er auf einem Golfturnier Tatjana (27) kennen. Die beiden beginnen eine Affäre. Vincent distanziert sich nun noch mehr von Katja. Er ist für alle Warnungen und Vorschläge taub, denn der neue Gefühlsrausch überblendet alles, was Katja und ihn jahrelang verbunden hatte.
Kurze Zeit später beschließen sie sich zu trennen, denn Katja hat mittlerweile von der Affäre erfahren. Obwohl sie verletzt ist, sucht sie nach ihrem Anteil beim Scheitern der Ehe. Sie treffen sich ab und zu, um zu reden und erkennen, dass sie sich schon eine ganze Zeit lang in völlig unterschiedliche Richtungen ent-

wickelt haben, ohne es zu bemerken. Die Affäre mit Tatjana war nur eine Folge dieser Entwicklung; Vincent hat sie ohnehin schon wieder beendet und durch eine weitere ersetzt.
Beide beschließen, die Scheidung einzureichen. Die Anwältin von Katja stellt schnell fest, dass Katja als Selbstständige einen umfangreichen Anspruch auf Versorgungsausgleich und Zugewinn hat, da Vincent, der mittlerweile Geschäftsführer einer mittelständigen Firma ist, finanziell erheblich bessergestellt ist als sie (wegen ihrer langjährigen Vertrautheit hatten die beiden auf einen Ehevertrag verzichtet).
Katja hat acht Jahre ihres Lebens mit diesem Mann verbracht, er hat bei all seinen Fehlern viele gute Seiten, sie haben viel gemeinsam durchgestanden. Es gibt keine Kinder, die zu versorgen sind und Katja ist eine erwachsene, selbstständige Frau mit einem kreativen Beruf, den sie liebt, auch wenn er nicht sehr viel Geld einbringt. Sie will es selbst schaffen sich abzusichern, denn sie selbst hatte sich ja auch für diesen Weg entschieden. Außerdem hat Vincent, seitdem er mehr verdiente als sie, auch mehr für Miete und Urlaube während ihrer gemeinsamen Beziehung bezahlt. Er hat sie immer unterstützt in ihren Zielen. Warum sollte sie jetzt Geld von ihm nehmen, was ihr zwar gesetzlich, aber nicht moralisch zusteht? Die Anwältin versucht trotzdem, Katja zu überzeugen ihr Recht einzufordern und erzählt ihr von ihren guten Chancen vor Gericht. Es ist ihr in ihrer Tätigkeit als Scheidungsanwältin noch nicht oft begegnet, dass jemand nach dem Scheitern der Liebe nicht alle Möglichkeiten ausschöpft, um dem anderen zu schaden oder zumindest »herauszuholen«, was möglich ist.
Auch die meisten von Katjas Freundinnen reden ihr zu von Vincent Geld einzufordern: Immerhin hat er sie kurz nach der Hochzeit betrogen, hat sich stets rücksichtslos mehr um seine Interessen gekümmert als um die Beziehung.
Katja bekommt durch den Einfluss ihres Umfeldes zeitweise das Gefühl, sie würde einen gravierenden Fehler begehen, wenn sie Vincent so »ungeschoren« davonkommen ließe. Immer wieder überdenkt sie ihr persönliches Gerechtigkeitsgefühl – was an-

scheinend so divergent ist zu dem des Gesetzes und ihres Umfeldes. Doch letztendlich muss sie mit ihrer Entscheidung vor ihrem eigenen Gewissen, ihrem eigenen Anspruch an sich selbst leben können.
Sie verzichtet auf alle Versorgungsansprüche und geht ihren Weg. Ein Jahr später trifft sie die Liebe ihres Lebens.

Wie geht er weiter, der Weg der Selbsterlösung durch Bewusstseinserweiterung und Selbstbestimmung?
Wenn wir davon ausgehen, dass wir uns prinzipiell durch neue Erfahrungen verändern und uns von unseren Prägungen und unbewussten, unhinterfragten Handlungsmustern entfernen können, stellt sich die Frage, nach welchen Werten wir uns dann richten sollen. Wenn das offizielle Richtig und Falsch, Gut und Schlecht von uns hinterfragt wurde und seine fremdbestimmende Macht über uns verlieren soll, brauchen wir eine eigene Werteordnung, ein individuelles Maß, an dem wir die Dinge messen, um unsere Freiheit zu praktizieren.
Für eine individuelle, nicht verallgemeinerte Definition von Freiheit gibt es in der bisherigen Menschheitsgeschichte nur ein Beispiel: die Führungsschicht der hellenistischen Antike.
In der antiken griechischen Polis (griechischer Stadtstaat) gab es eine einzige Personengruppe, die als frei galt: die freien Männer. Meist besaßen sie Land und einen Großhaushalt (einen so genannten ›Oikos‹, von dem unser heutiges Wort ›Ökonomie‹ abstammt). Frauen und Sklaven waren nicht frei und mussten von den freien Männern (es war nur eine kleine Gruppe) zum Wohle der Gemeinschaft verantwortungsvoll »geführt« werden. Um dieser Aufgabe, von der viele Leben und die nachfolgenden Generationen abhingen, gewachsen zu sein, musste jeder freie Mann schon als Junge lernen, sein »eigenes Maß« zu finden. Er war verpflichtet, sich ganz bewusst seinen eigenen Verhaltenskodex, seine eigene Moral zu schaffen und zu befolgen. Dazu musste er seine Talente und Vorlieben, seine Verantwortungsposition und die Möglichkeiten, die ihm sein Besitz zur Verfügung stellte, immer wieder abwägen und mit seinen

Entscheidungen und Handlungen abstimmen. Dahinter stand die Idee, dass die Freiheit eines Menschen gerade durch seine eigenen Richtlinien, sein »individuelles Richtig und Falsch«, bestimmt wird.

Es gab also keine allgemeingültige Moral, keine offizielle Vorschrift für Gut und Schlecht. Was für den einen Menschen richtig war, war für einen anderen unpassend, je nach den individuellen Begabungen, Leidenschaften und materiellen Voraussetzungen. Jeder Einzelne brachte andere charakterliche und körperliche Veranlagungen mit für seine Aufgabe und war durch seine eigenen persönlichen Erlebnisse in seinem Leben geprägt. Auch eine allgemeingültige Anleitung, wie so ein Großhaushalt zu führen sei, existierte nicht, denn jeder Haushalt war anders, hatte anderen Grund und Boden, Viehbestände und Sklaven zur Verfügung.

Um dem hohen Status der Freiheit gerecht zu werden, musste also jeder freie Mann selbst seine Grenzen und Werte bestimmen lernen. Dazu wurde ihm in jungen Jahren ein Lehrer zur Seite gestellt, ein Philosoph aus den berühmten Philosophieschulen der Antike. Die Gedanken der bekanntesten Lehrer Sokrates, Platon und Aristoteles zu den großen Themen des Lebens wurden in Dialogform schriftlich festgehalten: Die Rhetorik als sich entwickelnde, fortschreitende Einsicht, verbunden mit ständiger Hinterfragung, war die gängige Form der Wissensweitergabe in der Antike. Die Hybris einer endgültigen und allgemeingültigen Wahrheit wurde so vermieden.

Die jungen Männer wurden also in verschiedenen Dingen geschult (Kampfkunst, Diskutierkunst etc.) – immer mit dem Ziel, sie ihr eigenes Maß finden zu lassen. Mit ihrem Lehrer besprachen sie sich, reflektierten ihre Erfahrungen, Gefühle und Erkenntnisse und überlegten sich ihre Position, ihre Meinung, ihren Umgang mit ihren Bedürfnissen und den Anforderungen ihrer sozialen Stellung. Ihnen standen die Reichtümer der Gesellschaft und alle Möglichkeiten (auch alle sexuellen Varianten) zur Verfügung und umso wichtiger war es, sie maßvoll zu gebrauchen und zu verwalten. Es galt, nicht zu verschwenderisch zu sein. Genauso sollte man aber auch nicht zu asketisch und zu hart mit sich und seinen Bedürfnissen umgehen. Denn von einem guten »Gebrauch der Lüste« hingen alle anderen Menschenleben und der Wohlstand und die Zufriedenheit der Gesellschaft ab. Niemand zwang diese Männer dazu, die eigenen Regeln, das eigene Maß einzuhalten. Man tat es aus dem Privileg der eigenen Freiheit und Selbstbestimmung heraus. Man tat es, um frei zu sein (sowohl von der Fremdbestimmung durch die eigene Lust als auch von der Fremdbestimmung äußerer Gesetze).

Die Suche nach dem eigenen Maß war ein nie endender Prozess, denn jeder freie Mann machte ja ein Leben lang neue Erfahrungen und Körper und Geist verändern sich bis zum Lebensende ständig. (Der Annahme, Frauen seien für die Freiheit nicht genauso begabt wie Männer, widersprachen schon einige Philosophen der Antike und führten ihre Beobachtung und Gespräche mit Frauen ins Feld. Auch Sklaven konnten durch gutes, verantwortungsvolles Verhalten – quasi das eigene gelebte Maß – die offizielle Freiheit erlangen. Doch einer prinzipiellen Gleichstellung aller Menschen war das soziale und wirtschaftliche System der Antike noch nicht gewachsen.)

Ellen (24) leidet sehr unter ihrer großen Nase. Als Teenager wurde sie oft wegen ihres »Zinkens« verspottet. Als sie genügend Geld zusammengespart hat, entscheidet sie sich, nach eindringlicher Beratung, einen Eingriff vornehmen zu lassen. Nachdem Gips und Schwellungen verschwunden sind, ist Ellen sehr zufrieden mit dem Resultat. Ihr Leben scheint wie befreit von einem Dämon, sie verschwendet nie wieder einen Gedanken an ihre Nase und ist mit ihrem Aussehen fortan zufrieden.

Kim (27) hat sich schon als Achtzehnjährige die Brüste operieren lassen. Danach kamen die Fettpolster an Po und Oberschenkeln unter das Messer und sie ließ sich die Lippen aufspritzen. Auch ihre Nase scheint ihr verbesserungswürdig. Nach jeder Operation beobachtet sie die Blicke der Männer und verzweifelt, wenn sie das Gefühl hat, eine andere Frau zieht mehr Aufmerksamkeit auf sich.

Sein eigenes Maß zu finden bedeutet in unserer heutigen Kultur etwas anderes als in der Antike. Unsere heutige Werteordnung schafft eine viel stärkere, subtile Gleichförmigkeit, greift mit ihren Regeln und Vorgaben selbst noch in die privatesten Bereiche des Menschseins ein. Obwohl offiziell Individualität und Selbstverwirklichung gefordert werden, orientieren wir uns an der genau definierten, plakatierten Vorstellung von Gut und Schlecht. Wir werden täglich bombardiert mit Zahlen und offiziellen Grenzwerten für unser Essverhalten (Kalorientabellen, Bodymaßindex und Modelmaße), unser Sexualverhalten (3x die Woche ist angeblich gesund), unsere Intelligenz (ab Quotient 130: überbegabt, unter 100: dumm), die Erziehung unserer Kinder (Windelgrößen, Wachstumstabellen, Schultests, Prüfungszwang) etc. Ein offizieller Kleiderkodex bzw. Modezwang mit Rubriken für »In« und »Out« gibt uns vor, wie und mit welchen Labels wir unserer Individualität Ausdruck verleihen müssen, um »gut« zu sein, anerkannt, hip und jung. Es gibt bei der Ausbildung, Krankenversicherung, Rentenvorsorge genaue Altersangaben und Begrenzungen, genauso wie für den Trainingsplan im Fitnessstudio und die Vorsorge beim Arzt. Immer neue Bereiche unseres Lebens werden von diesen Regeln erschlossen. Krankheiten und Epidemien werden erfunden und vermarktet, Ent- und Behaarungsmittel, Zahnweißer und Verdauungsregulierer. Immer neue Schlagworte lassen uns panikartig einen neuen Trend vermuten, den wir gerade verpassen, egal, ob das Aktien oder eine neue Sportart sind. Nie waren wir so durchleuchtet wie heute, nie so manipulierbar – und nie so unfrei.
Dahinter steht eine gigantische Industrie, die unter dem Vorwand der Lebensverbesserung, auch mit Hilfe der Wissenschaft, ständig neue Produkte vermarktet. Selbst die Machthaber in diesem System sind den Reglements unterworfen. Jeder kleinste Ausfall auf dem Weg vom Elitekindergarten über das Prestigepraktikum bis zur High Potential Universität und dann

zu den »richtigen« Arbeitgebern bedroht den Lebensplan der nächsten Führungsgeneration.
Wenn wir uns diesen statistischen Forderungen entgegenstellen wollen, erfordert das viel Mut, Kraft und ein geübtes Bewusstsein. Freiheit bedeutet heute gegen einen Strom von Gleichheit zu schwimmen, einem subtilen, ständig präsenten Konformismus und Regulatorium die Stirn zu bieten. Man muss sich den offiziellen Maßtabellen entziehen, indem man sich sein eigenes Maß aus all den Daten extrahiert, seinen Körper und seinen Geist vor den ständigen Manipulationen schützt. Freiheit ist heute häufig nur mit einem massiven Widerstand gegen die von der Gesellschaft vorgegebenen Wertemuster zu erreichen. Alles, was als richtig und falsch gilt, muss hinterfragt, die offiziellen Vorbilder vom Sockel ihres Selbstverständnisses gestürzt werden.
»Sehen-und-Gesehen-werden« gehört auf Kinderspielplätze, wo aufmerksame Eltern auf Bänken sitzend ihren Nachwuchs (hoffentlich) liebevoll die ersten Schritte in die Selbstständigkeit gehen lassen. Erwachsene hält es in der Gefangenschaft der Bestätigung durch andere fest. Wir sollten um unserer Freiheit willen die Bilder der Medien, die geschriebenen und ungeschriebenen Gesetze und Verhaltensregeln unserer westlichen Kultur, Dinge, die offiziell und selbstverständlich als wertvoll und bewundernswert gelten oder auch von der Masse verurteilt werden, nicht länger als unumstößlich ansehen. Selbstbestimmung braucht neue Werte und Handlungsmuster bis in den eigenen Alltag hinein und ihr Freiheitspotenzial muss immer wieder und weiter überprüft werden. Anstand und Moral müssen etwas sein, das wir für uns selbst entscheiden und leben, egal, wie sich alle anderen verhalten, egal, ob es gerade einfach oder unbequem ist sich nach diesen selbst gewählten Regeln zu richten oder ob das irgendeine äußere Instanz überprüfen und bestrafen kann. Der Vorteil für uns selbst ist dabei nicht am materiellen Zugewinn zu messen oder an der Anerkennung der anderen, sondern an dem tief empfundenen Gefühl für ein sinnvolles, stabiles, gesundes Leben, für Dinge, die »satt« ma-

chen, jenseits von Rausch und innerem Reißen, Getriebenheit und Größenwahn. Es ist die andauernde Mühe um die Eigenverantwortung, die uns ein stabiles Selbstwertgefühl beschert, uns tragende und ausfüllende Beziehungen in unser Leben bringt und das selbst gemachte Leid daraus vertreibt.

Das eigene Maß ist ein Mittel gegen die immer weiter um sich greifende Fremdbestimmung durch die Medien, Wissenschaft und Industrie. Sie können uns nur nutzen, wenn wir sie beherrschen – und nicht umgekehrt. Doch dafür brauchen wir unsere eigenen Regeln, kreiert aus unseren eigenen bewussten Erfahrungen, Talenten und Leidenschaften, erkämpft gegen den ewigen Druck etwas zu verpassen, fremde Aufmerksamkeit zu verlieren und herauszufallen aus dem offiziellen Lebensplan für Erfolgreiche.

Und so seltsam das klingt: Unsere Probleme sind das Tor zu unserer Freiheit, denn unser Unglück ist ein eindeutiges Zeichen dafür, dass die geltenden Regeln und Werte nicht zu uns passen und es ist die beste Motivation für Veränderung.

Kapitel 7

Wer ewig strebend sich bemüht – Veränderung als Lebensprinzip

Nicole und Oliver kennen sich seit der Schulzeit. Nach dem Abitur beginnt Oliver in einer andere Stadt an einer angesehenen technischen Universität zu studieren. Nicole zieht zu ihm, obwohl sie keinen Studienplatz hat. Anfangs kellnert sie in einer Kneipe, danach arbeitet sie in einer Boutique. Sie weiß nicht so recht, welcher Beruf sie interessiert und hat auch keine Lust, sich wirklich mit dem Problem auseinanderzusetzen. Gleichzeitig sehnt sie sich nach Sicherheit. Eigentlich wartet sie nur darauf, dass Oliver seinen Abschluss macht und sie mit ihm eine Familie gründen kann. Sie umsorgt ihn, der sich das gerne gefallen lässt, kümmert sich um den Haushalt und kocht. Sie vertraut auf seine Bequemlichkeit, begleitet ihn auf jede Studentenparty und ins Fitnessstudio, immer von der Angst getrieben, dass er irgendwo eine andere kennen lernen könnte.

Fünf Jahre später hat Oliver seinen Abschluss mit Auszeichnung in der Tasche. Zum Junggesellenabschied plant er mit seinen Kumpels ein Skiwochenende in Österreich. Heimlich mietet sich Nicole im selben Hotel mit ihren Freundinnen ein und als sich sogar ihre Schwester darüber wundert, behauptet Nicole, sie habe nur Angst, dass sich Oliver, wenn er zu sehr feiert, verletzen könnte.

Das frisch vermählte Ehepaar zieht in die Nähe von Nicoles Eltern, bekommt drei Kinder und Oliver arbeitet als Ingenieur in einem großen Konzern. Nicole hat jetzt alles, wovon sie immer träumte: Oliver hat sie geheiratet, sie hat ein Haus und Kinder, sie hat es geschafft, ohne viel dafür kämpfen zu müssen.

Eines Tages, die Kinder gehen schon ins Gymnasium, wird Nicoles Vater krank und stirbt nach einem halben Jahr. Oliver zieht sich in dieser Zeit immer mehr zurück: Am Schicksal seines Schwiegervaters wird ihm klar, wie schnell das Leben zu Ende und wie sehr es von den Erwartungen anderer bestimmt sein kann. Nach der Beerdigung sagt er Nicole, dass er nicht länger bereit ist, die ihm zugedachte Funktion in ihrem Lebensentwurf zu erfüllen und verlässt sie. Für Nicole bricht die Welt zusammen.

Probleme sind Aufgaben, die uns das Leben stellt. Und das Leben stellt uns immer wieder vor die gleichen Aufgaben, konfrontiert uns mit den unverarbeiteten Emotionen der Vergangenheit und fordert von uns ihre Bewältigung. Haben wir eine dieser Lebensaufgaben gelöst, kommen wir voran, fühlen uns sicherer, stärker, gelassener, können mit schwierigen Situationen besser umgehen und das Leben mehr genießen. Wir kommen der Freiheit ein Stück näher, wenn wir uns von der Fremdbestimmung durch alte Wunden lösen.

Versuchen wir die Schmerzen zu umgehen, treten wir auf der Stelle und geraten immer wieder in die gleiche Situation. Wir haben so lange die gleiche Art von Beziehung, die gleiche Jobsituation, die gleiche Art von Freundschaften, Krankheiten, Süchten, bis wir die Aufgabe, die uns das Leben vorsetzt, wirklich angehen. Wir werden immer wieder und weiter darauf hingewiesen, wenn etwas nicht »gesund«, nicht gereift ist, wenn wir in Verhältnissen leben, in denen wir uns nicht entfalten können, die lieblos und rücksichtslos sind, in denen andere auf unsere Kosten ihren Interessen nachgehen – oder aber auch umgekehrt. Das Leben legt uns Stolpersteine in den Weg, die anfangs klein sind und wenn wir sie ignorieren, immer größer werden: Wir stehen immer wieder vor denselben Problemen, wenn wir uns weigern, falsche Verhaltensmuster, falsche Regeln zu erkennen, umzudenken, bewusst umzulernen und neue Orientierung zu suchen.

Doch selbst wenn wir schon auf dem richtigen Weg sind, träumen wir noch oft genug davon, es möge einer kommen, der alles »gut macht«. So etwas passiert nicht. Es passiert nur, wenn wir gar nicht mehr daran denken. Es passiert, wenn wir das Problem vorher selbst gelöst haben und so weit sind, diesem tollen Menschen, dem tollen Angebot gewachsen zu sein. Nur wer sich mit Schwierigkeiten auseinandersetzt, sie nicht verdrängt, nicht vor ihnen flieht oder sie anderen zuschiebt, bekommt etwas »geschenkt«. Wenn wir darauf warten, dass sich etwas von alleine löst, verhalten wir uns wie Kinder, die ihr Leben nicht selbst bestimmen können.

1. Widerstände

Christian (54) stammt von einem kleinen Bauernhof aus Oberbayern. Dort wuchs er mit sieben Geschwistern auf. Sein Vater war sehr streng, die Mutter sehr unglücklich. Als Kind hat Christian nur von einem geträumt: reich sein.
Mit viel Geschick, Fleiß und seinem bayrischen Charme hat er es zu einem erfolgreichen Bauträger geschafft. Er wohnt in einem großen Haus mit mehreren Badezimmern und fährt im Sommer mit seiner teuren Limousine, die mit allen technischen Extras und sogar einer kleinen Champagnerbar ausgestattet ist, nach Verona, um sich dort in der ersten Reihe im Parkett direkt hinter dem Dirigenten romantische Opern anzuhören.
Mit dem Selbstverständnis des Reichtums stellte sich rasch eine neue Unzufriedenheit und Sinnsuche in Christians Leben ein. Daher beeindruckt er gerne junge Frauen mit seinem Luxus, um in ihren Augen seinen Erfolg wieder zu spüren – und so reicht nun auch schon seine dritte Ehefrau die Scheidung ein.
Christian wäre gerne selbst ein berühmter Opernsänger, vermutet das wahre Glück in einem großen künstlerischen Talent. Da diese Sehnsucht unerfüllbar bleibt, kann Christian sie in immer schöneren Bildern ausschmücken.
Im Winter mietet er sich in einem teuren Wellnesshotel in Kitzbühl ein. Dort trifft er Menschen, die noch mehr Geld haben als er, die mit einem Privatjet am Münchner Flughafen anreisen, nur um ein paar Tage Ski zu fahren. Sie haben Firmen überall auf der Welt, Villen am Meer und Appartements in New York und sie können sich niemals länger als fünf Minuten in einem Raum aufhalten, wo kein Bildschirm mit aktuellen Aktienkur-

sen läuft. Plötzlich ist sich Christian sicher, dass er erst glücklich wird, wenn er es ihnen gleichtut.

Es fällt schwer, sich der Frage nach dem eigenen Glück aufrichtig zu stellen, wenn um uns herum scheinbar nur junge, glückliche, selbstbewusste, coole Leute an weißen Stränden herumtanzen, die alle keine Probleme zu kennen scheinen. Wir geben uns so viel Mühe glücklich zu sein, versuchen alle Vorgaben zu erfüllen – vielleicht haben wir uns ja nur noch nicht genug angestrengt und wenn wir nur erst dies oder das hätten, dann wäre doch endlich alles gut ...?!
Wir suchen uns Ziele, die wir niemals verwirklichen können. Wir träumen von einem großen Talent, von großer Schönheit oder Jugend und da sie oft mit keinem Mittel der Welt zu erreichen sind, bleibt das System »Wenn-ich-das-hätte-würde-alles-gut« stabil. So können wir weiterhin glauben, die Probleme unseres Lebens würden sich mit dem Besitz dieser Dinge automatisch auflösen. Tagträume sind wie Pflaster für die verwundete Seele und viel einfacher, als sich in die Untiefen der eigenen Gefühlsmuster zu begeben und die Ansprüche und das eigene Selbstbild zu hinterfragen. Lieber hoffen wir weiter, dass unser Glück von etwas Äußerem abhängt, als uns der Ursache unserer treibenden Sehnsucht nach diesen unerreichbaren Traumzielen zu stellen. Aber warum halten wir jahrelang Zustände voller Frustration und Unzufriedenheit aus, nur um uns nicht verändern zu müssen?
Unser Unterbewusstsein kennt keine Zeit, d.h. die Sorgen, Nöte und Sehnsüchte unserer Kindertage sind dort zeitlos archiviert; die Ängste und Seelenschmerzen sind so frisch, als wären sie eben erst passiert. Auch wenn wir heute lächeln über unsere Kinderängste und Kinderwünsche: Unsere Psyche betreibt viel Aufwand, damit wir sie in ihrer ursprünglichen Heftigkeit nicht wieder spüren müssen. Sie kreiert Verhaltensweisen und Welterklärungen, die unsere alten unverarbeiteten Ängste und die Wut nicht an die Oberfläche unseres aktuellen Lebens kommen lassen. So lange es irgendwie geht, versuchen wir mit den

Glücksversprechen der Gesellschaft der Wahrheit unserer Gefühle zu entkommen, um diese schmerzvolle Einsicht und die unbequemen Konsequenzen zu vermeiden. Die Psyche will heilen – aber bitte ohne Schmerzen! Leider geht das nicht.
Darüber hinaus wird die ganze Ausrichtung unseres bisherigen Lebens durch die Einsicht in unsere Prägungen infrage gestellt. Denn all unsere Ziele und Glaubensgrundsätze sind ja überschattet von den Defiziten und falschen Werten unserer Erziehung. Die Notwendigkeit der Trauer um die verlorene Zeit, die vergeudete Energie, die verpassten Gelegenheiten sind ein großer Widerstand gegen die Wahrheit. Doch es braucht immer eine Zeit der Instabilität, um wirklich etwas zu ändern. Und daher kommen wir um diese irritierende, schmerzhafte Infragestellung nicht herum auf unserem Weg zur Freiheit.
Häufig gestehen wir uns erst ein, dass wir nicht glücklich sind, uns leer und gejagt fühlen, wenn wir richtig zusammenbrechen, unser Leben kollabiert und wir uns als totale Versager fühlen. Erst dann sind wir bereit, dem Eingeständnis auch unbequeme Konsequenzen folgen zu lassen und wirklich etwas grundsätzlich zu ändern. Oft braucht es schockartige, existenziell bedrohliche Erlebnisse, eine schwere Krankheit, eine plötzlich gescheiterte Beziehung oder eine Kündigung im Job, um uns mit dem Verdrängten, mit dem Ursprung unserer Erfahrungsmuster wieder in Berührung zu bringen. Dann begreifen wir langsam, dass wir selbst etwas tun müssen, dass wir in etwas feststecken, das sich nicht mit dem nächsten Partner oder Job oder einem ausgiebigen Einkaufsbummel beheben lässt. Eine solche tief greifende Veränderung bereitet Mühe und Schmerzen, Unsicherheit und Angst. Sie bringt unser ganzes Leben durcheinander und deshalb haben wir auch so lange wie möglich versucht, einen anderen, weniger schwierigen Weg zu finden. Unser Selbstwertgefühl wird durch die Einsicht, dass etwas nicht stimmt mit unserem Leben, mit uns selbst, noch weiter angegriffen.
Wir können diese Ambivalenz auflösen, die in unserem Unterbewusstsein konservierten Kinderschmerzen, Kindersehnsüch-

te verarbeiten und dadurch freier und stärker und glücklicher werden. Dieser Wunsch muss nur größer sein als die Angst vor der Reinigung alter Wunden und Glaubensgrundsätze. Es erfordert viel Mut, diesen Weg zu gehen, aber er lohnt sich.

Es gibt eindeutige Hinweise auf diese vergrabenen Altlasten: Brauchen wir äußere Anerkennung in einem Übermaß, um unser schlechtes Selbstwertgefühl zu kompensieren, uns durch den Besitz bestimmter Dinge gut zu fühlen? Haben wir eigentlich gar keinen Zugang zur Welt, rennen ständig hinter etwas her und betrachten gleichzeitig alles um uns herum wie »Fremdkörper«, die uns letztlich nicht wirklich erfüllen? Brauchen wir von diesen Fremdkörpern immer mehr und neuere, teurere, schickere, größere, schnellere, hübschere, ohne dass die Sehnsucht endlich Ruhe gibt? Wie weit können wir die schönen Sachen, unsere Erfolge genießen, für uns ausschöpfen, geben sie uns Kraft? Oder suchen wir uns immer wieder Ziele, die völlig unrealistisch sind, die uns in der Utopie eines besseren Lebens festhalten? Glauben wir von manchen Menschen (oder ihrem Umfeld), sie könnten uns aufwerten und glücklicher machen? Stellen wir durch die Meinung anderer unseren Wert grundsätzlich infrage oder erhebt uns jedes Lob in einen Rausch (der leider auch wieder schnell vergeht)? Ist uns die eigene Fassade wichtiger als ein ehrlicher Kontakt zu anderen, die dann auch um unsere Fehler und Schwächen wissen? Verbindet uns wirklich etwas mit den Menschen, mit denen wir uns umgeben? Können wir uns auf unseren Partner richtig einlassen, schaffen wir es, ihm zu vertrauen?
Glauben wir sehnsüchtig, dass unser Glück sofort eintritt, wenn wir die Insignien des Erfolges nur hätten, dann ist das ein erster Hinweis darauf, dass wir damit alte Kindersehnsüchte stillen wollen. Eine wirklich glückliche Kindheit (und nicht eine, die wir uns als solche zurechtzimmern) mit genügend Liebe und Wertschätzung lässt diese übermäßige, neurotische Sehnsucht nicht aufkommen. Natürlich strebt auch ein Mensch mit einer gesunden Kindheit nach Anerkennung und Liebe, aber er hat

nicht diese ihn treibende, »reißende« Sehnsucht, die ihn abhängig macht, unfrei und fremdbestimmt, die ihn an seine Träume fesselt oder ihn immer weiterrennen lässt in der Hoffnung irgendwann im »totalen Hype« anzukommen. Die Übergänge sind (wie immer) fließend. Eine unreife Persönlichkeit fällt nicht völlig heraus aus den Prinzipien des normalen Verhaltens. Sie übersteigert sie nur. Der Traum vom totalen Glück ist nur eine Steigerung des Traums vom Glück.

Neben den bewussten Tagträumen gibt es auch noch die Träume, die wir im Schlaf haben und deren Inhalt wir nicht steuern können. Manchmal empfinden wir sie als schön, manchmal erschrecken sie uns. Nur wenn sie uns emotional sehr stark berühren, können wir uns nach dem Aufwachen noch an sie erinnern, denn eigentlich sollten unsere Traumemotionen unseren Schlaf nicht stören. Die Erlebnisse des vergangenen Tages sollen dezent in den Traumbildern verarbeitet werden. Sind wir aber in unserer Wachphase sehr stark emotional gefordert (auch wenn wir das gar nicht so stark wahrnehmen oder wahrnehmen wollen) oder wenn unsere Erlebnisse an verdrängte Gefühle anknüpfen, holen unsere Emotionen uns in ihrer Intensität oft in den Nachtträumen wieder ein. Unsere Empfindungen sind dann in seltsamen Bildern verschlüsselt, um sie abzuschwächen und weiterhin vor unserem Bewusstsein zu »vertuschen«. In Schlafträumen ist unsere Psyche immer wieder mit unseren Ängsten und Sehnsüchten konfrontiert, die wir uns im wachen Zustand so nicht eingestehen können. Sie »dämmern« herauf und fordern ihr Geltungsrecht ein – gegen alle Werte und Konventionen. Freud bezeichnete unsere Träume deshalb als »Königsweg zum Unterbewussten«.

Es gibt keine allgemeingültige Übersetzung der Traumsymbole: Das Unterbewusstsein jedes Menschen lässt seine Träume aus den eigenen Tageserlebnissen (*Tagesresten)* in Kombination mit den eigenen Emotionen, Lust- und Angstmustern entstehen. Dadurch ist die Bewertung der Traumsymbole zum größten Teil individuell. (Für den einen Menschen ist ein Hund etwas Positives, etwas, das er sich vielleicht immer gewünscht hat, weil er Hunde liebt. Jemand anderes hat dagegen Angst vor Hunden und wenn in seinen Träumen ein Hund vorkommt, steht das für etwas Bedrohliches. Andererseits empfinden die allermeisten Menschen es als wunderbar, wenn sie im Traum einfach fliegen können und fast jeder hat Angst, wenn er im Traum mit einem Flugzeug abstürzt.)

Ein eindeutiger Hinweis auf uneingestandene Ängste und Probleme sind Träume, die immer wiederkehren. Träumen wir regelmäßig davon aus großer Höhe herunterzufallen oder nackt vor einer Menschenmenge zu stehen, ohne dass uns das je im Leben wirklich passiert wäre, können wir davon ausgehen, dass unsere Fantasie diese Situationen im Traum erschafft, um Hinweise zu geben auf verdrängte, drängende Gefühle. Ihre Bedeutung wird häufig schon klar, wenn man nur die Worte beachtet, mit denen wir selbst diese Träume erzählen und unsere Emotionen dazu beschreiben: »In die Tiefe stürzen, ohne Halt«, »bloßgestellt von allen begafft werden«. Ein Traumtagebuch, in das wir die Träume direkt nach dem Aufwachen in Worte übersetzen, kann uns hier große Dienste bei der Selbsterkenntnis leisten. Wenn die Emotionen erst mal aufgeschrieben vor uns stehen, dann lassen sie sich nicht wieder so schnell verleugnen.

Ein anderer Hinweis auf Altlasten in unserem Unterbewusstsein, die unser aktuelles Leben beeinträchtigen, sind emotionale »Ausraster«. Immer wiederkehrende Wutattacken, aber auch plötzliches unvermitteltes Weinen oder völlige Gefühlstaubheit stehen für starke Gefühle, die aus dem Unterbewusstsein heraufdrängen. Meist werden sie durch eine vergleichbare Situation, die an unsere Erfahrungen der Kindheit anknüpft, hervorgerufen oder verstärken sich im Laufe der Zeit, die diese belastende Situation anhält. Denn durch unsere Sehnsucht nach Wiedergutmachung drängt uns unser Unterbewusstsein ja immer wieder in die Wiederholung der Vergangenheit – bis wir sie endgültig bewältigen und uns von den alten Ängsten und Sehnsüchten befreien.

Karl (66) hat seit einem halben Jahr starke Schmerzen beim Wasserlassen, doch er geht nicht zum Arzt. Wenn es Krebs wäre, müsste er sich mit dem Tod auseinandersetzen, nach dem Sinn seines bisherigen Lebens fragen und dem fühlt er sich nicht gewachsen.

Renate (48) weiß, dass ihr Mann sie seit Jahren betrügt, aber sie spricht ihn nicht darauf an. Sie hofft, dass er irgendwann damit aufhören wird. Sie will nicht darüber nachdenken, warum er das tut, ob ihr Mann nicht richtig glücklich ist mit ihr – oder ob es nicht längst Zeit wäre einen Egomanen wie ihn zu verlassen. Der demütigende Betrug scheint ihr Selbstwertgefühl weniger zu bedrohen als Statusverlust und Einsamkeit.

Ines (27) macht jeden Tag Überstunden, um das Chaos, das ihr Abteilungsleiter täglich anrichtet, auszugleichen. Sie fragt weder ihn noch höherstehende »Entscheidungsträger« der Firma, warum sie ihre Freizeit und Gesundheit für die Fehler eines anderen hinhalten muss. Sie hat Angst vor dem Konflikt, Angst vor der schlechten Laune ihres Chefs, wenn er seine Ziele nicht erreicht, sein neurotisches Selbstbild gekränkt und seine permanente Überforderung offensichtlich wird. Dabei weiß sie, dass er ihr nach all den Jahren in der Firma nicht einfach kündigen kann, und dass viele ihrer Kollegen ebenfalls unter ihm leiden.

Paul (9) wird täglich von seinen Mitschülern geärgert und herumgeschubst. Als die Sportlehrerin ihn fragt, woher er die blauen Flecken hat, erfindet er eine Geschichte. Er hat Angst, wenn er den Erwachsenen von den Rüpeleien der anderen Kinder erzählt, wird es noch schlimmer.

Konstantin (33) wird von seiner Freundin Anke (35) gefragt, ob er sie zu dick finde. Dabei findet sie sich selbst zu dick. Warum nimmt sie nicht ab, sondern fragt ihn? Warum sagt er ihr nicht offen, dass er sie mit fünf Kilo weniger Speck am Po schöner fände? Warum versteckt er sich hinter der Ausrede »Ich will sie nicht verletzen«, wenn es ihn doch ärgert, dass sie zu bequem ist mit ihm joggen zu gehen und er sich dabei im Park schon einige Zeit nach anderen Joggerinnen umdreht?

Warum verhalten wir uns nicht richtig, obwohl wir eigentlich genau wissen, was das Richtige wäre? Warum fürchten wir uns so sehr vor der Veränderung, den Konsequenzen des richtigen Verhaltens? Warum sind wir schwach? Und warum schaffen es einige Menschen trotz Unsicherheit, Angst und Schmerzen an sich zu arbeiten, sich den eigenen Problemen zu stellen – und so viele andere aber nicht?

Kant schreibt in seinem berühmten Aufsatz zum Thema »Was ist Aufklärung?«: »Aufklärung ist der Ausgang des Menschen aus seiner selbstverschuldeten Unmündigkeit. Unmündigkeit ist das Unvermögen, sich seines Verstandes ohne Leitung eines anderen zu bedienen. Selbstverschuldet ist diese Unmündigkeit, wenn die Ursache derselben nicht am Mangel des Verstandes, sondern der Entschließung und des Mutes liegt, sich seiner ohne Leitung eines anderen zu bedienen. Habe Mut dich deines eigenen Verstandes zu bedienen.« (Kant: »Beantwortung der Frage: Was ist Aufklärung?«, 1784)

Kant und die Aufklärung haben sich bemüht den Menschen freier und selbstverantwortlicher zu machen, indem sie von ihm forderten über die (gesellschaftlichen) Verhältnisse zu reflektieren und sich selbst eine neue, vernünftigere Moral zu schaffen, entgegen der damals noch allgegenwärtigen Leitung durch die Kirche. Moralisches Verhalten sollte nicht länger mit Gottesfürchtigkeit begründet werden, sondern sich aus der Vernunft ergeben.

Auch wenn Kant von emotionalen Verhaltensmustern und der Stärke der Prägungen in der Kindheit noch nichts wusste und seine idealisierte Verstandesleistung mittlerweile zur Diskussion steht, ist seine Aussage über die Selbstverschuldung der eigenen Unmündigkeit aus »mangelndem Entschluss und Mut«

sehr interessant. Demnach wären Mut und Entschlusskraft die revolutionären Gefühle, die die alte Menschheitsfrage beantworten, warum einige Menschen Verantwortung für ihr Leben, ihre eigene Meinung, ihre eigenen Werte und Bewertungen übernehmen und andere nicht.
Der Blick nach innen erfordert Mut. Als Kinder sind wir oft von unseren Eltern entmutigt worden, ihre mangelnde Wertschätzung, ihr Fehlverhalten haben uns den Mut genommen, unseren eigenen Weg zu finden.
Wir müssen Mut und Entschlusskraft als etwas erkennen und erfahren lernen, das uns weiterbringt in Richtung Freiheit und Glück. Wir fürchten uns vor unserem Unterbewusstsein und seinen gehorteten Ängsten, die dorthin verdrängte Wut, die uneingestandenen Sehnsüchte, die Schatten der Vergangenheit. Aber in genau diesen unverheilten Wunden liegt die größte Gefahr für das Glück unseres Lebens.
Gerade das, was wir selbst nicht sehen wollen, nehmen die Menschen in unserem Umfeld umso deutlicher wahr, leiden darunter, ärgern sich darüber. Gerade weil wir uns der Infantilität unserer Ängste und Wünsche nicht bewusst werden wollen, sind wir so angreifbar.
Doch wenn wir um unsere wunden Punkte selbst wissen, wer sollte uns dann noch damit verletzen können? Wäre es nicht ein Stück Freiheit, jemandem, der einen schmerzhaft auf einen Fehler aufmerksam macht, zu entgegnen: »Ich weiß, und ich arbeite daran!« Hätten wir den Angreifer dadurch nicht schachmatt gesetzt? Wie würden wir selbst auf jemanden reagieren, der diese Größe hätte, diese Reife? Mut ist der Moment, sich mit der Kraft seines Verstandes die eigenen Wunden anzusehen, das eigene Versagen bei der Umsetzung seiner Wünsche und Träume einzugestehen: Warum möchte ich etwas sein, etwas haben (was für mich unerreichbar ist)? Warum kann ich das Leben in seiner Banalität nicht akzeptieren und in seinen realen Möglichkeiten leben? Warum bleibe ich in der immer gleichen Schleife (aus Leid und Hoffnung) hängen?

Ingrid (27) liebt ihren Freund Frank (33). Trotzdem bekommt sie ihm gegenüber immer wieder Wutausbrüche, schreit ihn wegen Lächerlichkeiten an: Es kommt über sie, ohne dass sie es steuern kann. Ihre Freundin rät ihr, dass sie Frank besser verlassen sollte, wenn sie zu solchen negativen Gefühlen ihm gegenüber fähig ist. Doch eigentlich hat Ingrid selbst furchtbare Verlustängste und fragt sich, wie lange Frank diese Wutausbrüche noch erträgt.
Eines Tages besucht sie ihre Mutter, die wieder einmal schlechte Laune hat und sie an Ingrid auslässt. Ingrid merkt, wie enttäuscht sie ist, da sie sich auf den Besuch gefreut hatte. Plötzlich fällt ihr auf der Heimfahrt im Auto auf, dass sie ihre Mutter gleichzeitig liebt und hasst, bei jedem Besuch auf gute Laune hofft und auf ein schönes Beisammensein und eigentlich unglaublich wütend ist, dass die Mutter sie so oft so schlecht behandelt und enttäuscht. Ihr wird klar, dass ihr Leben lang ihre Liebe zu ihrer Mutter mit dieser Wut einherging, dass sie auch in der Beziehung zu Frank neben aller Liebe immer diese Wut findet – und dass sie hofft, dass Frank diese Wut erträgt und sie trotzdem nicht verlässt.
Sie hat für den Moment das Gefühl ein Kronleuchter würde in ihrem Hirn aufglimmen, so ungeheuerlich ist ihr diese Einsicht: Sie muss anhalten, weil sie unfassbar aufgewühlt ist von dieser Erkenntnis. Es fühlt sich an, als würde sich in ihrem Kopf etwas verschieben.

»Erkenne dich selbst« – dieser Satz von Sokrates, der auch über dem Eingang zum Orakel von Delphi steht, begründet unsere abendländische Kultur. Er ist der nächste Schlüssel zur Tür der Freiheit: Jeder Veränderung muss Erkenntnis vorangehen. Durch die richtige Analyse unserer Verhaltensmuster und Werteprägungen, unserer Grundkonflikte beginnen wir lebens- und glücksfeindliche Werte und Denkmuster infrage zu stellen. Nur so können wir sie nach und nach ablegen und uns neue Orientierung suchen und unser Leben verändern.

Wir müssen erkennen, was unsere Ängste und Zwänge, das »innere Reißen« verursacht, was uns in die Sehnsucht nach Wiedergutmachung treibt, uns anfällig macht für die falschen Wege zur Erfüllung. Wir müssen verstehen, wie wir zu unserer Weltsicht und unseren Denkmustern, unserem schlechten Selbstwertgefühl gekommen sind, was uns zu Getriebenen macht. Auf dem Weg zur Freiheit müssen wir die Zusammenhänge, die Entstehungsgeschichte unseres Selbstbildes und Selbstwertes verstehen lernen, genauso wie die Werte unserer Familie, unserer Gesellschaft, das offizielle Richtig und Falsch, das uns fremdbestimmt und uns über unsere Ängste manipuliert. Wir müssen unsere Unfreiheit begreifen, um frei zu werden.
Verstehen ist, entgegen unserem Bild von kalter Logik, ein gefühlter »Aha-Moment«, ein emotionaler Vorgang: Es macht »klick« und wir haben das Gefühl, den richtigen, wahren Zusammenhang erkannt zu haben. Wir »spüren« es, wenn wir plötzlich kapieren, warum zwei plus zwei vier ergibt oder wenn wir erfassen, dass wir deshalb vom Ehrgeiz durchs Leben gepeitscht werden, weil unsere Eltern auf unsere Leistungen fixiert waren oder wenig Zeit und wirkliche Aufmerksamkeit für uns hatten und uns damit ständig ein Gefühl von Wertlosigkeit vermittelten.
Die Erkenntnisse über uns selbst, die »Wahrheit« über das, was unser Leben bestimmt, ist eine Emotion, die uns in ihrer Stärke tief berührt. Alte Gefühle tauchen auf, die Enttäuschungen und Schocks unserer Kindheit werden uns bewusst, die Angst vor Zurückweisung, vor der überlebensbedrohenden Einsamkeit.
Wir kamen auf die Welt voller Lebens- und Entfaltungsdrang und diese unverstellte Direktheit unserer Liebe, diese Scham- und Schuldlosigkeit konfrontierte die uns umgebenden Erwachsenen mit ihren eigenen Hemmungen, unbewussten Enttäuschungen, weckt verdrängte Schmerzen und Wut. Sätze, wie »Was willst Du denn schon wieder?!«, »Das kleine Fräulein weiß ja mal wieder genau, wo es was zu holen gibt!«, »Sei doch nicht so langsam!«, »Du gehst mir heute mal wieder echt auf die Nerven!«, vermitteln Kindern schon im Kleinkindalter allein durch

den Tonfall: Ich bin nicht richtig. So wird Lebendigkeit, Liebesbedürftigkeit und Lebenslust mit »schlecht« bewertet und nach und nach gebremst durch Schuldgefühle.
Schuld wird selten direkt zugewiesen, sondern wirkt durch die elterliche Überforderung unterschwellig auf die heranreifende Psyche des Kindes. Schauen wir anderen Eltern im Umgang mit ihren Kindern zu, wird uns schnell die Tragweite dieser Tatsache bewusst – und was das für unser eigenes Leben bedeutet. Auf Dauer können diese Schuldgefühle, dieses »Ich-bin-nicht-richtig« ganze Leben zerstören. »Ich kenne nur ein Mittel, um mit meinem Gewissen Frieden zu machen, und das heißt leiden, so viel es geht. So viel Leid wie möglich erfahren«, schrieb Saint-Exupéry an seine Frau, zog in den Krieg und stürzte ab.
Auch wenn wir schon lange unglücklich sind, neigen wir leider dazu zu glauben, es hätte nichts mit unserer Vergangenheit, mit unseren alten Erfahrungsmustern zu tun. Wir halten daran fest, dass unsere Kindheit wunderbar war oder wir alles längst hinter uns gelassen haben. Wir versuchen der unfassbaren Frage zu entgehen: Warum waren die Menschen, die uns erzeugten, nicht stärker, warum haben sie nicht ihre Verantwortung getragen, warum haben sie uns in unserer Einzigartigkeit nicht erkannt und uns besser geholfen diese Einzigartigkeit optimal zu entwickeln? Warum haben sie uns so viele Steine in den Weg gelegt, ihre Schwächen und Probleme an uns ausgelassen, uns missbraucht für ihr eigenes schwaches kleines Selbst? Und um es erneut zu betonen: Die Gefühle, die mit diesen Fragen heraufkommen, sind so schlimm, so tief und verzweifelt, dass wir sie damals in der Kindheit bei ihrer Entstehung verdrängen mussten, weil wir sie nicht verarbeiten konnten und auch jetzt noch alles tun, lieber weiter in unglücklichen, verqueren oder oberflächlichen Beziehungen leben mit unbefriedigenden Jobs, gefangen in unserer Sehnsucht – nur um sie nicht mehr zu spüren.
Doch wir müssen den alten Schmerz wieder heraufholen aus der Tiefe unseres Unterbewusstseins, um ihn für immer loszuwerden. Wenn wir uns diesen Gefühlen nicht stellen, unsere

Seele nicht von ihnen reinigen, bleibt unser Leben durch diese alten, offenen Wunden beeinflusst. Jede Begegnung mit anderen Menschen wird wieder und wieder unter der Spannung unerfüllter Wünsche und gleichzeitiger Angst vor Zurückweisung stehen, jedem unserer Ziele haftet diese Unfreiheit und Ohnmacht an.

4. Anklage und Wiedergutmachung

Tanja (36) trifft nach Jahren ihre beste Schulfreundin Judith (36) wieder. Nachdem die beiden ausgetauscht haben, was aus ihnen so geworden ist, fragt Judith Tanja nach ihren Eltern, denn sie war früher oft bei Tanja zu Hause und kannte ihre Familie gut. Als Tanja behauptet, in ihrer Familie wäre wie immer alles in bester Ordnung, bricht es plötzlich aus Judith heraus: Sie habe es in ihrer Schulzeit als sehr seltsam empfunden, dass Tanjas Mutter der ganze Familie ihren Willen aufgedrängt hätte. Die Freunde der Kinder, genauso wie alle Sportarten und Hobbys, die Wahlfächer in der Schule und Urlaubsziele wurden von Tanjas Mutter bestimmt und es gab kaum eine Chance sich dagegen aufzulehnen. Nach Judiths Meinung ist Tanjas Mutter mit ihrer Herrschsucht daran schuld, dass Tanja so schwer ihren eigenen Weg ins Leben gefunden hat.

Tanja ist völlig irritiert von Judiths Offenheit und nimmt ihre Mutter in Schutz: Sie wäre eben eine starke unabhängige Frau, hätte wirklich immer gewusst, was das Beste für alle war und mit ihren Urteilen hätte sie eigentlich immer richtiggelegen. Noch heute würde sie genau deshalb bei allen wichtigen Entscheidungen auf den Rat ihrer Mutter hören, genauso wie sie gerne ihre Kleidung nur zusammen mit ihrer Mutter einkaufe, die sich dann nach wie vor als sehr großzügig erweise.

In der darauffolgenden Nacht träumt Tanja, wie sie am Grab ihrer Mutter in einem bunten Blumenkleid tanzt. Völlig verstört wacht sie auf.

Neben den Gefühlen der Verzweiflung hindert uns noch etwas anderes an der Einsicht über unsere Vergangenheit: Wir wollen nicht ablassen von unserem Anspruch auf Wiedergutmachung der schlimmen Kindheitserfahrungen. Unser verletztes Selbstwertgefühl tut sich schwer, die Grenzen der (erwachsenen) Realität anzunehmen, zu akzeptieren, dass es die »glückselige Seinsvergessenheit der Kindheit«, das Paradies für uns nicht gab – und auch niemals geben wird. Wir wollen unsere Eltern nicht vom Thron unserer Anerkennung stürzen, denn dann fiele auch unsere Hoffnung auf Wiedergutmachung mit hinunter. So verzeihen wir ihnen, noch bevor die wirkliche Auseinandersetzung begonnen hat. Wie sollten wir auch weiterhin mit ihnen umgehen, wenn wir ihre Schwächen erkennen und die Konflikte offenlegen? Am Ende schicken sie uns womöglich weg und dann müssen wir für immer die Hoffnung auf die ersehnte Anerkennung begraben ...

Doch wenn unsere Eltern sich lieblos und schwach verhalten haben, haben wir dann nicht ein Recht wirklich wütend auf sie zu sein, obwohl gerade sie uns unser Leben schenkten, uns (doch irgendwie) großgezogen haben?! Und wenn die eigenen Eltern uns kein starkes Selbstwertgefühl zugestanden haben, waren dann wir Kinder falsch oder unsere Eltern? Die Bibel schreibt: Ehre Vater und Mutter. Aber was ist, wenn sie es nicht verdienen? Dürfen wir unsere Eltern lieben und ihnen gleichzeitig Vorwürfe machen wegen ihres Versagens?

Ja, das dürfen wir! Und dieses »dürfen« ist begründet mit dem Recht auf Freiheit und Stärke: Wir werden frei, wenn wir unsere Schuldgefühle hinterfragen, denn der Boden unserer Schuldgefühle und unseres mangelnden Selbstwertgefühls sind der Frust und die unterdrückte Wut auf die Schwäche unserer Eltern. Solange wir sie gegen uns selbst richten, werden wir immer weiter die Fehler bei uns selbst suchen, ohne sie beheben zu können.

Wenn wir unsere Eltern mit ihrem Fehlverhalten konfrontieren, reden sie sich meist heraus, behaupten, wir würden übertreiben, hätten nichts mitbekommen von belastenden Umständen, wir hätten unser Unglück selbst zu verantworten oder sie seien

eigentlich die viel größeren Opfer. Doch Eltern waren immer zuerst da! Sie haben uns geschaffen und nicht umgekehrt.
Es ist für unsere Eltern fast unmöglich, Fehler einzugestehen, die Einsicht zuzulassen, die geliebten Kinder aus der eigenen Schwäche heraus behindert, vernachlässigt und schlecht behandelt zu haben. Die meisten Eltern können diese Verantwortung nicht auf sich nehmen, denn dazu müssten sie sehr stark sein und gerade das waren sie ja nicht, sonst hätten sie sich nicht so falsch verhalten. Die Wahrheit über die Vergangenheit bereitet beiden Seiten viel Schmerz. Deshalb kommen wir oft viel zu schnell überein, dass alles doch nicht so schlimm gewesen sei, dass Psychologen häufig falsch liegen, immer nur alles auf die armen Eltern schieben, ohnehin übertreiben und überhaupt alle erst mal selbst auf die Couch gehören. Letzteres mag sogar stimmen, es hilft uns nur selbst sehr wenig dabei glücklich zu werden.

Wer je von seinen Eltern gehört hat: »Es tut mir leid. Ich habe mir die größte Mühe gegeben und trotzdem viele Fehler gemacht. Ich wusste es nicht besser, aber heute sehe ich es ...«, der weiß, was diese Sätze für eine Wirkung haben können für unseren Seelenfrieden, für unser Selbstwertgefühl und gegen all die Selbstzweifel, die wir so lange mit uns herumgetragen haben. Das Aussprechen dieser Sätze kann bei Kindern und Eltern viel Erlösung, Versöhnung und Verständigung bewirken. Sie machen den eigenen Weg zu einem neuen Selbstbild und einem stabilen Selbstwertgefühl nicht unnötig, aber erleichtern ihn ungemein.
Leider werden die meisten Menschen, die erkennen, welchen Einfluss das unreife Verhalten ihrer Eltern auf ihr Leben und ihr Unglück hatte, diese Sätze niemals zu hören bekommen. Sie müssen selbst ihre Gewissheit finden, dass sie als Kinder vollkommen richtig waren und die Eltern leider zu schwach, das zu erkennen und zu respektieren. Sie müssen sich selbst den Wert einräumen, denen ihnen ihre Eltern versagten und versagen.

5. Eigenverantwortung

Elisabeth (39) hat eine Therapie angefangen. Schnell wird klar, dass an ihrem mangelnden Selbstvertrauen maßgeblich ihr herrschsüchtiger und cholerischer Vater schuld ist. Er hat die gesamte Familie unterdrückt und versucht sogar heute noch seiner Tochter seinen Willen aufzuzwängen.
Elisabeth hat endlich den Faden zu fassen bekommen, an dem ihr ganzes Leben aufgehängt scheint, das Problem hinter all ihren Problemen. Sie redet viel mit ihrer Freundin Karla (42) darüber und das hilft ihr die verpassten Chancen und gescheiterten Beziehungen, die aufgrund ihrer Angst und Unsicherheit ihr Leben bestimmten, zu betrauern.
Doch nach einem Jahr bricht es plötzlich aus der geduldigen Karla heraus: »Hör endlich auf mit dem Jammern und ändere doch mal was! Du verhältst Dich ja immer noch wie ein eingeschüchtertes Kind und stellst so nach wie vor dein Leben in den Schatten Deines Vaters.«

Es ist sehr wichtig für unseren Verarbeitungsprozess, die Wut und die Trauer über die Verhältnisse in der eigenen Familie zuzulassen. Doch mit ihren Schwächen haben unsere Eltern nicht nur uns das Leben schwer gemacht, sondern auch sich selbst. So schwierig es ist, sie zur Rede zu stellen, so wichtig ist es von dieser Anklage auch irgendwann Abstand zu nehmen. Denn die Vergangenheit ist ja nun mal nicht mehr zu ändern und eine bessere Kindheit und stärkere Eltern können nicht mehr eingeklagt werden.
Nachdem wir uns erst mit allen Fasern unserer Seele gegen die Erkenntnis der Schwächen und beschwerenden Einflüsse unserer Eltern auf unser Leben gesträubt haben, halten wir dann oft jahrelang an der Anklage fest. Wir wollen sie nicht aus ihrer Schuld entlassen, ihnen nicht die Absolution erteilen.
Doch wenn wir die Verantwortung für unser Glück nicht vollständig selbst übernehmen, vergeuden wir nur weitere Lebenszeit in falschen Mustern. Wir können das Schuldgeständnis

unserer Eltern nicht erzwingen, uns die Gerechtigkeit nicht durch Klage oder »Weiterleiden« erpressen. Am Ende kann nur Mitgefühl (mit uns selbst und mit ihnen) uns unseren Frieden bringen – und vielleicht noch ein Kopfschütteln darüber, dass das Schicksal oft so seltsame Wege geht.
Wir sollten unseren Eltern verzeihen, aber nicht aus irgendeinem christlichen Demutsgebot heraus, sondern aus ganz selbstbezogenen, lebensnotwendigen Gründen: Die Einsicht in die Verantwortung für unser eigenes Leben ist Teil eines gesundenden Selbstwertgefühls. Unser erwachsenes Ich kann jetzt selbst die Verantwortung übernehmen für das Kind in uns, kann es trösten und seinen Gefühlen und Ängsten Geltung verschaffen. Wenn wir unseren Wert nicht von unseren Eltern bestätigt bekommen, müssen wir ihn uns selbst geben. Wir selbst müssen jetzt für unser inneres Kind sorgen, wir selbst müssen ihm die Liebe entgegenbringen, die es immer vermisst hat. Wenn wir selbst nicht die Verantwortung für unser (Un-)Glück, unser Leben, unsere Freiheit tragen wollen, bleiben wir immer weiter in diesen Kinderproblemen stecken.
Es sind nicht (mehr) die Eltern, die äußere Welt, die uns am Glücklichsein hindern: Es sind unsere Erwartungen an diese äußere Welt (an unsere Partner, Freunde und Kollegen), die uns in unserer Unfreiheit und unserem Unglück festhalten. Denn es sind die Erwartungen von hilflosen Kindern. Niemand wird sie mehr erfüllen – außer wir selbst. Daran werden wir wachsen und der Lohn ist Freiheit und tiefe, gesunde Beziehungen zu anderen Menschen. Beides haben die, die an uns schuldig geworden sind, niemals erreicht. Wir können es besser machen als die anderen. Wir können stärker sein als unsere Eltern.

6. Umwertung

Jan (38) ist Schauspieler. Er hat immer vom großen Durchbruch geträumt – und es wirklich geschafft: Als Lieblingsdarsteller eines der besten Nachwuchsregisseure wurde er von der Kritik ge-

lobt, dreht mittlerweile einen Erfolgsfilm nach dem anderen und wird jetzt auch vom breiten Publikum erkannt und geliebt. Der Ruhm kam über ihn wie ein Rausch – doch Jan hat sich sehr schnell daran gewöhnt. Jetzt scheint ihm sein Leben ziellos, eine Wiederholung immer gleicher Abläufe, bestimmt von dem Herstellungs- und Marketingprozessen der Filmproduktionen. Bei der Premiere seines neuesten Films steht er nun wieder mal im Blitzlichtgewitter auf dem roten Teppich und bekommt von einem Journalisten die Fragen zugeworfen, wie es weitergehen soll. Plötzlich wird ihm mitten in der Menge klar, dass egal welche Rollen er noch spielen, welche Filme er noch drehen, welche Erfolge er noch feiern wird, er niemals die Regeln des Lebens aus den Angeln heben kann: Er wird immer ein Mensch bleiben, der älter wird, andere Menschen braucht und sterben muss. Und selbst wenn er der größte Schauspieler seiner Zeit würde, wer würde sich in 100 oder 200 oder 1000 Jahren (dieser Nichtigkeit in der Zeit) noch an ihn erinnern auf dieser Erde (dieser Nichtigkeit im Universum)? Welche Erfindung, welche Weltsicht hätte dann überhaupt noch Gültigkeit? Plötzlich scheint Jan zum ersten Mal in seinem Leben von dem ungeheuren Druck befreit, etwas Besonderes sein zu müssen.

Reichtum, Erfolg und gesellschaftliche Anerkennung sind kein Zeichen dafür, dass jemand Verantwortung für sich selbst übernommen hat. Sie sind oft nur Mittel, mit denen wir uns die (kompensierende) Anerkennung anderer erkämpfen, unser Selbstbild kaschieren und sichern wollen.

Verweigert uns unser Umfeld diese Anerkennung, werden die anderen, die Welt schnell zum Feind unserer Selbstbestätigung: Doch weder im Job noch in einer Beziehung sind unsere Mitmenschen daran schuld, dass wir nicht genug Anerkennung, Bestätigung und Aufmerksamkeit bekommen. Unser Selbstwert wird letztlich nicht stärker, wenn wir uns ständig gegen andere behaupten, wenn wir glauben, besser sein zu müssen und uns mit Dingen und Titeln und Erfolgen schmücken, die das beweisen sollen. Wir genießen zwar den ein oder anderen

kurzzeitigen Triumph, doch bald schon jagen wir dem nächsten hinterher, weil unser Selbstwertgefühl durch diese aufgesetzten Äußerlichkeiten keine Heilung erfährt.
Der Buddhismus verfolgt das Ziel der Glückseligkeit, indem er jedes Bedürfnis abschafft. Das ist für uns westlich sozialisierte Menschen kaum möglich – und auch nicht nötig. Unser Glück hängt nicht so sehr davon ab, nichts mehr zu wollen, als vielmehr davon, Schwerpunke zu setzen, die unserer Veranlagung besser entsprechen: Tiefe emotionale Verbindungen mit anderen Menschen, Verwirklichung unserer kreativen Fähigkeiten und Talente, auch wenn diese der kapitalistischen Werteordnung nicht entsprechen und daher von offizieller Seite kaum Anerkennung finden.
Wenn wir ohne den falschen Traum vom vollkommenen Diesseits oder Jenseits an unser jetzt gegebenes Leben herangehen, spüren wir die Pflicht, dieses eine Leben zu leben und ihm die größtmögliche Selbstgestaltung abzugewinnen. Und selbst wenn es danach weitergehen sollte: Was würde es schaden jetzt wahrhaftig zu leben?

Unsere Eltern haben uns nicht die Behandlung zukommen lassen, die wir verdien(t)en, und deshalb müssen wir auch alle anderen Werte infrage stellen, die wir aus ihrer Weltsicht übernommen haben. Jedes Verhalten, jede Charaktereigenschaft, die in ihren Augen als gut galt, jedes erreichenswerte Ziel, jedes subtile Oben und Unten ist von ihren Schwächen, der Unreife ihres Charakters und ihrer Weltsicht betroffen. Wenn wir uns das Recht nehmen uns selbst unsere eigenen Werte, unser eigenes Maß zu suchen und zu verwirklichen, wächst unsere Freiheit, unsere Stärke und unser Selbstwertgefühl. Dazu brauchen wir eine eigene Werteordnung, eine selbst gewählte Moral, ein individuelles Maß und den Willen, uns ihnen aus freien Stücken zu verpflichten – auch wenn es manchmal unbequem ist.
Wirkliches Selbstvertrauen hat wenig mit Egoismus zu tun, auch wenn uns genau das dann so oft von unserem Umfeld vorgeworfen wird, sobald wir anfangen, unsere Grenzen (neu)

zu definieren und uns gegen die Manipulation durch Schuldgefühle zu wehren. Im Grunde steht hinter diesen Vorwürfen nur der Egoismus der anderen, die uns nicht mehr für ihren eigenen Mangel, ihr eigenes inneres Kind einspannen können.
Wir können beschließen, uns nicht mehr schlecht behandeln zu lassen, nicht mehr beschimpfen zu lassen, versetzt, betrogen oder ausgesaugt zu werden, mit überhöhten Ansprüchen unter Druck zu geraten, in ständige Eifersucht verstrickt zu sein etc. Auch wenn es noch so wehtut und die Angst uns verfolgt: Wir sind uns selber zu viel wert, um uns das gefallen zu lassen! Und da wir uns selbst unsere Sehnsüchte erfüllen, brauchen wir es uns auch nicht mehr gefallen lassen. Keiner, weder Eltern noch Lehrer, kein Priester oder Chef hat das Recht dazu, seine Werteordnung als so richtig zu empfinden, dass er damit uns unseren Wert absprechen könnte. Niemand kommt mit Schuldgefühlen zur Welt. Schuldgefühle entstehen, weil unsere Umwelt wertet, und zwar uns und unser Tun als falsch bewertet. Doch warum sollten wir automatisch faul werden, nur weil wir halbtags arbeiten? Wir hätten nun viel mehr Zeit für andere sinnstiftende Interessen und müssten uns und unsere Zeit selbst strukturieren. Warum ist nur bezahlte Arbeit »wertvolles Tun«? Warum brauche ich Schmerzen oder eine Krankheit, um mir eine Auszeit zu nehmen? Wer bestimmt denn, dass im Café sitzen und nachdenken sinnloser ist als Überstunden? Was zeigt ein teurer Sportwagen oder ein großes Haus oder ein Designerkleid über seinen Besitzer? Wem müssen wir am Ende unseres Lebens Rechenschaft abgeben? Was brauchen wir wirklich? Hängt unsere Selbstentfaltung an äußeren Gegenständen, die wir meinen, besitzen zu müssen, um anderen zu zeigen, wer wir sind? Sind die Dinge, mit denen wir uns umgeben, Sachen, mit denen wir uns wirklich auseinandersetzen? Benutzen wir andere Menschen, um uns selbst zu stabilisieren? Warum bewerte ich etwas oder jemanden als gut oder schlecht? Warum tue ich, was ich tue?

Das freie Leben gründet als gutes Leben auf einem Vertrag mit sich selbst, auf dem Bewusstsein der Eigenverantwortung.

Wenn ich maßlos und rücksichtslos lebe, kann kein Geld der Welt mir am Ende meine Gesundheit retten oder mich vor Verschuldung oder Einsamkeit bewahren. Wenn ich meinen Partner immer wieder betrüge, darf ich mich nicht wundern, wenn ich am Ende alleine dastehe. Wenn ich meine eigenen Bedürfnisse immer vor die meiner Kinder stelle, wird ihr Verhältnis zu mir (irgendwann) schlecht sein und sie werden nicht glücklich werden. Wenn ich glaube, Pflicht und Ordnung sind die alleinige Wahrheit, wird mein Leben aus Pflicht und Ordnung bestehen. Nur: Am Ende wird niemand kommen, um das zu belohnen. Ich könnte es ja auch gar nicht annehmen, denn das Genießen einer Belohnung steht ja entgegen meiner Werteordnung. Wenn ich geizig bin, wird mich jeder für einen Geizhals halten, ganz egal, ob ich als Kind immer zu kurz gekommen bin. Wir müssen unsere eigenen Grenzen finden: Es sind nicht die anderen, die unsere Grenzen erahnen müssen, um uns nicht zu verletzen. Wir können auch nicht von ihnen verlangen, dass sie Verständnis dafür haben, wenn wir nur an uns denken. Der großen Klage über die Orientierungslosigkeit im globalen Kapitalismus kann nur die eigene Wahrhaftigkeit entgegengesetzt werden, Werte, die jeder von uns selbst lebt. Unsere offiziellen Regeln sind von Ausbeutung und Rücksichtslosigkeit geprägt; Politik, Kirchen und Wirtschaftsführer sind von Egoismus und moralischem Verfall unterwandert: Wir können uns nur selbst verpflichten, den Anstand zu wahren, selbstbewusst gegen Verführungen und Schwäche ankämpfen. »So was tut man nicht« ist ein Satz, der seine Wahrheit nur im eigenen Denken und Handeln findet und mittlerweile dem offiziellen Verhaltenskodex entgegensteht. Es ist unrealistisch auf eine umfassende humanistische Wendung der Welt zu warten oder sie einzuklagen, noch dazu wenn wir sie nicht selbst in unserem Alltag bereit sind umzusetzen.

Der Sinn des Lebens, genauso wie unsere Moral und Werte sind letztendlich nicht objektiv zu beweisen. Deshalb ist das Leben aber nicht sinnlos. Der eigene Willen, sich moralisch zu verhalten, die Bemühung um Selbstkritik, Freiheit und Selbstbestimmung kann dem Leben ausreichend Sinn geben. Setzen wir uns also bewusst neuen Erfahrungen aus und manipulieren wir die Erfahrungsmuster unseres Unterbewusstseins selbst!

7. Umlernen – neues Handeln

Frieda (62) pflegt seit drei Jahren ihre Schwiegermutter Hannelore (85). Hannelore hat Frieda auch schon früher schikaniert, ihr immer vermittelt, dass sie nicht »gut genug« sei für den Sohn, obwohl Frieda sich immer sehr bemüht hat, allen Erwartungen gerecht zu werden.
Seit Frieda Hannelore vor dem Pflegeheim bewahrt hat, schlägt ihr sogar noch mehr Misstrauen und Abwertung von der alten zänkischen Frau entgegen, die hilflos und missmutig an ihr Bett gefesselt ist und ihre Wut darüber und über vieles mehr an Frieda auslässt. Friedas Mann, Hannelores Sohn Armin (65), versucht nicht zwischen die Fronten zu geraten, obwohl Frieda immer noch hofft, dass er sich irgendwann auf ihre Seite, gegen seine schwierige Mutter stellen wird.
Eines Tages stürzt Frieda die Treppe hinunter und bricht sich die Hüfte. Eine Pflegerin wird für die Schwiegermutter engagiert. Diese macht sich wenig aus deren Beschimpfungen und freundet sich mit Frieda an, die nun selbst an ihr Bett gefesselt, wie eine Zuschauerin über Wochen ihre Familiensituation beobachten muss. Allmählich wird ihr klar, dass sie die Treppe hinuntergefallen ist, weil sie mit ihrer Kraft am Ende war. Sie weiß, dass sie so nicht weitermachen kann, dass ihre Schwiegermutter niemals das Recht hatte, sie schlecht zu behandeln, und dass sie selbst sich durch ihre eigene Erziehung, Schuldgefühle und ein falsches Pflichtgefühl in dieser lebensunwerten Situation eingemauert hatte. Durch ihren schweren Unfall erkennt sie auch, wie kostbar das Leben ist. Sie beschließt die Pflegerin nach ihrer Genesung im Haus zu behalten und sich ihrer Schwiegermutter nur noch zuzuwenden, ihr vorzulesen oder sie zu füttern, wenn diese sich ihr gegenüber gebührlich benimmt.

Nachdem sie wieder laufen kann, fährt sie nach Jahren das erste Mal mit ihrem Mann in den Urlaub, obwohl ihre Schwiegermutter das für Geldverschwendung hält und tagelang beleidigt ist, weil sie mit der Pflegerin alleine zurückbleiben muss. Doch nach einiger Zeit verändert sich die Stimmung im Haus zum Positiven, alle gewöhnen sich an Friedas neue Grenzen und auch Armin unterstützt endlich ihre Freiheitsbestrebungen und ihr Recht auf ein lebenswertes Leben.

Neben der Umwertung braucht es im Prozess unserer Selbstbefreiung auch noch das Umlernen – denn Einsicht und Neuorientierung allein reichen noch nicht aus für eine wirkliche Veränderung unserer Lebensverhältnisse. Wir müssen selbstbestimmt handeln!

Es ist notwendig, dass wir unsere Verhaltensweisen ändern, um freier zu werden. Wir müssen neue Grenzen setzen, gegenüber unserer eigenen Sehnsucht – aber auch gegenüber den Forderungen unserer Partner, Freunde, Kollegen, Vorgesetzten. Wir sind nicht verantwortlich für das Leben und Glück der anderen, aber die anderen sind auch nicht verpflichtet, unsere infantilen Wünsche nach Geborgenheit und Sicherheit zu erfüllen. Egal, wie sehr wir jemanden lieben und meinen ihn zu brauchen: Zuerst brauchen wir uns selbst, zuerst müssen wir uns selbst lieben und schätzen, damit unsere Liebe nicht mehr Abhängigkeit und Kindersehnsucht ist. Und auch wenn wir das nicht gleich schaffen und uns wieder die alten Muster einholen: Wir können es ja immer weiterversuchen!

Wir erreichen Stärke und Bewusstsein hauptsächlich durch unsere Krisen: Veränderung geht nicht ohne Anstrengung, oft genug nicht ohne Leid. Neues Handeln ist mühsam, aber gerade deshalb letztlich so wirksam und erfüllend. Schnell und einfach mag von Wert sein, wenn es um Topfspülen oder Pizzabestellung im Internet geht (und selbst da bleibt es oft ein utopischer Wunsch). Doch niemals sollten wir uns nur »schnell mal« um unsere Selbstverwirklichung kümmern. Vereinfachung und Absicherung hat unser Leben nicht glücklicher gemacht, sondern nur leerer. Wir müssen Abstand davon nehmen, dass wir durch irgendein einfaches Mittel »Vollkommenheit« und »paradiesische Lebensumstände« erreichen. Im Gegenteil: Das Einfache und Schnelle führt uns weg von der Tiefe, von der Ergründung unserer Talente und Lebensaufgaben. Langsamkeit und Ausführlichkeit sind wertvoll, wenn wir unsere Wahrheit finden und umsetzen wollen. Wir gewinnen Befriedigung, wenn wir uns ohne Überanstrengung ausgiebig mit etwas beschäftigen, das uns interessiert. Doch nur sehr wenige Menschen erleben diesen »Flow«, dieses Einssein mit dem Fluss des Lebens und ihrem eigenen Handeln in ihrem Alltag.

Je reifer unser Selbstwertgefühl wird, umso schneller merken wir, wenn uns jemand oder etwas nicht guttut. Wir sollten uns immer wieder auf die Schliche kommen und feststellen, wo wir uns wieder wie Kinder fühlen und entsprechend verhalten.

Die asiatische Philosophie benutzt die Methode der »Achtsamkeit«, um sich in jedem Moment des Lebens seines Tuns gewahr zu werden, ohne Selbstverurteilung, ohne die eigenen Emotionen und Ängste abzuwerten. Diese Momente der Achtsamkeit sollten sich immer weiter ausdehnen, bis sie zur ständigen Wahrnehmungsform werden. Stück für Stück müssen wir unser Verhalten und Denken hinterfragen, Situationen erleben, in denen wir wieder genau an dem Punkt stehen, der unser ferngesteuertes Handeln provoziert – und dann einen Schritt in eine andere, neue Richtung machen, hinein in die Ungewissheit und in das Selbstvertrauen, dass wir es besser können, ohne falsche Zuwendung, erzwungene Aufmerksamkeit und eine perfekte Fassade überleben werden.

Um in seinem Leben aktiv anders zu handeln, ist es sinnvoll, sich Rituale zu schaffen, die dem täglichen Alltagstrott mit seinem automatisch ablaufenden Verhaltensmustern entgegenwirken: z. B. jeden Freitagnachmittag aufräumen; jeden ersten Sonntag im Monat Rechnungen sortieren; eine Stunde jeden Abend mit dem Partner reden, ohne Ablenkung, in der jeder dem anderen eine halbe Stunde von seinem Tag und seinen Problemen erzählt (auch wenn er keine Lust dazu hat und das nicht gelernt hat und es albern und zwanghaft findet und lieber stumm vor dem Fernseher sitzen will); einen festgelegten Abend in der Woche, an dem man etwas gemeinsam unternimmt und der von allen anderen Verpflichtungen frei gehalten oder im Sonderfall nachgeholt wird (einmal bestimmt der eine und einmal der andere das Programm); ein ständiger Samstagnachmittag, an dem man für sich Zeit hat, weil der andere die Kinder übernimmt, die man ihm selbst dann wiederum am Sonntagmorgen vom Hals hält; ein Beziehungsentwicklungsgespräch am ersten Tag des Jahres, wo man ausdiskutiert und aufschreibt, was man bis Ende Dezember erreichen möchte (gemeinsame Wohnung anmieten, Pflegeheim für Onkel Hans finden, Reise auf die Galapagosinseln machen, den Dachboden ausbauen etc.). Der eigenen Fantasie sind hier keine Grenzen gesetzt und die Wirkung einer kleinen, aber andauernden Veränderung im Alltagsablauf, die wirklich eingehalten wird, eines offen ausgesprochenen Problems mit Lösungsplan ist verblüffend (siehe auch im Anhang: Praktische Übungen zum Umlernen und Freiwerden).

8. Geduld

»Ich habe mein Leben lang gearbeitet und jetzt das …«, ist der erste Satz, den Hans-Dieter (66) hervorbringt, als er von der Diagnose Lungenkrebs erfährt. Er, der in seinem Leben mehrere Unternehmen geführt hat, in drei Ehen sieben Kinder zeugte und in verschiedenen Ausschüssen und Beratergremien nach wie vor die Wirtschaftspolitik seiner Region mitbestimmt, wird nun von ein paar entarteten Zellen in seinem Körper entmachtet. Die Fremdbestimmung durch die Ärzte, Behandlungspläne und die Entkräftung seines Körpers sind für ihn unerträglich. Er empfindet die Krankheit als ungerecht, doch zum ersten Mal in seinem Leben scheint sich etwas nicht seinem Willen zu beugen. Seine Weltsicht und sein Selbstverständnis prallen mit 180 km/h auf die Betonwand des Schicksals.

Als er nach der ersten Operation aufwacht, steht überraschenderweise sein ältester Sohn Eckard (42) an seinem Bett, der vor Jahren geschworen hatte nie mehr mit dem Vater zu reden. Auch in den folgenden Tagen und Wochen besucht er ihn regelmäßig, bringt die Enkel mit, die völlig unvoreingenommen und offen auf den nie gesehenen Großvater zugehen.
Hans-Dieter muss sich aus allen Ämtern zurückziehen, seine dritte Frau bestimmt seine Ernährung und Tabletteneinnahme. Er hat jetzt viel Zeit zum Nachdenken. Eckard versucht seinem Vater klarzumachen, dass dies nur das Ende seiner bisherigen Weltsicht ist, dass es aber ein neues, ganz anderes Leben geben könnte, mit anderen Werten, all den Dingen, die Hans-Dieter bis jetzt gering geschätzt hat: Die Krankheit habe ihm die Begrenztheit seiner Welt aufgezeigt, das, was wirklich wichtig ist, deutlich gemacht.
Nach ein paar Monaten fängt Hans-Dieter stotternd an von seiner Schuld zu reden, davon, dass er durch sein rücksichtsloses Auftreten das Leben seiner Kinder beschädigt hat und dass ihn seine Schuld bedrückt. Eckard organisiert zu Hans-Dieters nächstem Geburtstag ein Familienfest. Leider sind die anderen Geschwister nicht bereit zu kommen.
Ein Jahr später lädt Eckard erneut ein, bittet die Geschwister die Veränderungen des Vaters selbst zu begutachten – und wirklich, es kommen immerhin schon die beiden Halbschwestern mit ihren Kindern.
Zum siebzigsten Geburtstag haben Eckard und Hans-Dieter es dann endlich geschafft: Die gesamte Familie ist versammelt. So wird Hans-Dieters letzter Geburtstag zu seinem schönsten.

Die Arbeit an unseren falschen Prägungen ist ein lebenslanger Prozess, bei dem wir uns immer wieder und weiter den alten Denkmustern stellen, unsere falschen Erwartungen an die Welt und unseren infantilen (egoistischen oder unterwürfigen) Umgang mit anderen Menschen entlarven müssen. Für diese Veränderung benötigen wir viel Geduld, denn die alten falschen Muster haben so lange unser Leben bestimmt, dass wir viele neue, emotional herausfordernde Erfahrungen machen müssen, um ihnen etwas entgegenzusetzen.

Wir haben die Verhaltensweisen und Denkmuster entwickelt, um mit den frustrierenden Gefühlen, den Ängsten und Demütigungen unserer Kindheit zurechtzukommen – und in unserer Ursprungsfamilie haben sie uns einmal gute Dienste erwiesen. Doch jetzt schaden sie uns nur. Um unser Unterbewusstsein von dieser Tatsache zu überzeugen, bedarf es vieler Überzeugungskräfte. Wenn der Leidensdruck sehr groß wird und wir extrem negative Gefühle zu verkraften haben, kommen wir um eine Veränderung nicht mehr herum – wirkliche Verhaltensänderungen treten immer erst ein, wenn wir einen Vorteil von der Veränderung verspüren, extrem negative Gefühle zu verkraften haben. Die alten Erfahrungsmuster müssen im Netz unserer Neuronen »überschrieben« werden. Doch diese Neurogenese kann bis ins hohe Alter stattfinden – wenn man sich mit der Welt und sich selbst auseinandersetzt, immer weiter an sich arbeitet und Neues lernt.

Je stärker unser Selbstwertgefühl wird, umso belastendere Probleme und Einsichten lässt das Unterbewusstsein an die Oberfläche kommen, denn es kostet die Psyche viel Kraft, diese alten heftigen Emotionen zu unterdrücken. Deshalb erfahren wir ihre Verarbeitung auch als Erleichterung, begleitet von dem Gefühl der Freiheit. Doch sobald unser Selbstwertgefühl stark genug ist, fordern weitere Altlasten, schlimme Erinnerungen, notdürftig kaschierte Sehnsüchte Beachtung. Aus Angst vor dem Schmerz wünschen wir uns dann manchmal zurück in die Zeit der falschen Hoffnungen und verfallen wieder alten Abwehr- und Schwächemustern. Wir hoffen mit unserer bisherigen Auseinandersetzung schon »alles erledigt zu haben«, gesund und reif genug zu sein: Wir versuchen uns immer wieder zu drücken, vor den Schmerzen und den neuen Schritten, die wir machen müssen, um noch viel weiter zu gehen, ganz neue Dimensionen der Freiheit zu begreifen und zu erleben.

Wenn wir uns verändern, kommt alles in Bewegung: Unser Umfeld reagiert anders auf uns, wir sehen die anderen Menschen, uns und unser Verhältnis zu ihnen plötzlich im Licht anderer Werte. Neue Menschen und Dinge finden ihren Weg in unser Leben. Ab einem bestimmten Punkt merken wir deutlich, dass es uns besser geht, dass sich der Aufwand, die Tränen und die Ehrlichkeit gelohnt haben. Wir erreichen das, was wir vorher mit einem äußerlichen Image und Manipulationen immer nur vortäuschen konnten: Sicherheit, Charakterstärke, Souveränität, Selbstbestimmung, ein stabiles Selbstwertgefühl und das Wissen darum, dass wir mit jeder Situation im Leben fertig werden können. Wir können uns auf Menschen und Dinge wirklich einlassen, müssen nicht alles unter unsere Kontrolle zwingen, weil wir das Selbstverständnis haben, auf jede Schwierigkeit angemessen zu reagieren. Wir leben »im Jetzt«, können uns »entgrenzen« und »durchlässiger werden«, bekommen viel mehr mit von den Dingen, die um uns herum geschehen. Stärke, Integrität und Verantwortung für die Liebe und die Gefühle der uns wichtigen Menschen, besonders gegenüber unseren Kindern, zeigt sich darin, dass wir ihre Ängste und Unsicherheiten auffangen können, ohne uns deshalb über sie zu stellen. Stolpert jemand neben uns, stützen wir ihn, helfen ihm auf, um dann weiterzugehen. Helfen ohne Helfersyndrom ist das Vertrauen in den Entwicklungswillen des anderen. Wenn er allerdings sitzen bleibt oder von uns getragen werden will, sollten wir uns von ihm verabschieden und allein weitergehen. Je stärker wir werden, je freier wir uns anderen gegenüber verhalten, umso mehr Möglichkeiten geben wir ihnen, auch stärker und freier zu werden. Wir verlieren keine Energie mehr damit, uns über andere Menschen und prestigeträchtige Dinge zu stabilisieren und können nach und nach Interessen und Leidenschaften in uns entdecken und umsetzen, für die wir vorher weder Zeit noch Konzentration hatten. (Mit Yoga oder anderen Formen der Meditation kann man gut erkennen, wie weit die eigene Entwicklung schon fortgeschritten ist. Denn solange die zerrenden Sehnsüchte, die Unruhe und Selbstbezogenheit noch stark sind, finden wir trotz aller Bemühungen keinen richtigen Zugang zu dieser Spiritualität. Denn unser schlechtes Selbstwertgefühl verstellt uns mit seinen Ängsten und seiner Geltungssehnsucht die Gegenwart. Die Flucht in die Vollkommenheit einer fantasierten Zukunft oder die verblendete Vergangenheit halten uns fern vom Jetzt – dem einzigen Moment, in dem das Leben wirklich stattfindet und gestaltbar ist. So ist die ›Jetzigkeit‹ unseres Lebens ein hervorragender Gradmesser für unsere Reife, die bewusste Gegenwärtigkeit unserer Gefühle, der Spiegel unserer psychischen Entwicklung.)

Es gibt einen Trost auf diesem nicht einfachen Weg: das Alter. Viele Menschen haben Angst vor dem Alter, denn im Alter lassen sich die falschen Muster unseres Lebens für Anerkennung und Liebe immer schlechter umsetzen. Es fällt uns immer schwerer, unser Selbstwertgefühl durch Erfolge, gutes Aussehen und andere Äußerlichkeiten zu stützen.

Es gibt aber eine völlig andere Sicht auf das Alter: Je älter wir werden und je mehr wir an uns gearbeitet haben, umso weniger Unsicherheit, Angst und »inneres Reißen« gibt es in unserem Leben. Wir nehmen uns nicht mehr so wichtig, d.h. unser Ego tritt hinter die wirklich wichtigen Dinge des Lebens zurück. Nicht zufällig nennen wir das: Befreiung.

Freiheit ist ein Zustand, in dem das »innere Reißen« aufgehört hat, unser Ego nicht mehr schmerzt. Der bewusste Wechsel in andere Verhaltensmuster ist das Maximum an Freiheit, das uns Menschen möglich ist. Man könnte sagen: Der Sinn des Lebens ist das Gefühl der Freiheit. Und unser Erfolg ist die Summe der Fehler, aus denen wir gelernt haben.

Die Nichtweitergabe von Lieblosigkeit und Rücksichtslosigkeit, die Überwindung von infantilem Egoismus macht die Welt auf jeden Fall besser.

Kapitel 8

Was passiert auf der Couch? – Psychoanalyse als Beziehungsmedizin

Der Stauferkaiser Friedrich II. hatte im 13. Jahrhundert mehrere Säuglinge von ihren Müttern getrennt und völlig isoliert durch Ammen versorgen lassen. Die Ammen hatten das strikte Verbot mit den Kindern zu reden. Der wissenshungrige Kaiser wollte damit die »Ursprache« des Menschen herausfinden und glaubte, die Kinder würden diese Sprache untereinander anfangen zu sprechen, wenn sie keine andere hörten. Alle Kinder sind nach kurzer Zeit gestorben. »Sie vermochten nicht zu leben ohne das Händepatschen und das fröhliche Gesichterschneiden und die Koseworte ihrer Ammen«, bemerkte er dazu.

Liebe ist ein elementares Bedürfnis des Menschen. Sie ist genauso überlebenswichtig wie Nahrung und Sauerstoff. Der Mangel an liebevoller Zuwendung hinterlässt psychische Störungen, Unglück und Leid und kann in schlimmen Fällen sogar zum Tod führen.

Wenn der Mensch ein Gruppenwesen ist, zum Überleben andere Menschen braucht und viele seiner Probleme durch schlechte soziale Kontakte entstehen, dann lassen sie sich auch durch gute soziale Kontakte heilen. Diese Erkenntnis, die wir in unserem Alltag an Einkaufskassen, Vorfahrtskreuzungen und Kantinentischen mit ein paar netten Worten oder Gesten nachvollziehen können, ist die Grundlage jeder Therapie.

Setzen wir uns der Erfahrung einer Therapie aus, verändert sich durch diesen positiven Einfluss auf unser emotionales Erfahrungsmuster unser Leben: Therapie ändert unser Gefühl für uns selbst, für andere und unsere Bewertung der Welt.

Veränderungen und Heilung der Psyche haben Regelmäßigkeiten. Sie verlaufen bei fast allen Menschen ähnlich, vergleichbar mit dem Heilungsprozess einer physischen Wunde. Diesen

Heilungsprozess der Seele hat die Psychologie erforscht, um ihn positiv zu beeinflussen und zu beschleunigen. Sie versucht das Zusammenspiel von unseren schlechten Erfahrungen aus der Kindheit, dem daraus entstandenen ungesunden Selbstbild und den Erfahrungen, die wir jetzt machen und die uns nicht glücklich sein lassen, zu verstehen und zu durchbrechen.

Jana (27) ist seit über einem Jahr in psychoanalytischer Behandlung. Dreimal die Woche besucht sie stets pünktlich zur verabredeten, immer gleichen Zeit die Praxis ihrer Therapeutin. Doch eines Tages vergisst sie auf die Uhr zu schauen, fährt zu spät los und kommt eine Viertelstunde zu spät. In den folgenden Wochen passiert es immer wieder, dass Jana nicht pünktlich ist: Mal findet sie keinen Parkplatz, mal vergisst sie wartend im Auto die Zeit und schrickt erst nach zehn Minuten aus ihren Tagträumen auf. Ihre Therapeutin spricht Jana irgendwann darauf an, dass ihre vormalige Pünktlichkeit plötzlich in einem erheblichen Kontrast stehe zu den Verspätungen der letzten Zeit. Jana beteuert, nicht absichtlich zu spät zu kommen, sie betont die äußeren Umstände und ihren momentanen Stress in der Arbeit. Die Therapeutin fragt sie, ob es nicht sein könnte, dass Jana, die sich immer übermäßig bemüht, alles richtig zu machen, da sie glaubt, sonst »verstoßen« (entlassen, verlassen) zu werden, testen möchte, ob sie von ihrer Therapeutin noch akzeptiert wird, wenn sie Fehler macht. Jana bestreitet diesen Zusammenhang. Doch schafft sie es trotzdem nicht zu den folgenden Sitzungen pünktlich zu kommen.

Als sie zwei Wochen später wieder unpünktlich ist und die Therapeutin nicht gleich die Tür öffnet, wird Jana plötzlich von der quälenden Angst erfasst, nie wieder die Praxis betreten zu dürfen. Sie bekommt Atemnot und ihr Herz beginnt zu rasen. Erst jetzt schafft sie es den Zusammenhang zwischen ihrem Zwang, immer perfekt zu sein und ihrer Sehnsucht nach Zuwendung zu erfassen. Gleichzeitig wird ihr die ungeheure Tragweite dieser Erkenntnis für ihr Leben klar.

Nach diesem heftigen Gefühlsausbruch erörtert die Therapeutin mit Jana in den folgenden Therapiesitzungen die Frage, ob man sich mit »artigem« Verhalten die Liebe und Anerkennung anderer sichern kann: Warum wird man geliebt? Was ist Liebe? Wer hat das Recht zu bestimmen, wie man sich verhalten soll um liebenswert zu sein? Und was wäre alles im Leben möglich, würde man tief in sich davon ausgehen, dass jeder das Recht auf gesunde Liebe und Anerkennung hat, auch wenn er Fehler macht? Und haben Eltern nicht die Pflicht ihr Kind zu akzeptieren und zu lieben, so wie es ist, ihm zu vertrauen, dass es seinen Weg finden wird, auch wenn es ja alles noch lernen muss und Fehler macht ...?! In all diesen Stunden und auch danach erscheint Jana wieder ohne Mühe und Angst pünktlich in der Praxis.

Was genau passiert in unserer Psyche, wenn wir uns auf eine Therapie einlassen?

In der *Gesprächstherapie* sitzt der Patient seinem Therapeut ein- bis zweimal die Woche gegenüber und erzählt ihm sowohl von seiner Vergangenheit als auch von Problemen, Ängsten und anderen Gefühlen aus seinem gegenwärtigen Leben. Dabei erlebt der Patient die entstehende Beziehung zum Therapeuten durch seine automatisch ablaufenden, unbewussten Muster. Der Patient nimmt dem Therapeuten gegenüber die gleiche Haltung ein, die er auch allen anderen Menschen in seinem Leben entgegenbringt: Er bemüht sich von ihm auf die gleiche alte, falsche Art und Weise Aufmerksamkeit und Bestätigung zu bekommen, geliebt und anerkannt zu werden. Er kämpft mit den gleichen Gefühlen, die er seinem Partner, seinen Kollegen, Eltern oder Freunden und seinem sonstigen Umfeld entgegenbringt. Auf dieses Verhalten und die dazugehörige Weltsicht sind alle Probleme des Patienten zurückzuführen.

In der *Psychoanalyse*, der intensivsten Therapieform, die über Jahre hinweg in drei bis fünf Sitzungen in der Woche vollzogen wird, sitzt der Therapeut außer Sichtweite hinter dem liegenden Patienten. Durch die größere Entspannung auf der berühmten Couch und den völligen Augenkontaktverlust zum Therapeuten wird die Selbstzentrierung des Patienten sehr verstärkt: Der

Patient konzentriert sich noch mehr auf die eigene Innenwelt und es fällt ihm schwer zu erkennen, was der Therapeut wohl gerade von ihm denkt. Deshalb wird die Psychoanalyse als intensivere Therapieform bei tief gehenden neurotischen Konflikten und Persönlichkeitsstörungen eingesetzt.
Der Therapeut versucht in beiden Therapieformen die Entstehungsgeschichte des Selbstbildes und Selbstwertgefühls des Patienten aus dessen Verhalten und Erzählungen herzuleiten. Dabei ist es nicht wichtig, ob der Patient »die Wahrheit« erzählt, denn es geht ja um seine persönlichen Empfindungen und seine Weltsicht, die in all seinen Geschichten zu finden ist. Der Patient ist dazu angehalten, in der *freien Assoziation* spontan alles zu sagen, was ihm durch den Kopf geht, auch wenn er selbst es für unwichtig oder beschämend hält.
Die *Übertragung* der infantilen Wünsche, Sehnsüchte und unerledigten Konflikte des Patienten auf den Therapeuten lösen bei diesem wiederum Gefühle aus (*Gegenübertragung*), die ihn zu den Ursachen der Probleme des Patienten führen: Der Therapeut entwickelt die gleichen Gefühle gegenüber seinem Patienten wie alle anderen Menschen (z. B. Empfindungen wie Einengung, Provokation, Mitleid, Ungläubigkeit etc.). Durch diese Gefühle kann er Rückschlüsse ziehen auf das neurotische Denken und Handeln des Patienten, dessen unbewusste, infantile Einforderungen und Anklagen, Ängste und Fantasien, welche ihn immer wieder in die gleichen sozialen Schwierigkeiten treiben.
Ein Therapeut ist wie eine geschulte, fein gestimmte Antenne für zwischenmenschliche Emotionen und er versucht, jedes emotionale Signal in Worte zu fassen und damit an die Oberfläche des Bewusstseins zu fördern. Er bemerkt die kleinsten Irritationen, Bedürftigkeiten, Enttäuschungen. So erkennt er gemeinsam mit dem Patienten die (alten) unbewussten emotionalen Verletzungen, Nähe-Distanzwünsche und unreifen Konfliktlösungen als eigentliche Motive hinter den Verhaltensweisen und Vorstellungen des Patienten.
Das *Über-Ich*, die Moralinstanz der Psyche, bestehend aus den

Regeln und Werten, die der Patient meist aus seiner Kindheit übernommen hat und für unüberwindbar hält und später oft in den Regeln der Gesellschaft wiederfindet, wird hinterfragt und geschwächt. Das *Ich-Ideal,* als ein aus den Vorstellungen der Eltern und der Gesellschaft zusammengezimmertes Orientierungsbild, wird durch die *Bewusstmachung* seiner Entstehungsgeschichte dekonstruiert und neu ausgerichtet.

Das *Ich,* der bewusste selbstbestimmte Wille des Menschen, wird durch die Analyse gestärkt. Diese angestrebte *Ich-Stärke* beruht auf den zunehmenden *Ich-Funktionen*: Die Fähigkeiten eines Menschen, eigene Bedürfnisse sozial angemessen geltend zu machen, mit Frust und Enttäuschungen umzugehen oder sich objektiv selbst einzuschätzen. Dazu müssen die geheimen Wünsche und Sehnsüchte, die sich im Unterbewusstsein befinden (im so genannten *Es*), bewusst gemacht werden und der Patient muss ihnen auf reife und erwachsene Art und Weise selbst zur Geltung und Umsetzung verhelfen. Das Ich soll so immer mehr Einfluss auf das Es und das Über-Ich bekommen, eine realistische Befriedigung der Bedürfnisse und Wünsche anstreben und eine übermäßige Idealvorstellung und Leistungsforderung abschwächen.

Jede Therapie dient also dazu, die Freiheit und Selbstbestimmung des Menschen auszudehnen. Der Therapeut macht dem Patienten die »Strategien« bewusst, mit denen dieser hofft, Anerkennung und Liebe zu bekommen: Leistung, Anpassung, immer gute Laune, Mutterrolle, anklagende Hilflosigkeit, Heldengeschichten, Sporterfolge etc.

Falsch gelerntes soziales Miteinander wird durch sich wiederholende, positive Erfahrungen in der *therapeutischen Beziehung* umgeprägt. Die emotionale Bindung an den Therapeuten ist besonders wichtig, denn sie dient als »Umlernbeziehung«: Mit dem Therapeuten als dominanter Bezugsperson werden neue soziale Regeln gelernt, der faire Umgang miteinander ohne Zwänge, Drohungen und Manipulation. Das Selbstwertgefühl wird durch diese positive, gesunde Begegnung gestärkt, und der gegenseitige Respekt für sich und andere überträgt sich nach

und nach auf alle anderen Beziehungen außerhalb der Therapie. Auf diese Weise verhelfen Psychoanalyse und Gesprächstherapie dem Patienten, selbstbestimmter und dadurch glücklicher zu werden.
Die psychologischen Erklärungen unserer unbewussten Wünsche, Ängste und Lebensentwürfe, die zu unseren seltsamen Verhaltensweisen führen, hören sich für viele Menschen künstlich und abwegig an. Doch die Psychologie hat sich diese Untiefen unseres Unterbewusstseins nicht einfach »ausgedacht«. Die psychologische Theorie und Therapie sind aus der Praxis entstanden und entwickeln sich an immer neuen Fallstudien weiter. Ein Psychotherapeut versucht mit seinen Fragen die Ursache für das Verhalten seiner Patienten herauszufinden – er diktiert sie ihm nicht. Wenn jemand leidet, unglücklich ist und eine Therapie beginnt, wird schnell klar, dass ihm eigentlich sein eigenes selbstschädigendes Denken und Verhalten im Weg steht und es nicht (mehr) die anderen Menschen sind, die sein Glück verhindern. Denn jeder Mensch in unserem Leben wird durch uns selbst, unsere Erwartungen an ihn zum Problem – oder Glücksfall.
Das »Verstehen« dieser Zusammenhänge, das *Durcharbeiten* der Konflikte ist mit einer sehr heftigen emotionalen Reaktion verbunden. Die Psychologie nennt diesen Vorgang *Katharsis* (altgriechisch für ›Reinigung‹). Würde der Therapeut nur irgendeine Deutung »erfinden«, käme es nicht zu der Aufhebung von Schuldgefühlen, Zwängen und anderer Symptome. Jeder gut gemeinte Rat unter Freunden würde Heilung bringen und Psychotherapien wären nie entstanden.
Therapeuten konnten den Vorgang der Katharsis vielfach bei ihren Patienten beobachten. So war es möglich, in den über hundert Jahren, seitdem es Psychotherapie gibt, die verschiedenen emotionalen Dynamiken hinter den Neurosen zu erkennen und die Grundkonflikte der menschlichen Psyche zu begreifen. Doch bloße Erkenntnis der eigenen Unfreiheit und alten Muster reicht auch in der Therapie nicht aus, um etwas zu verändern. Der Patient muss trotz der schmerzhaften Trauer und der

empfundenen Ungerechtigkeit über seine Kindheit, die Verantwortung für sich übernehmen: Er muss selbstbestimmt denken und handeln lernen. Mit Hilfe des Therapeuten findet der Patient in seinem aktuellen Leben für die typischen Krisen (die sich durch seine alten Muster und Denkweisen immer wieder ergeben) neue Lösungen, einen anderen Umgang mit seinen Gewohnheiten und Mitmenschen. In so genannten *korrigierenden Erfahrungen* wird eine Veränderung eingeleitet: Die Erkenntnis über die emotionalen Zusammenhänge führt zu neuen Lösungen der vormals typischen Konfliktsituationen und zu neuen Handlungen; das veränderte Verhalten schafft wiederum völlig neue Reaktionen des Umfeldes.

Durch die positive Bewältigung ehemals schwieriger Situationen wächst das Selbstwertgefühl und das Selbst- und Weltbild des Patienten ändert sich. Und hierin sind sich alle Therapieformen einig: ohne Veränderung kein Therapieerfolg. (Für manche Patienten bzw. Störungen ist dafür die emotionale Verarbeitung der Vergangenheit Voraussetzung, für andere ist das direkte, lösungsorientierte Umlernen der Verhaltenstherapie – siehe Kapitel 1 – besser geeignet.)

Psychotherapie ist aber bei aller Hilfe, Erleichterung und Unterstützung, die man als Patient erfährt, auch eine sehr aufwühlende Grenzerfahrung. Deshalb versuchen viele Leidende diesen (Aus-)Weg nicht. Die alten Wertevorstellungen waren Stützen, die man ungern loslässt, weil man dann (zumindest im Übergang) die Orientierung völlig verliert. Es ist schmerzhaft, seine verzerrte Weltsicht aufzugeben, zu sehen, dass man jahrelang in die falsche Richtung gelaufen ist und viele Möglichkeiten in seinem Leben durch seine falsche Wahrnehmung verloren hat. Darüber hinaus bringt ein fremder Mensch (der Therapeut), der uns gegenüber ja eigentlich nicht verpflichtet ist, so wie unsere Eltern es waren, uns mehr Verständnis, Aufmerksamkeit und Ermutigung entgegen, als es die eigenen Verwandten je getan haben. Diese Einsicht kann so schmerzhaft sein, dass der Patient lieber die Therapie abbricht, anstatt sich diesen Gefühlen zu stellen. Auch der Konflikt zwischen Liebe und Wut gegenüber den Eltern muss in der Psychotherapie erst nach und nach aufgelöst werden. Die Wut muss ihre eigentliche lebensgeschichtliche Ursache finden und diese zur Anerkennung bringen. Dabei brauchen wir stets das Mitgefühl und Verständnis des Therapeuten, um die Gefühle unserer Kindheit verarbeiten zu können.

Die Beziehung zum Therapeuten ist eine »künstliche«, die es so normalerweise für uns als Erwachsene nicht mehr gibt. Es dreht sich in der Therapie alles um den Patienten und seine Wünsche, seine Gedanken und Ängste. Der Therapeut mit seinem Leben, seinen Problemen und Wünschen bleibt außen vor. Der Patient muss (wie ein Kind) das Zentrum der Beziehung sein und volle Anerkennung erfahren, damit seine Psyche den verpassten Reifeprozess nachholen kann. Im Leben eines Erwachsenen gibt es sonst solche einseitigen Beziehungen nicht mehr. Immer reagieren beide Beteiligte einer Beziehung aufeinander und fordern die Erfüllung und Anerkennung ihrer eigenen (unbewussten) Sehnsüchte gegenseitig voneinander ein. So kommt es in zwischenmenschlichen Beziehungen zu Vorwürfen, Schuldzuweisungen und Enttäuschungen. Der Therapeut stellt dagegen keine eigenen Ansprüche und ist für die Dauer der Therapiestunde voll und ganz nur auf den Patienten konzentriert. (Die Sitzungen sind deshalb auch zeitlich begrenzt, weil auch der Therapeut die Forderungen des Patienten an ihn nicht unbegrenzt erfüllen kann.) Durch die Einseitigkeit dieser Beziehung wird klar, dass die Sehnsüchte vom Patienten ausgehen. Seine Muster, Zwänge und Ängste, die normalerweise in jeder anderen Beziehung von der Gegenseite mit den Mustern, Zwängen und Ängsten des anderen unterbewusst *gespiegelt* werden, erlangen in der therapeutischen Beziehung bewusste Reflexion. Hier werden – im Gegensatz zu allen anderen Beziehungen – die übermäßigen Wiedergutmachungswünsche nicht zurückgewiesen, sondern mit Mitgefühl und Verständnis behandelt.
Die Therapie ist trotzdem bestimmten Regeln unterworfen: Der Patient muss pünktlich sein, er muss, wenn seine Stunde vor-

bei ist, die Praxis verlassen (auch wenn es ihm sehr schlecht geht), er muss für die Therapiestunde den vereinbarten Preis bezahlen. Auch der Therapeut muss Regeln einhalten, für die verabredete Zeit zur Verfügung stehen, sich voll auf den Patienten konzentrieren und darf jenseits der Therapie wegen der so genannten *Abstinenzregel* keine persönliche Beziehung zu ihm aufbauen. (Daher handeln die Woody Allen Filme, in denen sich Therapeuten oft mit ihren Patienten auf wilde Affären einlassen, immer nur von schlechten Therapeuten. Wie wichtig ein guter Therapeut und die Abstinenzregel sind, kann man deutlich am Verlauf dieser Geschichten sehen.)
Anhand dieser Regeln und der offenen Aussprache bei ihrer Nichteinhaltung lernt der Patient Zuverlässigkeit und Wertschätzung, gegenseitige Geduld und Offenheit. Er begreift, dass ihm eine zuverlässige Behandlung zusteht, dass seine Probleme ernst genommen werden und er ein Recht auf einen offenen, zuvorkommenden, liebevollen Umgang hat. So können die Wunden der Psyche heilen.
Gleichzeitig lernt der Patient für seine Wünsche selbst die Verantwortung zu übernehmen. So braucht er nicht mehr auf den »Erlöser« zu hoffen und kann seine alten, elterlichen Wertvorstellungen nach seinem eigenen Maß revidieren. Das Reflektieren über die Erfahrungen der Kindheit ist dabei Mittel zum Zweck. Denn die Beziehung zwischen Therapeut und Patient ist der eigentliche Schwerpunkt jeder Therapie: Therapie ist »Beziehungsmedizin«. (Der emotionale Austausch zwischen Arzt und Patient beeinflusst darüber hinaus jede Krankheitsbehandlung wie das Max-Planck-Institut für Psychatrie in München nachweisen konnte: Wenn der Arzt Anteil nimmt und Zeit und Verständnis aufbringt für das körperliche/seelische Leid des Patienten, wird die Heilwirkung der Behandlung immer verstärkt. Auch wenn das abwertend ›Placeboeffekt‹ genannt wird, steht dahinter eine Grundtatsache unseres Menschseins: Wir sind soziale Wesen!)
Die Psychotherapie geht also einen ähnlichen Weg wie die alten Griechen auf der Suche nach dem eigenen Maß, um einen Pa-

tienten freier und selbstbestimmter zu machen: Der Therapeut versucht, vergleichbar mit einem Lehrer aus einer der antiken Philosophieschulen, den Patienten sein eigenes Maß finden zu lassen, um die vom Patienten erlernten, einschränkenden, glücksfeindlichen Muster abzuschwächen. Dadurch kommt es zu einer neuen Sichtweise auf die Lebensverhältnisse und zu freieren, selbst gewählteren Entscheidungsmöglichkeiten.
Der Patient hat ein- bis fünfmal die Woche die Möglichkeit, mit dem Therapeuten je eine Stunde (bzw. 50 Minuten) über seine Lebenssituation zu reflektieren. Über diesen konstanten Einfluss und die permanente Analyse der Gefühle und Verhaltensweisen werden alle Sehnsüchte und Ängste im Alltag und in allen Beziehungen zu anderen Menschen aufgedeckt und verarbeitet. Der Patient erfährt Erleichterung, wenn er Menschen und Verpflichtungen hinter sich lassen kann, die ihm nicht guttun. Das hat auf Dauer einschneidende Folgen für seinen Umgang mit anderen Menschen, seine Beziehungsfähigkeit und seine Selbstverwirklichung. Sein gesamtes soziales Umfeld wird sich nach und nach auf sein neues Maß einstellen (müssen). (Deshalb wird auch in der *systemischen Therapie,* die bei der Behandlung von Kindern und Jugendlichen oft angewandt wird, von Anfang an die Familie der Patienten mit in die Therapie einbezogen. Denn die Symptome der Patienten sind ja immer auf die Interaktion mit dem ungesunden neurotischen Verhalten der engsten Bezugspersonen geeicht.)

1996 wurden die beiden Mädchen Sabine Dardenne und Laetitia Delhez von dem Kinderschänder Marc Dutroux entführt. Sabine war achtzig Tage ihrem Peiniger ausgeliefert, lehnte später jede psychologische Hilfe ab, schrieb ein Buch über ihr Martyrium und lebt heute nach eigener Aussage ein normales Leben. Laetitia war sechs Tage in den Händen von Dutroux. Diese Tage überschatten bis heute ihr Leben. Sie wird nach wie vor wegen ihrer Ängste psychologisch betreut und ein normales Leben scheint für sie kaum möglich.

Charles (55) und sein Bruder Toni (53) haben in ihrer Kindheit sehr unter ihrer hysterischen Mutter gelitten. Die Mutter hat beide Kinder in ihre täglichen Psychospielchen einbezogen und mit permanenten Streitigkeiten jedes harmonische Familienleben unmöglich gemacht. Während Charles heute zwei gescheiterte Ehen hinter sich hat und seit drei Jahren eine Gesprächstherapie macht, ist Toni seit zwanzig Jahren glücklich verheiratet und empfindet seine Kindheit als abgeschlossene Vergangenheit, an die er kaum mehr denkt.

Wer hat das Recht auf professionelle Hilfe?

Unsere Erfahrungen haben in Kombination mit unserer genetischen Veranlagung (Temperament, Talente) bei jedem Menschen eine andere Auswirkung auf die Entwicklung seiner Psyche und auf sein Selbstbild. Dieselbe Erfahrung (z. B. Sucht, Krankheit oder der Tod eines Elternteils) wiegt bei einem Menschen schwerer als bei einem anderen. Das hängt von vielen verschiedenen innerpsychischen und äußeren Faktoren ab, die be- oder entlastend wirken können und die die Wissenschaft gerade erst zu erforschen beginnt. Daher darf man Lebensläufe niemals vergleichen.

Man kann Schicksale und Traumata (*Trauma* altgriechisch für ›Wunde‹; in der Psychoanalyse wird mit Trauma ein schwer zu verkraftendes Schockerlebnis bezeichnet) wegen der Zeitumstände, der charakterlichen Vorprägung und dem gesellschaftlichen Umfeld nicht gegeneinander aufrechnen. Viele Menschen, die nicht glücklich sind, denken, sie hätten eigentlich kein Recht darauf, sich schlecht zu fühlen. Andere Menschen hungern, haben im Krieg ihre Angehörigen verloren oder sind schwer verletzt. Aber diese Gedanken lösen die Probleme nicht. Jedes Leid hat ein Recht darauf, ernst genommen zu werden. Leid ist auch nicht an materiellen Mangel gebunden, was man schon daran sehen kann, dass arme Völker trotzdem glückliche Menschen hervorbringen. Nur weil andere (angeblich) Schlimmeres erdulden mussten, wird das eigene Leid nicht unwichtig. Das Leben kann durch dieses Leid genauso verstümmelt werden wie durch Bomben, Hunger und Krieg. Es gibt keinen allgemeingültigen Maßstab für Leid.

Häufig zeigen sich die schmerzhaften Untiefen der Seele erst, wenn die äußeren Wunden verheilt sind. Im Krieg und in großer Not treten unsere zwischenmenschlichen Probleme und unser Selbstwertgefühl in den Hintergrund. Die Psyche schaltet auf eine Art Notprogramm und kümmert sich zuerst um die Sicherstellung der Primärbedürfnisse – Dinge, die man direkt zum Überleben braucht wie Nahrung, Medizin etc. Schlimme Erlebnisse, schwer zu verarbeitende Emotionen werden beiseitegeschoben, verdrängt, denn das körperliche Überleben steht immer an erster Stelle. Die seelischen Schmerzen lassen sich aber nicht ewig unterdrücken. Bei einem kollektiven Trauma, wie zum Beispiel dem eines Krieges, betreffen diese psychischen Nachwirkungen ein ganzes Volk und seine Nachkommen, obwohl die Kinder und Enkel den Krieg nur aus Erzählungen kennen. (Über die Forschung der schon erwähnten Epigenetik findet dieses vererbte Leid langsam seine Anerkennung.)
Da die Schwere der in der Kindheit erlittenen psychischen Wunden nicht sichtbar ist, werden sie – trotz der mittlerweile eindeutigen Beweise der modernen Hirnforschung – von den meisten Menschen immer noch missachtet oder als Lappalien abgetan. Doch diese inneren Leiden können das Leben zur Hölle machen, auch wenn man im materiellen Wohlstand und in Sicherheit lebt. Wenn es uns dauerhaft seelisch schlecht geht, ist das sehr ernst zu nehmen! Auch wenn wir letztendlich alle die Selbstverantwortung für unser Leben und Handeln übernehmen müssen, ist für die Ursache des neurotischen Verhaltens, für die Wunden der Kindheit, immer Mitgefühl angebracht.
Es gibt psychische Leiden, die genetisch bedingt sind, d.h. der Gehirnstoffwechsel hat zu wenig Endorphine oder Rezeptoren für Endorphine, die das Wohlbefinden steuern. Bei Psychotikern ist das oft der Fall. Sie müssen mit Medikamenten behandelt werden, die diese Mängel ausgleichen. Immer öfter werden jedoch bei psychischen Problemen Medikamente verabreicht,

obwohl die Ursache für die Symptome soziale Umstände sind, die im Umfeld, der Familie, am Arbeitsplatz gesucht werden müssen. Doch eine Veränderung der krank machenden Lebensumstände scheint vor dem Hintergrund der gesellschaftlichen und eigenen Ansprüche an das Leben unmöglich.

Im Moment ist es gerade sehr in Mode, hyperaktive Kinder mit dem Psychopharmaka Ritalin ruhig zu stellen oder Burnouts/Depressionen bei Erwachsenen mit dem Antidepressivum Prozac auszugleichen. Doch Kinder werden nicht »einfach so« aggressiv oder hyperaktiv. Hyperaktivität ist eine (gesunde) Reaktion auf Reizüberflutung und zu großen Druck und ein eindeutiges Zeichen für einen Mangel an Orientierung, klare Regeln, wirkliche Aufmerksamkeit und Ruhe. Depressionen sind ein Signal für anhaltende Überforderung, unterdrückte Aggression und die Behinderung der Selbstverwirklichung.

Medikamente sind immer einfach zu nehmen und viele Menschen wollen eine einfache Lösung für ihre Probleme. Sie gehen zum Arzt, der das möglichst schnell »reparieren« soll.

Wir sind es gewohnt, wegen jeder Schramme, jedem Schnupfen Doktoren und Heilpraktiker aufzusuchen. Nur: Gegen unseren Seelenschmerz ist kein einfaches Kraut gewachsen. Daher versuchen wir ihn so lange wie möglich zu ignorieren, mit Wunschträumen und Konsum zu betäuben – bis es zum Gefühls-Infarkt kommt.

Krankheiten sind immer ein Zeichen dafür, dass etwas nicht stimmt, sind Hinweise darauf, dass wir Emotionen dauerhaft unterdrücken. Stress, ständiger Ärger oder Mangel an sozialer Zuwendung sind auf Dauer nicht zu ertragen. Wenn unsere Grenzen ständig rücksichtslos überschritten, der »eigene Raum« dauerhaft eingeschränkt wird, ist der Verlust unserer körperlichen Gesundheit oft das unleugbare Zeichen dafür. Sogar Unfälle passieren meistens in Phasen, in denen Konzentration, Kraft und Selbstwahrnehmung gestört sind. Körperliche Schmerzen finden in ihrer Dringlichkeit eher unsere Beachtung und Anerkennung als psychische Probleme. Unterdrückt man dann auch noch diese Signale mit Medikamenten, kann man davon ausgehen, dass an einer anderen Stelle ein stärkeres Warnsignal auftritt, da das eigentliche Problem ja nicht behoben ist. Meistens zeigt uns schon die spezielle Eigenart des Krankheitsbildes, worum es eigentlich geht: Der Chef fällt uns in den Rücken; auf dem Weg nach oben wird die Luft immer dünner; das Herz rast; wir werden dünnhäutig. Diese so genannten *psychosomatischen Krankheiten* zeigen, dass die Psyche viele einleuchtende Symbole findet, um darauf hinzuweisen, welches Problem wir eigentlich haben.

In unserer auf Äußerlichkeit ausgerichteten Werteordnung werden oft nur die äußeren Symptome bekämpft, ohne nach tieferen Ursachen zu forschen. Ist der äußere Krankheitsmakel nicht mehr zu sehen, gilt man als geheilt.

Besonders gut zu beobachten ist der derzeitige Einfluss der westlichen Werteordnung auf die Bewertung von Krankheiten in China oder Indien. Dort gilt die traditionelle ganzheitliche chinesische oder ayurvedische Medizin zunehmend als »Armeleutemedizin« und verliert immer weiter an Ansehen. Dagegen hält die westliche Medizin mit ihren starken chemischen Substanzen Einzug in den medizinischen Praxen und ins Denken der Menschen. Gerade bei chronischen Krankheiten versagt die klassische westliche Medizin aber sehr oft. Doch die Behandlung dieser dauerhaften Störungen, verbunden mit zahlreichen Nebenwirkungssymptomen füllt die Kassen der mächtigen globalagierenden Pharmaindustrie.

Es gibt kaum eine Kultur, die so schlecht mit Krankheiten und emotionalen Problemen umgeht, wie die westliche. Während in vielen anderen Gesellschaften körperliche und seelische Dissonanzen zum Leben gehören, sogar mit dem tieferen Sinn des Menschseins in Zusammenhang gebracht werden, gelten sie im Kapitalismus als »Störung«, als unerwünschter Nebeneffekt auf dem Weg zum perfekten Leben. Das vollkommene Paradies winkt auf den Plakaten der Straßenbahnhaltestellen und an den Rolltreppen der Einkaufszentren und da passt es uns gar nicht, dass uns bei ihrem Betreten der Rücken so entsetzlich schmerzt. Das Eingeständnis von seelischem und körperlichem

Leid, das sich nicht beherrschen lässt, sprengt die Ausrichtung auf kaufkräftige Makellosigkeit.
Wenn es dann aber keinen Ausweg mehr gibt, das Konstrukt von unserem perfekten Leben zusammenfällt und wir uns das eingestehen müssen, wundern wir uns oft, wie viele andere Menschen uns auf einmal begegnen, denen es ähnlich ergangen ist, die – wenn auch hinter vorgehaltener Hand – zugestehen, ebenfalls Probleme zu haben.
Häufig genug regeln wir aber auch mit unserem Körper, was wir mit unserem Selbstwertgefühl nicht schaffen: Durch Krankheit ziehen wir Grenzen, entziehen uns Ansprüchen oder drücken uns vor der notwendigen Eigenverantwortung und Selbstständigkeit und erzwingen Versorgung und Zuwendung. Doch genauso wie Siege hauptsächlich mit dem Kopf errungen werden, kann man Krankheiten durch Denken heilen – wenn dem Denken und Erkennen ein neues Selbstverständnis und diesem ein neues Handeln folgt.

Regina (57) und Jack (68) sind seit fünfunddreißig Jahren verheiratet. Die Beziehung wurde immer von Jack dominiert, der es für selbstverständlich hielt, dass seine Frau und seine Kinder ein Teil seines Lebens waren, der sich nach ihm und seinen Launen zu richten hatte.
Regina brachte nie den Mut und die Stärke auf dagegen anzugehen. Und dann gab es ja auch noch die Kinder, die einen Vater brauchten. Sie arrangierte sich, richtete sich ihre Freiräume hinter seinem Rücken ein: Von dem heimlich zur Seite geschafften Geld aus der Haushaltskasse machte sie eine Kreuzfahrt mit ihrer Freundin, während sie vorgab in einer Kurklinik zu sein. So konnte Jack immer in der Öffentlichkeit und vor sich selbst seine Rolle als Familienpatriarch spielen, ohne mit anderen Wahrheiten konfrontiert zu werden.
Nach seiner Pensionierung verändert sich Jack allerdings vom Patriarchen zum Haustyrann. Immer häufiger beschimpft er Regina, verbietet ihr alle anderen sozialen Kontakte, kontrolliert sie. War es bisher schwer mit ihm zu leben, wird es jetzt uner-

träglich. Natürlich weigert er sich, sein Verhalten als unnormal zu betrachten, geschweige denn einen Arzt aufzusuchen.
Regina weiß als ehemalige Krankenschwester um die Wirkung von Psychopharmaka. Sie bezieht über eine befreundete Ärztin ein Antidepressivum und rührt von nun an jeden Morgen eine Kapsel in Jacks Tee. Nach sechs Wochen ist die Wirkung deutlich zu erkennen: Jack hat sich vom Despoten zum netten, etwas langsamen und schusseligen Ehemann gewandelt. Er scheint glücklicher zu sein als früher – und glaubt, das läge daran, dass sich seine Frau verändert hat.

Wer braucht eine Therapie? Reicht es nicht, sich mit seinen Verschrobenheiten im Leben einzurichten?
Lehnt jemand Psychotherapie und andere psychologische Hilfestellungen kategorisch ab, handelt es sich dabei meist nicht um »gesunden Menschenverstand«, sondern um den Abwehrmechanismus der *Verleugnung,* der die mühsame, schmerzhafte Auseinandersetzung mit den eigenen Problemen unbedingt vermeiden will. Die landläufige Meinung, dass Psychologen und Therapeuten selbst weltfremd und Problem beladen sind, führt nur dazu, mit Vorurteilen eine wertvolle, wenn auch unbequeme, Reifungsmöglichkeit schnell zu entkräften. Doch wie kommt es dazu, dass Psychotherapeuten einen so schlechten Ruf haben?
Alle Menschen, die sich für Psychologie interessieren, oder dieses Fach sogar studieren, haben ursprünglich die Hoffnung, hier Antworten auf ihre eigenen Probleme zu finden, denn sonst würden sie sich nicht so intensiv mit diesem Thema beschäftigen. Leider stellen sich einige Therapeuten dann nicht ihren eigenen Problemen und erklären lieber ihren Patienten, was sie falsch machen. (Dieses Phänomen ist auch beim aktuellen Familienaufstellungs- und Coachingboom zu beobachten: Man kauft sich von der mühsamen, tief gehenden Aufarbeitung seiner eigenen Mankos mit einer teuren Ausbildung in einer der zahlreichen, ungeprüften Coachingschmieden frei. Danach stabilisiert man sich als Coach mit oberflächlicher Effekthascherei sein Selbstwertgefühl, indem man mit dem planlos heraufge-

holten Schmerz der Klienten seine Ermächtigung demonstriert. Nur: Den hochemotionalen »Erkenntnisflashs« folgen keine Taten, der unbequeme Weg der wirklichen Handlungsänderung wird weder von Coach noch von Klient eingeschlagen. Hier ist es in jedem Fall sinnvoller eine Verhaltenstherapie zu machen, die nach einer überschaubaren Behandlungszeit, wissenschaftlich fundiert, wirkliche Verhaltensänderungen zum Ziel hat und auf eine profunde, langjährige Ausbildung der Therapeuten verweisen kann. Doch während Coaching in unserer Werteordnung des »Selbsttunings« Ansehen genießt, gleicht eine Therapie leider nach wie vor dem Eingeständnis des eigenen Totalversagens ...)

Therapeuten können nur gute Entwicklungshelfer sein, wenn sie selbst die nötige Reife haben und den Grund für ihr Interesse an diesem Wissen immer wieder und weiter aufarbeiten. Dazu dienen so genannte *Lehranalysen*, in denen der zukünftige Therapeut selbst zum Patienten wird und auf der Couch Einblick in sein eigenes Unterbewusstsein bekommt. (Dazu sind aber leider nur die Psychoanalytiker in ihrer Ausbildung verpflichtet.) Die Einsicht in die eigenen Muster und die Verarbeitung eigener Probleme und Sehnsüchte ermöglicht dem Therapeuten ein tiefes Verständnis der Ängste, Widerstände und Weltsichten, die sich jeder Patient als Schutz und Überlebensstrategie aufgebaut hat. Darüber hinaus muss jeder zugelassene Therapeut in *Supervisionssitzungen* mit anderen Therapeuten Rücksprache über die Behandlungsverläufe seiner Patienten halten. Mit diesem Kontrollsystem werden Selbstlügen, Erkenntnislücken und andere Schwachstellen in der Macht des Fachmanns schonungslos aufgedeckt.

Hilfesuchende können sich im Zweifel mehrere Therapeuten und Therapieformen anschauen und selbst herausfinden, welche Methode und welcher Mensch helfen soll. Dabei spielt die persönliche Sympathie eine große Rolle, denn der Patient muss ja mit dem Therapeuten eine Beziehung eingehen, damit über diese Verbindung die falschen sozialen Regeln umgelernt und die leidbringenden emotionalen Prägungen der Kindheit geheilt

werden können. Es gibt sehr viele sehr gute Therapeuten, die genau diesen Ansprüchen des Patienten verantwortungsvoll entgegenkommen.
Manchmal wird ein Satz, eine Bemerkung, die jemand macht oder eine Frage, die irgendjemand stellt, zu etwas, das einen seltsam tief berührt oder wie »eine Bombe einschlägt«. Manchmal ist es ein Film oder ein Buch oder ein Artikel in einer Zeitung. Prinzipiell sind diese tiefen Gefühle ein guter Hinweis darauf, dass das angesprochene Thema etwas Wichtiges für uns ist, unsere alten Kindersehnsüchte oder unsere unbewussten Konflikte anspricht. Wenn uns etwas tief berührt, sollten wir uns dem stellen. Manchmal sind unsere Reaktionen so heftig, dass wir sie nicht wahrhaben wollen, ihre Konsequenz fürchten. Doch jede Flucht verlängert nur unser Leid, denn je heftiger und schmerzhafter unsere Gefühle sind, umso weniger ist es möglich, sie für immer zu verdrängen. Früher oder später kommt »es« hoch und will behandelt werden: Die Wahrheit in uns bahnt sich ihren Weg. Denn letztendlich steckt wohl in jedem von uns das Potenzial, gegen alle Widerstände sich selbst zu verwirklichen und glücklich zu werden. Es liegt an uns und unserem Anspruch an ein gutes, wahrhaftiges Leben, dieser sich immer wieder aufdrängenden Wahrheit ins Auge zu schauen – oder sie weiterhin um den Preis der Freiheit zu verdrängen, uns in Staffagen und Notunterkünften des Zusammenlebens einzurichten.
Prinzipiell können alle Menschen, die den »Weg der Selbstbefreiung« wahrhaftig gegangen sind, anderen ihre Einsichten und ihren »Aus-Weg« zeigen. Doch wie kann man freie selbstbestimmte Menschen, wirkliche Lehrer, gute Therapeuten von solchen Menschen unterscheiden, die nur um ihrer selbst willen meinen zu wissen, was das Beste für andere ist?
Wirklich hilfreiche Menschen wollen, dass wir unser eigenes Maß finden und nicht ihres kopieren. Sie verbreiten keine abstrusen, einfachen Volkswahrheiten über Männer, Frauen, Chefs etc. und fordern keine unhinterfragte Anerkennung der eigenen Regeln. Sie weiden sich nicht an ihrer Macht über den Erkenntnisprozess der Hilfesuchenden.

Aber vor allem beeindrucken hilfreiche Menschen uns durch ihren souveränen und gleichzeitig gelösten Umgang mit ihrem eigenen Leben. Sie können offen über ihre eigenen Probleme sprechen und haben keine »blinden Stellen«, keine wunden Punkte, die zu einer sehr heftigen, unbeherrschten Reaktion führen, wenn man sie darauf anspricht. Sie wissen um die Erfordernisse, immer weiter an sich arbeiten zu müssen und hinterfragen ihre Werte und Wahrheiten immer wieder. Sie leben, was sie erzählen, in jedem Bereich ihres Lebens. Sie handeln niemals feige und verlogen und man kann ihre Stärke in jeder Konfliktsituation spüren. Wenn wir darüber nachdenken, erkennen wir eigentlich genau, wer wirklich ein Vorbild, ein Helfer sein kann und wer in dieser Rolle letztlich unglaubwürdig bleibt.

Immer wieder wünschen wir uns jemanden, der die Antwort auf unsere Fragen kennt, der uns den richtigen Weg zeigt. Doch trotz dieser unserer großen Sehnsucht und Hilflosigkeit und trotz vieler guter Hilfsangebote müssen wir letztlich die Arbeit selber machen. Was uns schmerzt, sind die Reste unseres kindlichen Narzissmus, unser Ego, das haben will und festhalten will, das seine Bedürfnisse, seine Ängste, seine Träume durch andere und Äußerlichkeiten befriedigt bekommen will und durch unsere Medienkultur genau darin angefeuert wird. Ein gesundes, reifes Selbstwertgefühl steht im Gegensatz zu diesem Ego. Es will nicht immer mehr: Es kennt ein anderes, ein eigenes Maß. Wenn wir es schaffen unser Ego, unser inneres Kind, seine Ängste, Sehnsüchte und Strategien als einen eigenen Teil in uns, als eine vom Leben an uns gestellte Aufgabe zu erkennen, die es zu bearbeiten gilt, dann haben wir einen Ausweg aus dem Labyrinth unserer Entfremdungsgefühle gefunden.
Durch unsere Prägung hat jeder von uns ein Thema für sein Schicksal mitbekommen, das in allen Lebenszeiten immer wieder auftaucht. Verdrängen oder fliehen wir davor, staut sich nur das Leid. Denn die Rechnung wird immer ganz am Ende gemacht (und oft ist sie dann sehr hoch).
Es gibt nur den einfachen Weg – oder den richtigen.

»Ich werde auf jeden Fall ohne Angst leben.«

(Simone de Beauvoir)

Anhang

Praktische Übungen zum Umwerten und Freiwerden

Wenn Sie mit jemandem Ärger haben, Sie das Verhalten Ihres Partners, Ihres Kollegen, Ihrer Chefin als komplett unlogisch, egoman oder unüberlegt empfinden, dann stellen Sie sich diesen Menschen als Kind vor, mit genau demselben Verhalten und Auftreten: Wenn ein Kind sich so verhalten würde, niemand würde das seltsam finden.

Setzen Sie sich an einen Spielplatz und beobachten Sie fremde Eltern mit ihren Kindern. Oder belauschen Sie Ihre Kollegen, wenn diese mit ihren Kindern telefonieren. Überlegen Sie, was für ein Selbstbild und Selbstwertgefühl ein Kind aufgrund des Verhaltens seiner Eltern entwickelt. Machen Sie sich klar, dass das Kind täglich diesem Einfluss ausgesetzt ist und dass es seine Eltern über alles liebt und von ihnen akzeptiert werden will und nicht einfach ausziehen kann. Auf diese Art und Weise wird Ihnen bewusst, wie groß der Einfluss von Eltern auf das Leben eines Menschen ist – und dass Sie selbst zum Glück kein Kind mehr sind und sich nicht mehr diesem Einfluss, diesen Bewertungen aussetzen müssen.

Setzen Sie sich einmal am Tag, in Ihrer Mittagspause oder am Wochenende allein eine Stunde in ein Café. Sitzen Sie einfach nur da und beobachten Sie die Leute. Überlegen Sie sich, wie die anderen Menschen durch Kleidung, Accessoires oder Auftreten ihr Selbstbild und ihre Werte zeigen, was sie für wertvoll halten und was nicht.

Überlegen Sie sich, wie Sie jemandem ausführlich die Meinung sagen würden. »Küchenpsychologische« Deutungen über den psychischen Zustand der betreffenden Person sind ausdrücklich erlaubt. Zeigen Sie dem Gegenüber im Geiste oder auf dem Papier alle Schwächen auf, die diesen Menschen dazu bringen sich unreif gegenüber anderen zu verhalten. Es kann ruhig mehrere Tage dauern, bis Sie alle Vorwürfe zusammenhaben.
Seien Sie anschließend überrascht darüber, wie viel Sie selbst über die Psyche eines anderen Menschen wissen.
Überlegen Sie danach, was andere Menschen Ihnen wohl vorwerfen würden: Auch hier ist eine Liste hilfreich.
Schreiben Sie dann neben Ihre eigenen Unvollkommenheiten all Ihre positiven Eigenschaften. Heben Sie die Liste auf und überlegen Sie an einem bestimmten Jahrestag (z. B. Silvester, Weihnachten, Geburtstag), ob sich an Ihren Persönlichkeitseigenschaften und Verhaltensweisen im letzten Jahr etwas verändert hat.

Überlegen Sie sich einen moralischen Vorsatz, z. B.: Ich sage meinem Freund X ab sofort immer die Wahrheit und was ich wirklich denke. Oder: Ich kaufe ab sofort nur noch für 200 Euro im Monat Kleidung (ohne Ausnahme). Oder: Ich bleibe ruhig, wenn meine Mutter anruft und beende immer nach zehn Minuten das Gespräch (zur Not mit einem Vorwand).
Sie sind nur sich selbst gegenüber verpflichtet, diesen Grundsatz einzuhalten. Nehmen Sie anfangs ein Beispiel, das Ihnen relativ leichtfällt und erst wenn es für Sie zum Selbstverständnis geworden ist, stellen Sie sich einer nächsten, etwas größeren Herausforderung.

Malen Sie sich den perfekten Menschen aus oder das perfekte Wochenende oder die perfekte Liebesbeziehung oder den perfekten Job. Wenn alles aufs Wunderbarste ausgeschmückt ist, überlegen Sie sich, wie die Realität in diese Vorstellung eindringt, wie sie sich in all das Positive als Schatten einschleicht. Am Ende haben Sie ein Bild mit Licht und Schatten. Es ist Ihre

Wahl, wie dunkel oder groß diese Schatten sind, aber Schatten muss es geben.

Kaufen Sie sich ein Hochglanzklatschmagazin und untersuchen Sie die Werte, die Ihnen hier vermittelt werden in den Beschreibungen von Prominenten und deren Lebensstil. Welche Marken werden Ihnen mit welchen Adjektiven »verkauft«? Was wird als gut oder schlecht dargestellt und mit welchen Worten? Überlegen Sie sich, welche Gefühle durch die Beschreibungen bei Ihnen aufgerufen, welche Sehnsüchte angezapft werden. Lesen Sie dann zukünftig keine Frauenzeitschriften, keine Männermagazine, keine Klatschpresse mehr und schauen Sie sich keine Boulevardmagazine im Fernsehen an. Entziehen Sie sich und Ihr Unterbewusstsein diesem ›Musthave‹ einer oberflächlichen Scheinwelt. Die Bilder und Beschreibungen machen Sie nur unglücklich und füttern Ihre Minderwertigkeitsgefühle. Wenn Sie Orientierung brauchen, suchen Sie sich Vorbilder mit Inhalt und Wahrhaftigkeit und versuchen Sie seriöse Informationen über sie zu bekommen. Andere Menschen, die Schwierigkeiten und Widerstände gemeistert haben, können durchaus Mut und Motivation vermitteln für den eigenen Weg, die Einsamkeit im eigenen Schicksal überwinden helfen. Doch das hat wenig mit den geschönten Artikeln der Boulevardpresse zu tun. Vorbilder müssen nicht prominent sein. Sie brauchen keine bekannten Gesichter, in denen Sie sich selbst sehen, um sich mit ihrem Leid erhaben zu fühlen.

Wenn Sie sich ihr nächstes Kleidungsstück kaufen, versuchen Sie in mindestens zehn Geschäften Ihre genaue Vorstellung davon zu finden. Überlegen Sie sich vor dem Einkauf, zu welcher Ihrer bereits vorhandenen Stücke das neue Teil passen soll, wann Sie es tragen wollen. Vermeiden Sie den schnellen Kauf und vergleichen Sie viele Angebote. Am Ende sollten Sie das Gefühl haben, sich genau für den einen Pullover, die für Sie beste Hose entschieden und sich diesen Fund »erarbeitet« zu haben.

Wenn Sie das nächste Mal nach Ihrem Alter gefragt werden, machen Sie sich fünf Jahre älter und beobachten Sie die Reaktion Ihres Gegenübers. Was haben Sie wirklich gewonnen, wenn er/sie Sie für jünger hält? Unterliegen Sie durch seine Äußerungen nicht seiner Maßgebung, seiner Wertzuschreibung? Warum wollen wir jünger aussehen? Haben wir das Leben bisher nicht ausgiebig in all seinen verschiedenen Altern genutzt? Warum sollte Jungsein mit dem ewigen Tanz um unsichere Liebe und berufliche Etablierung, Bestätigung für Äußerlichkeiten so gut sein? Was hat Jungsein mit Schönheit zu tun? Wenn uns jemand für jünger hält, werden wir dann nicht auch für unreifer, naiver, unwissender gehalten? Werden nicht Illusionen und Unsicherheit überwunden, wird nicht alles besser, wenn wir älter werden (außer vielleicht die Gesundheit, aber auch darauf haben wir ja ein Stück weit Einfluss)? Was passiert mit uns, wenn wir Komplimente bekommen? Welches Interesse steht hinter so einem Kompliment? Ist der andere überhaupt würdig uns zu sagen, wer oder was wir sind oder will er nur unsere Sympathie, um sich darin zu spiegeln oder damit seine Ziele zu erreichen? Wieso mache ich mein Wertgefühl vom anderen (Geschlecht) abhängig?

Spielen Sie keine Spielchen mit den Gefühlen anderer Menschen. Wer andere manipuliert, wird immer nur bei Menschen landen, die so schwach, so neurotisch sind, dass sie sich von Ihnen manipulieren lassen.
Retten Sie Ihre Beziehungen mit einem einfachen Trick (er ist so einfach, dass es fast lächerlich erscheint ihn zu erwähnen): Reden Sie ehrlich über Ihre Gefühle! Wenn Sie jemand lieben und Ihr Leben mit ihm verbringen wollen, dann sagen Sie das deutlich; wenn Sie jemanden nur für Ihre momentane Einsamkeit brauchen, dann sagen Sie das deutlich (er/sie weiß dann, auf was er/sie sich einlässt und kann selbst entscheiden. Wenn er/sie trotzdem etwas anderes erhofft, ist das später sein/ihr Problem); wenn Sie etwas wirklich stört, sagen Sie es deutlich (als Fakt ihrer Gefühle, nicht als Vorwurf); wenn Sie Angst haben

verlassen zu werden, sagen Sie es deutlich; wenn Sie jemand anfängt zu nerven, Sie sich ausgenutzt vorkommen oder überlegen, der andere uninteressiert wirkt oder Allüren hat: Sagen Sie es deutlich. Man kann niemals verlangen, dass der andere die eigenen Gefühle errät. Ehrlichkeit ist die Zauberformel, die auf Dauer tiefe Gefühle bringt, auch wenn man durch sie erst einmal Leid heraufbeschwört. Leid ist dazu da, Dinge zum Positiven zu verändern und daran zu wachsen: Leid ist die Motivation hinter jeder Verbesserung. Die Lüge ist niemals eine Alternative, auch wenn sie kurzfristig das Leid verschieben mag.

Wenn Sie zum Helfersymptom neigen: Gönnen Sie den anderen ihr Leid! Wenn Sie ständig versuchen Lösungen für die Probleme anderer zu finden, nehmen Sie ihnen die Motivation und damit die Möglichkeit endlich selbst erwachsen zu werden und sich um sich selbst zu kümmern. Sie können niemanden aus seinem selbstschädigenden Lebenswandel retten! Im Gegenteil: Sie verlängern nur seinen schlechten Zustand: Er muss seine Verhaltensmuster nicht ändern, weil er ja Sie hat, um jeden Schlamassel zu bereinigen.
Fragen Sie sich lieber, was Sie wohl besser mit der ganzen Energie, die Sie in die Rettungsaktionen anderer investieren, in Ihrem eigenen Leben verbessern könnten. Vor welchen schwerwiegenden, schmerzhaften Veränderungen fürchten Sie sich, dass Sie immer auf die Probleme anderer ausweichen? Oder finden Sie vielleicht gar keinen anderen Zugang zu anderen, können Sie keine Nähe zulassen, wenn Sie nicht in der Position des überlegenen Helfers sind? Was macht das mit Ihrem Selbstbild, Ihrer Selbstsicherheit, wenn Sie anderen auf Ihrer Augenhöhe begegnen?

Wenn Sie sich mal wieder Selbstvorwürfe machen, überlegen Sie, wie Sie es geschafft haben bisher überhaupt als so unperfekter Mensch zu überleben. Was haben Sie in all Ihrer neurotischen Daseinsweise trotzdem noch geleistet und geschafft, um mit Ängsten und Zwängen durch Ausbildung, Alltag und Job zu

kommen?! Wie ist es Ihnen gelungen bisher auch nur einen Tag eine positive Liebeserfahrung zu machen, mit ihren Mustern das Leben bisher zu meistern?
Überlegen Sie sich, an welchen Maßstäben Sie Ihr angeblich so verpfuschtes Dasein ausrichten. Verlangen Sie nicht permanent von der Welt und den Menschen und sich selbst, besser zu sein, als sie sind? Steckt hinter diesem Maßstab nicht auch eine ungeheure Arroganz und Überschätzung des Menschen? Mit welchem Recht klagen wir pathetisch das allgemeine Verhalten und unser eigenes im Speziellen an? Verhalten wir uns nicht genau darin schon so, wie wir es selbst gerade der Menschheit vorwerfen?
Nur ein allgemeines Mitgefühl lässt uns diesen performativen Widerspruch auflösen.

Hören Sie nicht auf ihren Bauch! Unser Bauchgefühl ist nichts anderes als unser unbewusstes Muster aus unserer Kindheit, das Wertesystem unserer Eltern, mit dem wir Gut und Schlecht zu unterscheiden gelernt haben. Daher ist es bei vielen Menschen falsch programmiert und nur mit Einschränkung für das eigene Wohl zu gebrauchen. Machen Sie sich daher immer Gedanken, ob man die Situation nicht auch völlig anders bewerten, die Entscheidung auf ein anderes Ziel ausrichten könnte.

Schreiben Sie ein Buch. Überlegen Sie sich, was Ihnen schon immer am Herzen lag und fangen Sie einfach an. Legen Sie eine Datei auf Ihrem Computer an namens »Buch« und schreiben Sie los. Erwarten Sie nicht, dass Sie sofort den Anfang oder das genaue Thema finden oder es gleich druckreif ist. Erwarten Sie, dass Sie diesen Text noch hundertmal umstrukturieren und umschreiben werden. »Kill your babys« ist eines der großen Geheimnisse beim Schreiben: Seien Sie nie so selbstverliebt in Ihren Text, dass Sie ihn nicht in die Tonne werfen, wenn Sie selbst merken, dass Sie es noch besser können. Sie dürfen jeder Zeit von vorne anfangen. Recherchieren Sie zu dem Thema. Nehmen Sie sich in Ihrem Schreiben selbst ernst, auch wenn

Ihr Buch vielleicht »nur« irgendwann ihre Freunde lesen werden oder sogar nur Sie darum wissen (der Wert von etwas wird nicht dadurch bestimmt, dass es sich tausendfach verkauft!). Schreiben hilft. Schreiben ist ein kreativer Prozess, der viel aus unserem Unbewussten freilegt, uns zwingt Stellung zu beziehen und sich genau zu überlegen, wie es »wirklich« ist, unser Leben. Und man braucht außer einem Computer kein größeres Werkzeug dafür und kein Team, das die eigenen Ideen aufwendig umsetzt. Schreiben ist nahe am Denken, denn wir denken in Worten, mit denen wir unsere Gefühlen beschreiben.

PS: Wenn Sie darüber nachdenken eine Therapie zu machen, suchen Sie unter www.dpv-psa.de (Internetseite der deutschen Psychoanalytiker) unter Ihrer Postleitzahl in Ihrer Nähe einen geprüften Fachmann/Fachfrau auf: Dort sind nur Therapeuten mit bestmöglicher Ausbildung verzeichnet, deren Behandlungen auch von den Krankenkassen übernommen werden und die Ihnen genau sagen können, welche Therapieform für Sie und Ihr Problem, Ihren Konflikt am besten geeignet ist. Sie können sich auch immer mehrere Therapeuten anschauen (für eine Gehirnoperation würden Sie ja auch sehr genau prüfen, wer den Eingriff vornehmen soll). Und: Überlassen Sie Ihr Leben nicht Ihren Ängsten.

Sachverzeichnis

Literaturverzeichnis

Ahnert, Lieselotte: »Wie viel Mutter braucht ein Kind?«, Heidelberg: Spektrum Akademischer Verlag, 2010

Adorno, Theodor W.: »Ästhetische Theorie«, Frankfurt am Main: Suhrkamp, 1973

Damasio, Antonio R.: »Der Spinoza-Effekt: Wie Gefühle unser Leben bestimmen«, Berlin: List, 2005

Faulstich, Joachim: »Heilendes Bewusstsein«, München: Knaur, 2006

Fonagy, Peter; Target, Mary: »Psychoanalyse und die Psychopathologie der Entwicklung«, Stuttgart: Klett-Cotta, 2006

Freud, Sigmund: »Gesamtausgabe der psychologischen Schriften«, Studienausgabe, Frankfurt am Main: S. Fischer, 1989

Frick, Jürgen: »Die Kraft der Ermutigung«, Bern: Verlag Hans Huber, 2009

Geyer, Christian (Hrsg.): »Hirnforschung und Willensfreiheit«, Frankfurt am Main: Suhrkamp, 2004

Grawe, Klaus: »Neuropsychotherapie«, Göttingen (u.a.): Hogrefe-Verlag, 2004

Hantel-Quitmann, Wolfgang: »Liebesaffären«, Gießen: Psychosozial-Verlag, 2005

Henning, J.; Netter, P. (Hrsg.): »Biopsychologische Grundlagen der Persönlichkeit«, Heidelberg: Spektrum, 2005

Hüther, Gerald: »Die Macht der inneren Bilder. Wie Visionen das Gehirn, den Menschen und die Welt verändern«, Göttingen: Vandenhoeck & Ruprecht, 2004

Hüther, Gerald: »Biologie der Angst. Wie aus Stress Gefühle werden«, Göttingen: Vandenhoeck & Ruprecht, 2005

Kant, Immanuel: »Was ist Aufklärung?« (Hrsg. Erhard Bahr), Stuttgart: Reclam, 1986

Kandel, Eric R.: »Auf der Suche nach dem Gedächtnis«, München: Siedler Verlag, 2006

Kempermann, Gerd: »Adult Neurogenesis«, Oxford: Oxford University Press, 2006

Kaplan-Solms, Karen; Solms, Mark: »Neuro-Psychoanalyse. Eine Einführung mit Fallstudien«, Stuttgart: Klett-Cotta, 2005

Kernberg, Otto F.: »Borderline-Störungen und pathologischer Narzissmus«, Frankfurt am Main: Suhrkamp, 1978

Knapp, Guntram: »Angst und Depression«, Sternenfels: Verlag Wissenschaft und Praxis, 2000

Kohut, Heinz: »Narzissmus«, Frankfurt am Main: Suhrkamp, 1973

Kohut, Heinz: »Die Heilung des Selbst«, Frankfurt am Main: Suhrkamp, 1981

Libert, Benjamin: »Neuronal vs. Subjectiv Timing for a Conscious Sensory Experience«, in: P. A. Buser and A. Rougeul-Buser (Hrsg.): Cerebral Correlates of Conscious Experience, Amsterdam: North-Holland Publ. Co., 1978, 69-82

Mentzos, Stavros: »Interpersonale und institutionalisierte Abwehr«, Frankfurt am Main: Suhrkamp, 1976

Mentzos, Stavros: »Depression und Manie«, Göttingen: Vandenhoeck & Ruprecht, 1995

Mentzos, Stavros: »Neurotische Konfliktverarbeitung«, Frankfurt am Main: Fischer, 1984

Mertens, Wolfgang: »Psychoanalyse«, München: C.H. Beck, 1997

Mertens, Wolfgang: »Einführung in die psychoanalytische Therapie« Band 1-3, Stuttgart: Verlag W. Kohlhammer, 1990/2000

Milgram, Stanley: Behavioral study of obedience (PDF-Datei; 729 KB), in: Journal of abnormal and social psychology 67, 1963, 371-378

Milgram, Stanley: »Ordience to Authority. An Experimental View«, New York: Harper, 1974 (Dt. Das Milgram-Experiment. Zur Gehorsamsbereitschaft gegenüber Autorität, Reinbek bei Hamburg: Rowohlt, 1974)

Richter, Horst Eberhard: »Eltern, Kind und Neurose«, Reinbek bei Hamburg: Rowohlt, 1963

Roth, Gerhard: »Persönlichkeit, Entscheidung und Verhalten«, Stuttgart: Klett-Cotta, 2007

Sartre, Jean-Paul: »Das Sein und das Nichts«, Reinbek bei Hamburg: Rowohlt, 1991

Shinkareva SV, Mason RA, Malave VL, Wang W, Mitchell TM: »Using fMRI Brain Activation to Identify Cognitive States Associated with Perception of Tools and Dwellings«, in: PLoS ONE, 2008

Singer Wolf; Ricard, Matthieu: »Hirnforschung und Meditation – Ein Dialog«, Frankfurt am Main: Suhrkamp, 2008

Singer, Wolf: »The brain's view of the world depends on what it has to know«, in: A. Berthoz, Y. Christen (Hrsg.). Neurobiology of »Umwelt«. How Living Beings Perceive the World. Research and Perspectives in Neurosciences, Berlin (u.a.): Springer-Verlag, 2009, 39-52

Solms, Mark; Turnbull, Oliver: »Das Gehirn und die innere Welt. Neurowissenschaft und Psychoanalyse«, Düsseldorf: Walter-Verlag, 2005

Suess, Gerhard J.; Burat-Hiemer, Edith: »Erziehung in der Krippe, Kindergarten, Kinderzimmer«, Stuttgart: Klett-Cotta, 2009

Szyf, Moshe: »DNA Methylation and Cancer Therapy« (Medical Intelligence Unit), 2008

Vohs, Kathleen D.: »Self-Regulatory Resources Power the Reflective System: Evidence from Five Domains«, in: Journal of Consumer Psychology 2006, 16 (3), 217-223